STRONG(H)ER

Dans la même collection et de la même autrice

Objectif ventre plat, mars 2019

Bikini express, mars 2020

Fesses bombées, mars 2021

Retrouvez et suivez Valérie Orsoni sur :
Instagram @valerieorsoni
Facebook facebook.com/lebootcamp,
facebook.com/valerieorsoni
Threads @valerieorsoni
Telegram t.me/valerieorsoni

L'éditeur et les autrices remercient chaleureusement Laura Zuili
Collection dirigée par Valérie de Sahb
Graphisme de couverture : Emmanuel Pinchon
Lecture et correction : Valérie Gios

34-36, rue La Pérouse, 75116 Paris
www.hugopublishing.fr

ISBN : 9782755668322
Dépôt légal : octobre 2023
Imprimé en France par CPI Bussière

VALÉRIE ORSONI
& MAUD POUPA

DÉCOUVRE
COMMENT
RÉVÉLER TA FORCE

STRONG(H)ER

Hugo New Life

SOMMAIRE

PRÉAMBULE

Cet ouvrage a pour ambition de donner des pistes et de nombreux éclairages sur notre force et comment il est en notre pouvoir de la développer. Il propose des aspects théoriques, issus de nombreux domaines de connaissance, des prises de parti, des interprétations, des exemples et des situations vécues. Il se veut inspirant, mais, et c'est important, pas miraculeux. Vous n'aurez, dans ce livre, aucune recette magique et nous ne vous dévoilerons pas de grands secrets de l'univers. Pourquoi ? Parce que nous ne pensons pas qu'il y en ait. En revanche, nous avons analysé des centaines d'études, thèses, essais, interviews, témoignages, expériences, etc., pour vous fournir le panel le plus complet possible de ce qui est pertinent et, – à notre sens – efficace pour reprendre les rênes de nos vies, avancer fièrement tête haute et, comme on dit en anglais, « kick ass »[1].

Nous avons pris le parti d'écrire ce livre principalement au féminin : il est porté par une femme, dont le lectorat est en majorité féminin. Nous voulons, par ce choix fort, créer une synergie puissante et « empouvoirante » qui intègre réellement et concrètement les femmes. Ce positionnement n'exclut pas la gent masculine ! De même que les femmes restent concernées par des sujets quand ils sont exprimés au masculin, les hommes seront, nous en sommes certaines, tout à fait capables d'effectuer la même gymnastique mentale.

Bienvenue à toutes et à tous !

Les autrices

1. Botter des fesses. Tout déchirer.

INTRODUCTION

Nous sommes toutes des *warriors !* Nous avons toutes une force énorme, incroyable, insoupçonnée en nous ! Cette force peut nous emmener au bout de nos rêves. Elle n'a pour seules limites que celles que nous lui imaginons. La force n'est pas une formule magique : elle est le miracle que chacun de nous peut accomplir au quotidien. Il suffit qu'on la nourrisse pour qu'elle se multiplie. Elle est là à tout âge, à tout moment de la vie, aux meilleurs comme aux pires. Elle est un pouvoir qui, peut-être, parfois se cache, mais qui, surtout, ne nous quitte jamais.

Je vais vous raconter ce qu'est la force, pour moi. Comment je la cultive. Comment je la transcende. Et ce qu'elle me permet d'accomplir. Je vais partager avec vous les épisodes de ma vie qui ont contribué à forger ma force, ceux qui l'ont mise rudement à l'épreuve, ceux qui n'auraient jamais été possibles sans elle. Je vais vous raconter ce qui m'inspire, ce qui fait sens pour moi, ce qui a fonctionné dans ma vie. Ce seront toujours des exemples vrais, concrets, réels, avec souvent leurs lots de larmes, de douleurs, d'envies d'abandon. Développer notre force n'est pas sans difficultés, cela requiert des efforts, de la volonté, du mental, mais le résultat dépasse TOUJOURS la peine que nous nous serons donnée.

Valérie Orsoni

QU'EST-CE QU'AVOIR LA FORCE ?

Avoir la force, c'est trouver la volonté de surmonter nos peurs et le courage d'affronter l'inconnu.

Avoir la force, c'est tenir bon devant l'adversité et les épreuves.

C'est nous répéter constamment que demain est réellement un autre jour et qu'entre le lever et le coucher du soleil, nous avons le pouvoir de changer les cartes de notre jeu.

C'est refuser de gaspiller ne fût-ce qu'une heure de notre temps. C'est comprendre que l'heure perdue ne se retrouvera jamais, qu'elle s'est envolée pour toujours.

La notion de force n'implique pas nécessairement une force physique capable d'assommer un opposant dans un conflit armé ; elle implique aussi et surtout notre capacité à rester fidèle à nos convictions, à ne jamais courber l'échine contre notre gré.

Avoir la force, c'est également refuser le combat inutile et éviter les batailles qui n'en valent pas la peine. C'est céder du terrain quand nous le décidons, et non pas quand on nous l'impose.

Avoir la force, c'est accepter qu'il y aura toujours plus grand ou plus petit, plus jeune ou plus vieux, plus riche ou plus pauvre, plus aimé ou moins aimé, plus admiré ou moins admiré, plus ou moins accompli professionnellement, plus puissant ou moins puissant, plus cultivé ou moins cultivé.

C'est choisir nos batailles.

Avoir la force, c'est établir un camp de base dans notre vie : une passion qui nous fixe, un partenaire qui nous épaule, un endroit qui nous ressource, des croyances qui nous soutiennent, une conviction que nous avons le pouvoir de changer notre « moi ».

Avoir la force, c'est aussi et *a contrario* refuser de n'avoir qu'un camp de base qui peut s'effondrer à tout moment et donc, en bon prévoyant, c'est devenir son propre roc.

Avoir la force, c'est comprendre que nous sommes plus forts que nous n'en avons l'air.

Avoir la force, c'est arrêter d'être notre pire ennemi. Ce qui implique de cesser de nous diminuer et enfin d'accepter de reconnaître nos qualités sans en avoir honte. Notre société nous pousse à rester tellement humbles que nous en admirons ceux qui prennent leur destin en main et clament leur excellence. Devenons ces gens-là !

Identifions nos points forts et cultivons-les.

Cela peut être une passion pour les chiffres ou pour les langues, pour un auteur ou un personnage historique, broder ou cuisiner, faire des vidéos ou des voyages, pour la philosophie ou le maquillage, pour des actions humanitaires ou pour créer une entreprise, pour les voitures ou les chevaux, élever des enfants ou gérer des équipes… Et c'est transformer ces « ou » en « et », abolissant ainsi les limites que nous nous imposons.

Avoir la force, c'est nous donner des défis et les relever.

C'est rester sourd aux propos des esprits étriqués qui étouffent nos envies et font mourir nos espoirs à petit feu.

C'est nous dire, face à l'adversité, « Oui, je peux le faire. »

C'est refuser l'auto-jugement destructeur dans nos moments d'imperfections.

Avoir la force, c'est tout cela et bien plus.

Avoir la force, c'est donner de l'espoir à nos rêves, c'est les nourrir et tout faire, vraiment tout, pour les transformer en réalité.

Avoir la force, c'est refuser de nous plaindre, c'est projeter une confiance en nous que nous n'avons pas toujours.

Comme m'a dit un jour un philosophe avec qui je discutais de la création du concept du coaching en ligne auquel personne ne croyait : « Valérie, croyez-y. Projetez votre confiance en vous et vous acquerrez la confiance des autres. »

Transcender la force, c'est, quand tout s'effondre, envers et contre tout, garder (voire forcer) un sourire sur les lèvres. Le saviez-vous ? L'entrevoir sur le visage d'un autre entraîne la production des fameuses hormones du bonheur, celles qui nous entraînent dans le cercle vertueux de la force. Ce concept n'est assurément pas récent puisqu'un ancien proverbe maure stipule déjà : « Offre un sourire à un inconnu, l'inconnu te sourira. »

Avoir la force, c'est comprendre qu'un voyage de 1 000 km peut se faire à petits pas, à l'instar du chemin de Saint-Jacques-de-Compostelle.

C'est nous dire que nous pouvons nous dépasser chaque jour un peu plus. Ce sont ces progrès incrémentaux et parfois infinitésimaux qui entretiennent et font vivre notre force.

La force naît avec nous et se nourrit de nos expériences. Elle est immortelle. Elle peut se réduire comme une peau de chagrin, mais sa résilience est telle qu'une seule petite goutte d'énergie peut la réanimer et la faire croître exponentiellement.

Nous avons tous accès à la force. Tous. La différence entre ceux et celles devant qui nous nous extasions et nous aujourd'hui ? Eux ont compris comment maîtriser et se servir de cette énergie qui les transforme en géants de la vie.

Découvrons ensemble quelles sont nos armes pour la révéler et l'exploiter. Demain, soyons ceux et celles que nous admirons pour leur force et leur motivation.

Forza!

1
C'EST QUOI LA FORCE ?

LA FORCE : UN MOT QUI ENGLOBE BEAUCOUP DE RÉALITÉS

La force : ce qu'en disent les dictionnaires

Commençons par le commencement : de quoi parle-t-on quand on parle de « force » ?

J'aime me référer aux dictionnaires. C'est d'ailleurs leur rôle : nous servir de référence.

D'après le *Petit Larousse*, le mot « Force » a de multiples significations. J'ai sélectionné celle qui m'intéresse et fait sens dans l'esprit de ce livre.

Force *: Nom féminin. Du latin « fortis », courageux. Énergie morale, capacité de résister aux épreuves, d'imposer son point de vue, sa volonté.*

Avoir une grande force de caractère.

Consultons une autre source : le *Dictionnaire culturel en langue française Le Robert*. L'article sur le mot « force » prend deux pages, sans compter l'encadré thématique qui lui est adjoint qui, lui, s'étend sur douze pleines pages. Rien que ça...

Pour ce qui concerne une personne, la force, d'après ce dictionnaire, désigne :

– la « puissance d'action physique », avec pour synonymes la **robustesse**, la **résistance** et la **vigueur** ;

- l'« *ensemble ou concours d'énergies particulières* », comme dans les expressions « rassembler ses forces », « éprouver ses forces », « reprendre des forces »… (Je ne cite, à dessein, que les expressions positives… Inutile de nous polluer l'esprit !) ;
- la « capacité de l'esprit », les « possibilités intellectuelles et morales », avec pour synonymes la **consistance**, la **profondeur**, la **constance**, le **courage**, le **cran**, la **détermination**, l'**énergie**, la **fermeté** et la **volonté** ;
- et, *via* l'expression « Faire la force de quelqu'un : constituer sa supériorité ».

L'ouvrage évoque également une définition de la force dans le domaine physique. Elle vaut aussi que j'attire votre attention.

Force signifie alors :

- « Cause capable de déformer un corps, ou d'en modifier le mouvement, la direction, la vitesse » ;
- « **Principe d'action**, cause de mouvement, de changement » ;
- « Énergie mystérieuse qui accompagne le héros et le fait vaincre » (comme dans la citation culte de Maître Yoda dans les films *Star Wars* : « Que la force soit avec toi ! »).

La force a une connotation physique et morale, la seconde amenant bien plus de nuances que la première. À tout seigneur, tout honneur : commençons par l'esprit.

La force morale ou force de caractère

Faire preuve de force de caractère (et non pas de mauvais caractère, ne confondons pas) englobe de nombreux critères tous liés, car correspondant à un état d'esprit commun. Il est question de s'affirmer, de s'assumer, d'aller là où on l'a décidé, de vivre selon ses valeurs et convictions… La force, s'il fallait le dire en quelques mots, ça pourrait être : « Oser être pleinement soi-même » ou « Oser briller » ou encore « Agir pour s'accomplir ». Cela recouvre de multiples aspects !

Je vous propose aussi cette définition, assez complète et inspirante : « La force est capacité de résistance et non pas agression, puissance spirituelle plus que disposition des corps, faculté à devenir plutôt qu'identité figée. »[2]

La force morale va consister en un grand nombre de qualités et capacités, qui toutes se cultivent :

- surmonter nos peurs ;
- nous lancer dans de nouveaux projets ;
- prendre des risques ;
- affirmer notre volonté ;
- œuvrer pour réaliser nos désirs ;
- agir sur ce qui est en notre pouvoir et accepter ce sur quoi nous n'avons pas de prise ;
- exercer notre liberté et notre libre arbitre ;
- être notre meilleur allié ;
- nous connaître ;
- rebondir après un échec ;
- ne pas abandonner ;
- dépasser des épreuves ;
- relever des défis ;
- accueillir nos émotions ;
- sourire à la vie…

Et la force physique ?

Autant la force mentale est louée unanimement, autant la force physique l'est bien moins. Elle apparaît comme un pis-aller : la « qualité » que vantent ceux qui n'ont pas la force de l'esprit.

Elle est volontiers associée à la violence, à la brutalité, à la bêtise, au manque d'intelligence et, finalement, à une certaine faiblesse.

Je vous propose, pour vous faire une idée, ce florilège de citations :

- « Par la ruse, on peut prendre un lion. Par la force, pas même un grillon. » (Proverbe français)

2. Définition donnée par Sophie Lefay et François Roudaut, dans l'introduction du tome XXIX des *Travaux de Littérature* publiés par l'ADIREL, sur le thème de la Force.

- « Patience et longueur de temps font plus que force ni que rage. » (Jean de la Fontaine, écrivain)
- « La patience a beaucoup plus de pouvoir que la force. » (Plutarque, philosophe)
- « Il y a deux manières de combattre, l'une avec les lois, l'autre avec la force. La première est propre aux hommes, l'autre nous est commune avec les bêtes. » (Machiavel, philosophe)
- « C'est par l'adresse que vaut le bûcheron, bien plus que par la force. » (Homère, poète)
- « La force attire toujours les hommes de basse moralité. » (Albert Einstein)

Ce n'est pas réjouissant.

La force, au sens physique, est-elle un témoin de faiblesse ? Faut-il vraiment opposer la force physique et la force morale ?

Faut-il bannir de ce livre tout ce qui touche à la force physique ? Je n'en suis pas convaincue et, à dire vrai, je suis convaincue du contraire. Si la force physique, pour elle-même, n'a pas grand intérêt, elle reste une voie possible pour atteindre une autre force : la force mentale.

Force physique et force mentale sont intrinsèquement liées. Comme on se demande qui de l'œuf ou de la poule est arrivé le premier, on peut se demander quelle force, la force physique ou la force morale, précède l'autre. Vous verrez, à travers ce livre, que la réponse n'est pas toujours évidente et, mieux, que les deux possibilités ont leur vérité.

Et si l'on réconciliait les deux ? Si l'on sortait d'une pensée binaire ? Si l'on passait dans une pensée quantique où l'on cumule, ajoute, superpose au lieu d'exclure et de choisir ? Nous pouvons être forts physiquement et mentalement. Soulever de la fonte et réfléchir. Nous épanouir par le sport et par la littérature. Gravir des montagnes et monter une entreprise florissante.

La grande oubliée : la force technique

On ne la cite quasiment jamais, et pourtant, elle revêt une grande importance. Elle, c'est la force technique. Illustrons-la avec une métaphore.

Imaginons que nous voulions ouvrir une porte fermée à clé, mais que le concept de clé nous soit totalement inconnu. Avec la force physique, nous donnons des coups d'épaule, des coups de pied, pour en venir à bout. Cela peut fonctionner. Avec la force de notre esprit, nous allons chercher des solutions : Pourquoi la porte est-elle bloquée ? Comment forcer le système d'ouverture ? Peut-on faire un effet de levier ? La force technique, elle, c'est de savoir qu'il y a une clé et où aller la chercher, pour ensuite l'utiliser. Elle appelle une part de connaissance et une part de maîtrise. Nous pouvons la décrire comme une voie d'accélération, un raccourci ou un booster de nos moyens physiques ou intellectuels.

La technique est une force à développer. Elle s'appuie sur nos expériences, sur les bonnes pratiques, les bons gestes, les bonnes méthodologies, et fait gagner en temps et en efficacité. Elle est la clé de notre progression dans tous les domaines.

Dans le sport, le geste technique est primordial. Les sportifs répètent des mouvements des milliers de fois, pendant des années, pour arriver au geste technique parfait. Quel que soit le sport, la technicité est décisive : pour marquer un but, un panier, pour sauter plus loin ou plus haut, pour viser juste... Dans les sports d'aventure ou extrêmes, comme l'alpinisme ou la plongée sous-marine, elle est au cœur des apprentissages. Dans les sports de combat (j'exagère à peine), elle est primordiale.

Dans les activités intellectuelles, manuelles, créatives, musicales, la technique a toute son importance. C'est elle qui permet de développer un talent. On peut étudier, adopter, concevoir des techniques d'écriture, de dessin, de couture, de photographie, de calcul, d'organisation, etc., pour aller plus vite et plus loin. Elles vont nous aider à parfaire un geste ou un style. Il existe des techniques pour tout : pour se détendre, pour penser « out of the box », pour mieux activer ses performances...

La technique nous permet de nous concentrer sur notre progression et nous fait gagner du temps et de l'énergie. C'est flagrant avec l'exemple de la porte fermée à clé, mais ça l'est dans tous les domaines. Tout ce que nous faisons appelle un apprentissage technique : faire nos lacets, faire fonctionner notre ordinateur ou un logiciel, cuisiner un plat, conduire une voiture. Nous passons en mode réflexe et automatisme, sans même le réaliser.

La force technique est essentielle. Elle donne des longueurs d'avance et, bonne nouvelle, c'est certainement la plus accessible, puisqu'elle fonctionne en mode d'emploi, s'apprend et s'intègre à nos routines.

Toutefois, la force de l'habitude nous englue aussi dans des schémas de facilités. Vous verrez que nous avons aussi tout à gagner à la bousculer et à sortir de nos train-train reposants, mais sclérosants. Pour plus de détails, voir « La force face aux risques » / Le risque et la peur de la nouveauté, page 76.

La force à mauvais escient : attention !

Dans tout cet ouvrage, je parlerai de la force comme d'une qualité, d'une vertu. Je sais que la force peut être employée à mauvais escient, et c'est sans doute en cela qu'elle suscite de la méfiance. Je ne m'intéresse pas ici à la force des brutes, à la force des violents, des manipulateurs, etc. Elle est, pour moi, bien plus une faiblesse. Elle n'entre donc pas dans mon sujet. En revanche, la force que je veux développer vous permettra de leur tenir tête, de vous en éloigner et de leur enlever tout pouvoir sur votre vie.

LA FORCE : LIEN ENTRE LE MENTAL ET LE PHYSIQUE

Notre corps peut être l'allié de notre force mentale

Notre corps nous aide à développer notre force mentale. Il est même, à mon sens, notre meilleur allié. D'ailleurs, nous avons tendance à l'oublier et il est bon de le rappeler : nous sommes notre corps. Nous sommes indissociables de notre corps, en ce sens que nous ne pouvons pas vivre sans lui. Il est plus qu'une enveloppe : il est la condition de notre vie sur cette terre. C'est ce que prônaient les Romains dans d'Antiquité avec la maxime : « Un esprit sain dans un corps sain » (*Mens sana in corpore sano*).

Aujourd'hui, nous vivons toujours dans une défiance hautaine vis-à-vis du sport et de l'activité physique, jugés inférieurs aux occupations intellectuelles. On s'occupe de son physique, mais pas trop. Ceux qui développent leur force musculaire sont peu considérés. Ceux qui déploient leur endurance un peu plus, peut-être parce qu'on lui associe plus de mental. Pourtant, ce que vous dira un *bodybuilder*, un « strong man », un marathonien, un aventurier de l'extrême, un commando Marine ou un agent des forces spéciales tournera toujours autour de cette vérité : l'exploit, c'est 80 % de force mentale et 20 % de force physique. Tous, qui sont des modèles de force, travaillent leur force mentale *via* le physique, le physique *via* la force mentale, sans véritablement tracer de ligne de démarcation.

Pourquoi passer par l'expérience physique pour éprouver notre force mentale ?

Expérimenter est bien souvent la meilleure manière de comprendre. L'un des moyens les plus accessibles d'expérimentation de notre force est notre corps. Il ne s'agit pas de soulever simplement des poids pour mesurer ce que nous sommes capables de porter, mais de tester notre résistance physique et de saisir le moment où notre mental prend le relais.

Les personnes qui sont familières de l'activité physique le savent : vient un moment de fatigue où ce n'est plus dans le corps, mais dans la tête que ça se passe. C'est un contact, une connexion, avec notre force mentale.

Se dépasser physiquement est une manière éprouvée pour beaucoup, et j'en fais partie, de ressentir sa force, de la déployer et de l'apprécier. Ce qui se passe physiquement permet de saisir un processus mental relativement abstrait. Ainsi, le vécu concret explicite et incarne un principe. Passer par notre corps a l'avantage de nous parler dans notre chair.

La compréhension physique a un autre grand avantage : c'est accessible et sur mesure. C'est vous qui adaptez votre méthode. Vous pouvez éprouver votre force en vous lançant dans la course à pied, dans la musculation, dans le yoga, dans la danse, dans la randonnée...

Le mécanisme de progression que vous mettez en place pour vous améliorer dans l'exercice physique, la nécessité d'une rigueur, de régularité, de répétition, va générer des schémas mentaux et de nouveaux cheminements. C'est une manière d'apprivoiser le goût de l'effort, le retardement d'un plaisir immédiat pour un objectif, la concentration sur une technique à maîtriser.

Bonus : le sport nous rend plus intelligents

Et si je vous dis que le sport rend plus intelligent ? Voilà qui fait s'effondrer beaucoup d'idées reçues… En fait, le sport vous rendra plus productif au travail ou dans votre vie personnelle, car il est une soupape de décompression. Il permet des moments de lâcher prise. Concentré sur votre corps, un objectif, un mouvement à maîtriser ou une endurance à tenir, vous videz votre esprit.

Ça, c'est dans la tête, me direz-vous peut-être, mais concrètement… Eh bien, concrètement, le sport augmente le taux d'oxygène dans votre sang (quand vous inspirez et expirez plus fort, donc plus d'oxygène) et donc favorise le transport des nutriments vers les organes. Cela force aussi l'expansion pulmonaire : nous prenons plus d'air, ce qui va être bénéfique dans nos moments de stress. Il faut savoir que les personnes très stressées respirent souvent mal, ou, pour le dire autrement, qu'elles ont une respiration « superficielle ». Comme elles respirent « petit », elles se privent d'oxygène et augmentent leur taux de cortisol, ce qui génère encore plus de stress physique. Le sport enraye donc cette mauvaise tendance.

Enfin, il a été reconnu que le sport favorisait la neurogénèse, c'est-à-dire la régénération des neurones. De là à dire que c'est une cure de bien-être pour votre cerveau, il n'y a qu'un pas… !

La magie de la biologie pour expliquer la force

Dans nos pensées, dans nos muscles, dans nos veines et dans nos synapses : tout est connecté. Notre force, même celle que nous nommons « force mentale » passe par notre propre corps.

Nous l'avons tous remarqué : quand nous sommes malades, que la grippe (ou la Covid !) nous oblige à rester au fond de notre lit avec 40 °C de fièvre, nous n'avons aucune sensation de force, bien au contraire. De même, quand une mauvaise nouvelle nous tombe dessus : notre énergie semble avoir disparu d'un coup. Cela fonctionne à tous les coups : des mauvais résultats de santé, le chiffre sur la balance qui ne correspond pas à nos attentes, une mauvaise critique sur un travail que l'on a rendu...

Ces situations de faiblesse sont toutes le produit d'un équilibre chimique perturbé impliquant hormones et neurotransmetteurs. L'origine, extérieure (événement incontrôlé et incontrôlable) ou intérieure (nos actions), importe peu pour notre cerveau. C'est comme pour le stress : que la situation soit réelle ou qu'elle se déroule seulement dans votre tête, il arrive et s'installe.

Le sujet de la biologie, et du *biohacking*, est tellement vaste, qu'il appelle lui aussi un livre entier. Ce sera le prochain !

LA FORCE, DEPUIS LA NUIT DES TEMPS

La première idée qui nous vient, quand nous pensons à la notion de force dans l'Histoire, est sans doute celle des hommes préhistoriques avec leurs gros muscles assommant de grands animaux ou se battant à mains nues avec des prédateurs. Ou alors nous pensons à des héros mythologiques comme Hercule qui anéantit l'Hydre de Lerne, ou encore, si nous restons dans l'Antiquité, aux soldats spartiates et au premier marathonien. Nous songerons aussi à la force des stratèges, comme le général chinois auteur de *L'Art de la guerre*, Sun Tzu, ou plus proche de nous, à Jules César ou encore Machiavel. Quand nous évoquons la force dans l'Histoire, nous pensons à de gros muscles et à des effigies de l'art martial, mais nous excluons, sans même le réaliser, les femmes de notre champ d'imagination. Pourtant la seconde moitié de l'humanité, plus nombreuse qui plus est, est bien là, et elle aussi, au fil de l'histoire et des croyances, elle s'est inscrite dans la force. Comme les hommes, mais différemment. C'est ce que je vous propose d'explorer ici.

La force des femmes et des hommes préhistoriques

LA FORCE PHYSIQUE

Les femmes (et les hommes) préhistoriques étaient plus fortes que nous. On pouvait s'en douter, mais ce qui est intéressant, c'est de constater à quel point. Si, comme moi, vous n'aviez pas lu d'articles archéologiques depuis longtemps, vous êtes sans doute restées sur le cliché des femmes de la Préhistoire dans la grotte à s'occuper des enfants pendant que ces messieurs chassaient. C'est faux, elles chassaient aussi. Elles participaient à de nombreuses activités, dont des activités physiques. Résultat : les femmes préhistoriques n'étaient pas un peu plus fortes que nous aujourd'hui, mais beaucoup plus fortes... plus que de grandes sportives actuelles. C'est une étude du département d'archéologie et d'anthropologie de l'Université de Cambridge qui le dévoile.[3] Les femmes préhistoriques avaient un travail manuel continu : planter et labourer (sans charrue), récolter et tout transporter manuellement, nourrir le bétail, tanner les peaux, broyer de la farine plusieurs heures par jour... C'est au niveau des bras que cette force (et cette différence de forme avec nos physiologies actuelles) est la plus marquée : les femmes du Néolithique étaient 11 à 16 % plus fortes que des rameurs contemporains et 30 % que des non-athlètes. On est déjà à la baisse chez nos ancêtres de l'âge de bronze : 9 à 13 % plus fortes que les rameurs.

UNE AUTRE FORCE

Quand nous regardons l'humain comme un animal parmi d'autres, à une époque comme la Préhistoire, nous pouvons légitimement nous demander comment il a survécu. D'accord, nos ancêtres étaient physiquement plus forts que nous, mais ni plus forts, ni plus résistants, ni plus rapides que le reste du règne animal. Notre force viendrait, selon les anthropologues[4], d'autres capacités, dites intellectuelles : créer des outils, utiliser la parole, nous représenter le monde, donner un sens à notre existence... La force de l'humain, bien plus que physique, est de s'adapter et de survivre. La grande force de l'humain, c'est sa résilience. C'est son intellect, son mental.

Nous y revenons... La force est beaucoup dans la tête !

LA FORCE DES FEMMES PRÉHISTORIQUES

Un autre aspect de la force des femmes a été développé par des anthropologues féminines. Au début des années 1970 sont apparus de

3. https://dailygeekshow.com/femme-prehistoire-force-bras/
4. https://www.geo.fr/histoire/le-propre-de-l-humanite-son-incroyable-force-c-est-son-imaginaire-189260

nouveaux modèles pour penser la femme préhistorique nomade, dont celui de la femme déesse mère, porteuse de la vie. Plusieurs hypothèses historiques et anthropologiques concourent pour avancer que la communauté des femmes gérait les naissances et l'éducation des enfants en groupe, qu'elles participaient pleinement à la vie de la communauté, et surtout qu'elles avaient un grand pouvoir : celui de la sélection sexuelle. Elles maîtrisaient leur cycle et choisissaient leurs partenaires ou, pour le formuler plus clairement, qui allait avoir une descendance, ou non. Quel pouvoir !

Il semblerait que le vent ait tourné pour les femmes au moment de la sédentarisation. En effet, à la fin de la Préhistoire, le rapport de force s'inverse. Les chercheurs le voient en étudiant les squelettes féminins : ils témoignent de violences faites aux femmes, de privations et de sous-nutrition. Ce serait sans doute à cette période que seraient apparues des différences de morphologie significatives entre les deux sexes, ne serait-ce que la taille, toujours mesurable aujourd'hui. En moyenne, les hommes sont plus grands de 12 cm que les femmes.[5]

La force dans l'Antiquité

QUAND LA PHILOSOPHIE EXPLIQUE LA FAIBLESSE DES FEMMES

Si notre gent féminine a été baptisée le « sexe faible », c'est, en partie, grâce à un philosophe grec très célèbre : Aristote. Oui, Aristote a théorisé l'infériorité des femmes. Rien que ça. Ses théories ont tellement influencé les penseurs qui lui ont succédé et fait de dégâts que, pour les intellectuels du Moyen-Âge, l'expression « femme forte » était une contradiction en soi, et pire, un jeu de mots absurde et risible. J'exagère à peine.

Je vous cite les mots (traduits) du philosophe :

« Dans tous les genres où la femelle et le mâle sont distincts, la nature a établi une même différenciation entre le caractère des femmes et celui des mâles. [...] Les femelles ont toujours moins de courage que les mâles [...]. Ces traits de caractère se remarquent pour ainsi dire chez

5. https://www.geo.fr/histoire/prehistoire-quelle-place-pour-les-femmes-189054

tous les animaux, mais ils sont plus nets chez ceux dont le caractère est le plus complexe, et plus particulièrement chez l'homme. » (Extrait de *L'Histoire des animaux)*

Ou encore, dans *La Politique*, l'un de ses ouvrages majeurs :

« Il est donc évident que la vertu est le partage de toutes les personnes dont on a parlé [hommes et femmes], mais que la tempérance n'est pas la même chez la femme et chez l'homme, ni non plus le courage, ni la justice [...] : chez l'un, le courage est tout de commandement, chez l'autre tout de soumission ; et il en est de même des autres vertus. »

Cette pensée a servi de socle à notre pensée actuelle, et cela explique beaucoup de choses. C'est cette idée que l'on va retrouver quand on valorise la force de l'homme qui part réaliser de grands exploits, et la force de sa compagne qui tient le choc, malgré le stress, et sait être un excellent soutien pour lui. Loin de moi l'idée de dévaloriser le rôle du partenaire de vie, je souligne simplement que le soutien et l'attente ne sont pas l'apanage des femmes, de même que l'action n'est pas l'apanage de l'homme.

Dans la philosophie d'Aristote, les femmes sont faibles et passives par nature.

Nous voilà rhabillées pour l'hiver, avec la bonne nouvelle d'une double infériorité : du corps et de l'esprit.

Il n'est pas tant question de fustiger Aristote (quoique...), car ses pensées datent d'une autre époque. En revanche, il est important de comprendre que notre pensée s'est construite sur ce type d'écrits et que cela a une influence sur nos modes de réflexion actuels. Ce qu'amène cette pensée, en filigrane, c'est que la force de la femme réside dans le « ne pas », dans le contrôle de soi, dans une forme de résistance aux tentations. Dans cette logique de pensée, la force de la femme résidera dans le fait de ne pas s'emporter (rester calme), de ne pas céder à ses désirs (rester chaste), de ne pas faire de vagues... Elle se soumet à l'homme et à l'ordre du monde, mais elle résiste à ses pulsions et à ses émotions.

LES MYTHES ET LA FORCE DES FEMMES

Dans les mythes et textes des mythologies grecques et latines, les femmes sont puissantes, mais soumises par la force des hommes. Elles sont tuées, bafouées, enlevées, emprisonnées, violées...[6] L'origine du monde, des saisons et de nombreux phénomènes naturels est l'histoire d'un homme s'imposant par la force face à une femme. La force des femmes fait-elle si peur qu'elle doit être contrainte, qu'elle doit être effacée des pensées ?

Il y a cependant une exception... Le peuple des Amazones.

On les retrouve dans la mythologie, et ensuite dans la littérature médiévale. Elles sont des figures d'une force sublimée au féminin. Le terme utilisé est *egregia bellatrix*. Cela sonne bien, non ? Les auteurs médiévaux adorent raconter les exploits de ces femmes hors du commun, qu'aucun ne peut battre, et qui se passent, autant qu'elles le peuvent, de la compagnie des hommes. Le peuple des Amazones est tellement mythique et ancré dans les imaginaires qu'à la découverte des Amériques, la question de leur existence refait surface.

« Ces guerrières de l'Antiquité continuent à fasciner les hommes jusqu'à la fin du Moyen-Âge, à tel point que Christophe Colomb croit découvrir leur royaume. Il rapporte dans ses carnets de voyage que, les 13 et 16 janvier 1493, il a longé une île peuplée seulement de femmes (la Martinique). [...] »[7] Le nom « Amazonie » vient de là...

La force au Moyen-Âge

LES FIGURES DE FEMMES FORTES AU MOYEN-ÂGE[8]

Dans notre imaginaire, les chevaliers sont des hommes. Hormis Jeanne d'Arc et quelques reines, nous ne nous figurons pas les femmes sur les champs de bataille. Et pourtant ! Les chevaleresses ont bel et bien existé, et avec elles, un cortège de récits et d'incarnations féminines de la force. Les femmes nobles ne se contentaient pas toutes de broder ou de parader, beaucoup exerçaient de grands pouvoirs. On parlait, sans

6. https://www.celles-qui-osent.com/femmes-mythologie-grecque/
7. Extrait du livre *Chevaleresses, Une chevalerie au féminin*, Sophie Cassagne-Brouquet, collection Pour l'Histoire, éditions Perrin.
8. *Ibid.*

que cela soit connoté négativement, de « viragos », pour désigner celles faisant preuve d'une certaine force (dite « virile ») et d'un tempérament guerrier.

Les récits de l'époque ne manquent pas d'exemples de femmes de l'aristocratie qui combattent, commandent des troupes et construisent des forteresses en toute indépendance. Ce sont des situations relativement courantes quand ces femmes sont veuves ou laissées seules par un mari parti en guerre : il leur revient alors de se défendre par elles-mêmes, elles, leur lignage, leurs possessions.

Les femmes suivent aussi leur mari dans les croisades, et pour certaines, participent activement en tant que chevaleresses. Comme les hommes, elles se battent, comme les hommes, elles portent des armures, comme les hommes, elles manient les catapultes, comme les hommes, elles tuent les ennemis.[9]

Je ne pourrais achever ces explications sans vous parler d'un genre littéraire qui, étrangement, n'est pas parvenu jusqu'à nous. Tout aussi loin de la réalité que l'amour courtois (j'y viens ensuite), il existait le « tournoiement des dames », ou les tournois de femmes. Dans ces textes nés des imaginations prolixes des auteurs, les dames combattaient en lieu et place des hommes, trop lâches ou trop faibles pour s'astreindre à défendre leur honneur. Oui, il existait un genre littéraire consacré aux joutes entre cavalières, et celui-ci semble clairement être passé aux oubliettes ! Laissez-moi émettre une hypothèse. Comment nous serions-nous construits et construites si, plutôt que de seulement étudier ces histoires où des dames attendent patiemment que de preux chevaliers leur dédient leurs exploits, nous avions évolué, génération après génération, plusieurs siècles durant, avec des récits d'héroïnes incroyables, combattant avec une bravoure exceptionnelle ?

Je dois cependant apporter une nuance : ces récits sont empreints de persiflages et d'ironie, et dénoncent (déjà) une certaine crise de la virilité chez les hommes, plus qu'ils ne louent vraiment les prouesses féminines. Il n'empêche que dans ces textes, on loue la force, la hardiesse et la beauté des combattantes. La satire vise les hommes, mais n'abaisse pas les femmes.

9. *Ibid.*

Ces figures féminines ne sont pas arrivées jusqu'à nous. Les humanistes ont fait le tri de ce que l'Histoire et la Littérature retiendraient, et ils ont attribué des rôles aux deux sexes : aux hommes les guerres, la politique et la vie publique, aux femmes le foyer et la vie domestique. Les chevaleresses et autres figures sont oubliées au bénéfice des saintes ou de personnages incarnant la vertu, l'humilité, l'obéissance et la chasteté. Des valeurs que l'on retrouve dans le genre littéraire de l'amour courtois qui, lui, est bien arrivé jusqu'à nous.

LES FIGURES DES FEMMES RESPECTABLES AU MOYEN-ÂGE : LA DAME DE L'AMOUR COURTOIS

Dans un Moyen-Âge idéalisé, celui des troubadours (dans le sud de la France) et des trouvères (dans le Nord), la femme est un être suprême, délicat, quasiment déifié. Enfin, la femme… la reine… la dame aimée… Celle de la haute société, pas toutes les femmes… Mais restons sur cette femme-là. La femme de l'amour courtois est noble et belle, et tient sa force d'attraction qu'elle est intouchable (car mariée en haut lieu, et fidèle, du moins de corps), qu'elle a la peau fine et diaphane, qu'elle est délicate et fragile. La force de séduction de la femme vient… de sa faiblesse. De sa faiblesse entretenue ? De sa faiblesse physique peut-être, mais de sa grande force morale. La dame est aimée, car elle résiste à tous les assauts des chevaliers épris d'elle, elle est aimée, car elle vit dans un honneur et une vertu sans faille. Elle maîtrise son désir. Sa force morale est au-dessus des bassesses du monde, du corps, du « fol amor », celui qui vous fait vous vautrer dans des draps rêches avec le premier beau, fort et costaud chevalier venu.

ET LES FEMMES DU PEUPLE?

Pour les femmes du peuple, il n'est pas question d'amour courtois. La force est ailleurs, dans la force de travail, sans doute, dans celle des alliances, et dans celle d'assurer la descendance. On désigne souvent le Moyen-Âge comme une période horrible, avec cette idée que nos droits des femmes opèrent une constante progression. Mais saviez-vous qu'il existait, au Moyen-Âge et jusqu'à la Renaissance, des peinteresses ? des jugesses ? des inventrices ? des barbières (le mot est revenu récemment) ? des autrices (*idem*) ? des bâteleresses ? des procuratrices ? des philosophesses ? des médecines ? Or métier, on pouvait aussi parler d'une apprentisse… Ces mots ont existé, pour recouvrir des réalités où les femmes exerçaient ces métiers sans que ce soit un sujet de controverse linguistique. La neutralisation par le masculin (ou la masculinisation, pour le dire clairement) date de ces chères Lumières[10], qui ne l'étaient pas à tous les niveaux.

La force au siècle des Lumières

Au siècle de ces messieurs des Lumières, les femmes sont invisibilisées. La période de la Renaissance a vu l'esprit des femmes effacé et leur corps volontairement fragilisé. C'est, toujours pour les plus aisées des dames, le temps des corsets extrêmement serrés et de la distinction par une pâleur que l'on jugerait sans doute vampirique aujourd'hui. La belle femme est blanche comme neige, avec une taille de guêpe, et la mollesse de ses mouvements est un gage de séduction. Pourquoi ? Parce que c'était un luxe de pouvoir ne rien faire !

Les femmes deviennent le sexe faible, valorisé par cet état. À l'opposé, celles que l'on appelle les sorcières, car elles connaissent la médecine, sont indépendantes, cultivées, etc., sont pourchassées[11]. Si on voulait tuer la force des femmes, on ne s'y serait pas pris autrement ! Elles ont été traquées et mises au bûcher. La période que l'on désigne sobrement par « chasse aux sorcières » a fait des milliers de mortes (200 000 selon certaines estimations). Plusieurs historiens appellent d'ailleurs à parler de féminicides de masse, et même de génocides et de crimes contre l'humanité[12], pour être au plus proche de la réalité.

La force pendant les guerres

Pendant les deux guerres mondiales, les femmes ont remplacé les hommes dans leurs métiers pour permettre à l'économie de subsister.

---

10. *Non, le masculin ne l'emporte pas sur le féminin, petite histoire des résistances de la langue française*, Éliane Viennot, éditions iXe, nouvelle édition augmentée de 2017.

11. À ce sujet, lire l'excellent *Sorcières, la puissance invaincue des femmes*, de Mona Chollet, éditions Zone.

12. https://www.radiofrance.fr/franceinter/la-chasse-aux-sorcieres-un-crime-contre-l-humanite-avec-catherine-clement-4454600

Les femmes étaient donc aux champs, dans les usines... bref, au travail ! Les tâches où la force physique était requise leur incombaient aussi, et elles ont su y faire face. Pour l'exemple, dans les usines de fabrication d'armes, chaque obus manipulé pèse 7 kg environ, pour, sur une journée de travail, soulever... 35 000 kg ![13]

Force physique : *check*.

Et la force mentale ? Les femmes sont sur tous les postes : jusqu'à 11 heures de travail par jour + la charge des enfants et du foyer. Pour les femmes infirmières, les horreurs de la guerre sont autant d'épreuves, mais elles sont là, à soigner les soldats.

Pendant la Seconde Guerre mondiale, certaines femmes s'engagent dans la résistance, et œuvrent, de même que les hommes, pour la libération de la France.

Est-ce que les femmes ont fait preuve de leurs forces pendant ces deux guerres ? Oui, assurément. Est-ce qu'elles ont été reconnues pour cela ? Loin de là, même si les historiens actuels tendent de plus en plus à s'intéresser au sujet.

La force actuelle des femmes

Aujourd'hui, les mouvements féministes parlent d'*empowerment* des femmes. Les dénonciations #Metoo ou #Balancetonporc pour la France ont mis en exergue les violences sexuelles et sexistes régulières que vivaient les femmes, ainsi qu'en filigrane, leur force. Sont aussi évoqués des concepts comme la charge mentale (et d'autres) qui attirent l'attention sur ce que vivent les femmes au quotidien et sur tout ce qui leur incombe à elles seules. En dénonçant le sexisme, les discriminations, les plafonds de verre et tous les obstacles qui se trouvent sur le chemin des femmes, le féminisme nous montre que nous ne sommes pas faibles, mais bien plus fortes que nous l'imaginons. Il nous montre que nous ne sommes pas incapables, mais freinées, empêchées, malmenées.

Constater ce que les femmes ont accompli et sont capables d'accomplir, observer nos carrières et nos vies en intégrant tous ces obstacles cachés que nous avons vaincus, a de quoi nous rendre fières.

13. https://www.histoire-pour-tous.fr/dossiers/2633-femmes-dans-la-guerre-carol-mann.html

CELA N'ENGAGE QUE MOI, MAIS…
LA PLUS GRANDE FAIBLESSE N'EST-ELLE PAS D'ÊTRE UN PORC ?

Je vois dans ces dénonciations, notamment les #Balancetonporc, une autre mise en lumière : celle de la faiblesse de certains hommes : les porcs. Quand ils croient asseoir leur position de force, ils révèlent une faiblesse hallucinante… Le pouvoir qu'ils ont construit leur permet quoi, au bout du compte : de voir un sein ? une fesse ? Sont-ils si faibles dans leur chair mollassonne que leur désir a toute emprise sur eux ? Sont-ils si fragiles dans leur ego qu'un attrait non réciproque est insupportable ?

Les femmes se font agresser dans leur chair et dans leur honneur : elles survivent.

Ces porcs profitent de leur position, de la surprise de leur proie, de sa stupéfaction, de sa peur, de sa précarité ou du fait de lui faire miroiter son rêve pour quelques secondes de quoi au juste… ? Ils argumentent d'être victimes de leurs pulsions (la belle légende…) ou d'être victimes de diffamation.

Les femmes qu'ils ont agressées continuent de vivre, il le faut bien. Eux, quand ils sont mis face à leurs actions, crient que leur vie est détruite.

Dans quel camp est la force ? Dans quel camp est la faiblesse ?

NB : Est-ce que je dois préciser que je ne mets pas tous les hommes dans le même panier et qu'il y a aussi des hommes formidables qui ne sont pas des prédateurs ? Si oui, c'est fait.

LA FORCE VUE PAR LES PHILOSOPHES[14]

La force vue par les stoïciens

Le stoïcisme est un courant philosophique clé quand on veut aborder la force. Les philosophes comme Sénèque, Marc Aurèle, Cicéron ou

14. Avertissement : je ne suis pas philosophe. Je vous propose donc une interprétation qui me parle, d'après des travaux de vulgarisation.

Épictète ont modelé des préceptes qui, aujourd'hui encore, forgent des principes clés de développement personnel.

Les stoïciens ont une grande exigence pour l'homme. Ils veulent le voir agir au mieux et dépasser les difficultés de la vie. Pour le faire efficacement, il lui incombe de différencier ce qu'il peut contrôler de ce qu'il ne peut pas contrôler. Il concentre alors ses forces, son énergie, ses efforts et ses progrès sur ce sur quoi il peut agir, mais pas sur le reste. Ainsi, face à quelque chose qui n'est pas de son fait, il ne se lamente pas. Il ne perd pas de temps à se plaindre d'un fait ou d'une injustice à propos duquel il est impuissant, mais il se focalise sur ce qui lui appartient. Dans le cas de quelque chose qui lui échappe totalement, il travaille sur ses réactions pour traverser les événements, désagréables ou plaisants, en gardant la maîtrise de ses émotions et l'impact de la situation sur lui.

Le stoïcisme prône l'acceptation de ce qui ne nous appartient pas et sa transformation en connaissances, opportunités, etc. Il refuse les émotions négatives.

En s'intéressant aux perceptions, le stoïcisme offre une autre vision des difficultés et des échecs : ils n'existent pas en soi, mais sont liés à notre point de vue sur un événement ou un fait. Quand nous modifions notre manière de voir, nous nous donnons l'opportunité de passer outre. Si nous ne les regardons plus comme des inconvénients, ils ne le sont plus. L'action est la clé pour sortir de cette vision bloquante.

Pour paraphraser Épictète : rendons parfait ce qui dépend de nous, et prenons les autres choses comme elles viennent.

Les citations qui inspirent :

« Ce n'est pas parce que les choses paraissent difficiles que nous n'osons pas, c'est parce que nous n'osons pas qu'elles nous paraissent difficiles. » (Sénèque)

« Que la force me soit donnée de supporter ce qui ne peut être changé et le courage de changer ce qui peut l'être, mais aussi la sagesse de distinguer l'un de l'autre. » (Marc Aurèle)

La force comme vertu cardinale

C'est un concept qui a beaucoup moins la cote qu'il y a quelques siècles. Pourtant, au Moyen-Âge, la notion de vertus cardinales était de toutes les pensées et de tous les préceptes. Théorisées par les philosophes grecs du Ve siècle avant J.-C.[15], elles ont été amplement reprises par le christianisme. Si je l'exhume aujourd'hui, c'est parce que la force fait partie des quatre vertus cardinales, accompagnées de ses consœurs : la prudence, la tempérance et la justice. Les vertus cardinales sont des qualités à entretenir qui doivent guider une vie humaine pour qu'elle se déroule au plus proche des attentes de la loi divine (selon la religion catholique).

La force est donc une vertu. Il s'agit bien sûr de la force morale. Un mot est spécifiquement utilisé pour la désigner : « **fortitudo** », que nous pouvons adapter en français en « **fortitude** ». Il n'a pas perduré en français, mais il est présent dans la langue anglaise. « Fortitude » signifie courage, bravoure, fermeté, détermination... Bref, la force dans le sens de force morale. On retrouve, dans ce contexte, des expressions comme « **force d'âme** », « **fermeté d'âme** » ou encore « **force de cœur** » (courage).

Les penseurs du Moyen-Âge déclinent la vertu de la force en trois fonctions : supporter les tentations et autres détournements du droit chemin, n'avoir peur de rien, affronter tout ce qui nous arrive sans nous laisser emporter. **La force est la puissance de notre volonté pour avancer droit dans la vie, sans sombrer ni dans le désespoir ni dans l'euphorie**. Baisser les bras est aussi grave qu'être trop content de soi.

Enfin, les vertus cardinales se soutiennent les unes les autres. La force prend une mauvaise voie si elle n'est pas accompagnée de prudence, de tempérance et de justice. De même, la justice ou la tempérance peinent à s'appliquer sans force, ou bien la prudence, sans force, peut mener à la lâcheté.

La force comme conscience de nos efforts

Au XVIIIe siècle, le philosophe écossais Thomas Reid rapproche la notion de force de la conscience que nous avons de ce qui se passe dans

15. Les vertus cardinales sont abordées, entre autres, par Platon dans *La République* et par Aristote dans *Éthique à Nicomaque*.

notre esprit et des efforts que nous faisons volontairement pour atteindre un but. Je fais preuve de force quand je fais volontairement un effort.

Pour Emmanuel Kant, **notre force émane de notre volonté** : « La résistance à l'effort musculaire ressentie dans le cas d'une activité volontaire nous fait prendre conscience que certaines actions ne sont pas des actes involontaires, mais le résultat de notre moi en tant que source de force. De la double nature du moi comme source individuelle d'action et comme inséparablement unie à un organisme résistant, nous acquérons la notion universelle et nécessaire de la force. »[16]

Les philosophes rapprochent la sensation musculaire de l'effort de celle de l'expérience psychologique de la volonté : dans les deux cas, nous sentons notre force, qu'elle soit physique ou morale. Tenir une position statique douloureuse ou ne pas envoyer un message à son ex : même combat !

À partir de là, il est assez logique d'agir sur sa force psychologique en empruntant un cheminement de l'activité physique, non ? Pour les personnes qui ont besoin de ressentir les choses dans leur corps, c'est une voie très efficace.

Le rapport entre force et bonheur selon Nietzsche

Chez Nietzsche (philosophe du XIXe siècle), il existe une grande proximité entre les notions de force... et de bonheur. Pour le penseur allemand, le bonheur est dans la « volonté de puissance individuelle » ou dans notre capacité à surpasser la difficulté de l'existence au quotidien. Le bonheur n'est pas une béatitude permanente et absolue, mais une aptitude à allier les aspects tragiques et heureux de la vie. On accepte donc les choses telles qu'elles sont, sans vivre dans le remords, en intégrant que les choses négatives existent.[17]

La force s'exprime dans l'effort de surmonter les résistances, dans la capacité à s'extraire des valeurs communes et à en générer, par soi-même, des nouvelles.[18]

16. https://www.encyclopedia.com/science-and-technology/physics/physics/force
17. https://www.radiofrance.fr/franceinter/philosophie-comment-cultiver-la-force-vitale-de-nietzsche-et-trouver-du-reconfort-9493308
18. https://fr.wikipedia.org/wiki/Force_ (philosophie)

Ce que je retiens de ces approches philosophiques :
- il n'y a force que quand il y a résistance ;
- il n'y a force que quand il y a conscience de l'effort ;
- la force impulse mouvement et changement ;
- effort physique et effort de volonté permettent tous les deux d'éprouver sa force ;
- la force est un chemin vers son épanouissement individuel.

LA FORCE CHEZ LES ANIMAUX

Les animaux les plus forts et ce qu'ils nous apprennent

Les animaux les plus forts ne sont pas nécessairement ceux auxquels nous pensons. Ils ont même l'air de rien du tout quand on les regarde, ou alors, on n'aurait pas spontanément songé à eux pour incarner la force. Et pourtant... Laissez-moi vous présenter cinq spécimens impressionnants, dont mon chouchou, un champion toutes catégories !

1. Le bousier taureau

Le bousier taureau (ou *Onthophagus taurus*) mesure entre 5,5 et 11 mm pour un poids de quelques grammes. Il vit dans les jardins d'Europe, d'Amérique du Nord, de Chine, d'Australie et de Nouvelle-Zélande. Les bousiers taureaux, et plus précisément les femelles de l'espèce, évoluent dans les élevages agricoles. Au moment de la reproduction, elles creusent des tunnels dans le fumier et forment des boules de déjections qu'elles déplacent. C'est dans ces boules qu'elles creusent une petite chambre où elles pondent. Elles sont capables de tirer 1 141 fois leur poids, ce qui serait équivalent à 80 tonnes pour un être humain de 70 kg. Le record mondial de l'homme est d'environ 2,4 tonnes (*Guinness des records)* et de 250 kg dans les concours d'haltérophilie.

Petites, mais costaudes!

2. La fourmi

Vous avez déjà sûrement observé une fourmi transporter une miette au moins aussi grosse qu'elle... Eh bien celles-ci peuvent soulever et déplacer jusqu'à 10 à 50 fois leur poids. L'une d'elles est encore plus impressionnante : la fourmi tisserande soulève jusqu'à 100 fois son poids. La force des fourmis s'explique par le fait que leurs muscles prennent une grande part de leur corps.

La puissance de la masse musculaire...!

3. L'hippopotame

C'est la puissance de sa mâchoire qui amène ce grand herbivore sur notre liste. Il est d'ailleurs le mangeur de végétaux le plus fort du monde... Il ouvre sa gueule à 180 degrés et exhibe des incisives et canines de 40 à 50 cm, qui font des dégâts terribles au combat. Ses dents restent aiguisées par les frottements des unes contre les autres.

Comme quoi, un atout terrible peut faire toute la différence!

4. La hyène

L'imaginaire collectif autour de la hyène ne joue pas en sa faveur. On lui attribue nombre de spécificités, mais rarement la force. Et pourtant ! La hyène a une puissance de morsure deux fois supérieure à celle d'un lion. Elle est capable de broyer des os d'éléphant et de girafe. Qui plus est, elle dépèce une proie (ou un cadavre) plus vite que son ombre. Elle n'a pas peur, avec ses congénères, de s'attaquer à des animaux bien plus gros qu'elle, comme des gnous ou des buffles.

Dents affûtées, rapidité et solidarité : voilà les trois atouts «force» des hyènes!

5. L'ourson d'eau, mon chouchou

L'ourson d'eau n'est pas dans les listes d'animaux les plus forts en termes de force physique, de rapidité ou de puissance, mais il est pour moi, en termes de résistance et d'adaptation, le plus fort.

L'ourson d'eau est microscopique et moins mignon que ce que son nom laisse penser. Ce qui le rend exceptionnel, ce sont ses capacités de survie[19]. L'ourson d'eau résiste au froid, à l'acide, à des températures jusqu'à

19. https://www.letemps.ch/sciences/lourson-deau-une-minibestiole-aux-superpouvoirs

150 °C et même au vide intersidéral. Car oui, l'ourson d'eau est allé dans l'espace, et ça, peu d'animaux (humains compris) peuvent s'en vanter.

On retrouve l'ourson d'eau partout sur la terre, y compris là où l'humain ne survit pas. Des pôles à l'équateur, des abysses aux sommets enneigés, il vit partout ou plutôt, il survit partout.

L'ourson d'eau défie l'entendement et les plans des méchants les plus sournois qu'a pu combattre James Bond.

Il résiste à la cryogénie (certains spécimens ont été laissés plus de 30 ans dans un congélateur à – 20 °C et ont survécu, grâce à un antigel qui empêche leurs cellules d'exploser) et à la cryptobiose. En cas de sécheresse, cet être composé à 80 % d'eau évacue 99 % de son liquide et se transforme en un bloc indestructible jusqu'à des jours meilleurs.

Impressionnant, non ?

Mes quatre animaux totems

Je vous propose une autre manière de nous inspirer des animaux. Une manière plus imagée, plus symbolique, qui inclut des créatures mythiques. J'ai imaginé quatre animaux totems correspondant à des périodes de nos vies. Nous passons et repassons de l'un à l'autre, au gré des événements qui jalonnent notre existence, et empruntons des attributs à chacun.

Chaque période se caractérise par un animal que j'ai choisi pour ce qu'il représente :

- l'**ornithorynque**, animal si étrange et inattendu pour nos années « extraterrestres », en roues libres, nos moments d'invention de nous-mêmes ;
- le **phœnix** qui se régénère à chaque drame, pour ces situations où nous renaissons de nos cendres, plus fortes, immortelles ;
- le **chien** pour nos années normales, ces périodes tranquilles où tout se déroule dans un calme serein et une zone de confort qui nous convient ;
- l'**éléphant** pour ces moments où nous voulons nous venger de la vie et tout emporter avec nous.

À chaque évolution, notre animal totem s'enrichit de quelques éléments et de nouvelles caractéristiques jusqu'à devenir ce mélange unique qui nous définit : notre « moi ». Notre « moi » est pétri de nos expériences et de nos manières de les transformer.

Nous avons tous en nous les quatre animaux totems que je vous ai présentés.

Selon notre vision de la vie et nos envies, selon l'attitude de notre entourage, de nos parents ou de nos professeurs, nous serons plus ornithorynque qu'éléphant, plus chien que phœnix. Ce sont ces différences qui font de nous des êtres uniques.

Nos expériences cumulées modifient en permanence notre « moi » et nous font bouger sur le quadrant des animaux totems. Un jour, nous sommes plus éléphant, un autre, plus chien, etc.

1. L'ornithorynque

Vous l'avez appris à l'école, les mammifères ne pondent pas d'œufs. Faux ! L'ornithorynque est mammifère et ovipare. Vous l'avez aussi appris à l'école : les mammifères ont des mamelles pour allaiter leurs petits. Ce sont d'ailleurs elles qui ont donné le nom de mammifère à cette catégorie d'êtres vivants. L'ornithorynque allaite ses petits, mais sans glandes mammaires. Comment fait-il ? Le lait suppure *via* des fentes cutanées et les bébés ornithorynques lapent le liquide qui coule sur la peau de leur maman. Vous avez entendu parler de serpents venimeux, mais rarement de mammifères venimeux. Eh bien cela va changer puisque notre ornithorynque possède sur ses pattes postérieures un aiguillon qui peut libérer un venin capable de paralyser une jambe humaine ou même de tuer un chien !

Et la liste des attributs étonnants continue, à tel point que les premiers scientifiques britanniques à qui furent envoyés une peau et un dessin d'ornithorynque crurent à un canular. Cet animal ne pouvait pas exister ! Il faut en effet ajouter comme éléments étonnants : un bec et des pieds palmés de canard, une queue de castor, une température corporelle non pas de 37 °C comme chez les autres mammifères, mais de 31 °C, des pattes placées sur le côté (comme chez les reptiles) et non pas sous son corps comme chez les mammifères, et là où notre ornithorynque gagne ses galons d'extraterrestre, c'est qu'il est le seul mammifère à être doté du sens de l'électro-perception (il perçoit ses proies grâce au champ électrique généré par la contraction musculaire). Enfin, ses pattes arrière se rétractent quand il sort de l'eau afin de lui permettre de se déplacer sur terre.

Cet animal si mignon et si étrange est donc l'animal totem pour nos années d'extraterrestre : le si jeune âge où tout nous paraît possible, où nous nous inventons des amis secrets qui vivent dans les placards, où nos oursons en peluche prennent vie une fois les lumières éteintes, où nous rêvons d'une vie ailleurs, dans une autre dimension, ou sur une autre planète. C'est aussi lui qui s'affirme quand nous sortons des sentiers battus.

Au fil des âges, c'est lui qui s'exprime en nous quand nous voulons sortir des cases, ne pas choisir entre des passions, mais les cumuler, multiplier les « et » au lieu de s'arrêter à un « ou ».

Anecdote :
Moi, Valérie-ornithorynque *J'étais ornithorynque quand...*

Enfant, je pensais que j'étais une extraterrestre venue de Vénus téléportée sur Terre pour m'imprégner des coutumes terriennes. J'écrivais sur un cahier de textes recouvert d'aluminium, comme signe distinctif évident, et je faisais part de cette vérité indiscutable à mon amie de l'époque, Selina.
J'avais écrit dans mon cahier, pour une rédaction de français : « Un jour, je gravirai l'Everest, je ferai le tour du monde, et j'aiderai les gens à aller mieux. »
Je n'avais pas de limites. Je pensais que tout était possible, que je pouvais être qui je voulais.
À 15 ans, je ne croyais plus que je venais d'une autre planète, mais mes rêves continuaient de me porter. Je savais que je voulais voyager, que je voulais aider les autres. Je voyais la vie comme un jeu vidéo dans lequel j'aurais plusieurs vies. Je me voyais immortelle... Tiens tiens, de l'ornithorynque au phœnix, il n'y a qu'un pas...

Je suis ornithorynque, aujourd'hui, quand...
- Je décide d'entreprendre tous les projets qui me passionnent, peu importe que ce soit ambitieux, (soi-disant) impossible,

jamais fait (ou au contraire déjà fait), trop éloigné de mes activités habituelles, risqué...
- Je ne me cantonne pas dans les domaines où l'on m'attend et où je suis bien installée. J'explore ailleurs. Je repousse les limites. Et si ça ne marche pas, je retente ma chance.

Et vous... Où vous mène le quadrant ornithorynque de votre totem ? Pour l'identifier :
- Repensez à vos rêves d'enfant : quels étaient-ils ?
- Quelles sont vos passions ? Vos intérêts ?
- Quels sont vos points de « bizarrerie » ?
- Dans quelles situations sortez-vous des cases et des sentiers balisés ?
- Quels sont les domaines ou activités dans lesquels vous voudriez vous lancer ?

2. Le phœnix

Animal mythologique, le phœnix bénéficie d'une grande longévité. Il est caractérisé par son pouvoir de renaître après s'être consumé dans les flammes. Il symbolise ainsi les cycles de mort, de résurrection et de noblesse.

Anecdote : Moi, Valérie-phœnix

Je suis phœnix à chaque fois que je réussis une transition vers une nouvelle vie :
- Un projet s'arrête malgré moi, mais je trouve la force de repartir de zéro.
- Je suis déçue, mais je vais de l'avant.
- Je tombe (métaphoriquement ou réellement) et me relève.
- Je suis malade/je me blesse et je guéris.
- Je finis un projet et j'en entame un nouveau.
- J'étends ma zone de confort en traçant mon chemin vers un nouveau défi...

Concentrez-vous sur vos phases « phœnix » :
- Quel est votre dernier rebond ?
- Quelles sont les épreuves que vous avez passées ?
- Comment allez-vous de l'avant ?
- Comment aimeriez-vous vous transformer aujourd'hui ?

3. Le chien

Le chien, c'est le compagnon fidèle de la vie de tous les jours. C'est celui qui vous suit et s'accommode de vos décisions. Il se balade en laisse. Il ne mord pas. Il est éduqué pour vivre dans un foyer en restant à la place qu'on lui a donnée. Il aime très fort, et il est très aimé. Toutefois, il n'a aucun droit de ruer dans les brancards. À cette condition, il mène une vie paisible.

Anecdote :
Moi, Valérie-chien

Je me suis sentie « chien » au tout début de ma vie active, au moment où j'aurais dû voler loin et réaliser mes rêves. Une réalité tout autre m'avait alors rattrapée.
J'avais à peine mon diplôme en poche. Je cherchai aussitôt un emploi bien payé, pour rembourser au plus vite le crédit étudiant que je m'étais mis sur le dos. Puis je suis partie en quête d'un appartement abordable, cosy et le plus calme possible. Mes rêves d'enfant et d'adolescente étaient loin. Ils étaient enterrés et avaient été remplacés par les vicissitudes de la vie : boucler mes fins de mois, rembourser mon emprunt, arriver à l'heure au boulot… Je vivais dans le concret. Je n'avais plus de place dans mon esprit pour des divagations et des idéaux. Je n'étais plus une petite fille.
J'étais entrée dans la normalité, mais quelque chose, au fond de moi, se rebellait. Je détestais ça, et je déteste toujours ça.

La perception de la part chien diffère selon les besoins de sécurité de chacun. Il n'est pas question de la décrier, mais d'identifier dans quelle mesure elle bénéficie ou non à notre épanouissement, dans quelle mesure elle soutient ou affaiblit notre force.

L'épanouissement est évidemment possible dans la phase « chien », elle est même le moment où une majorité de personnes s'épanouit. Nous pouvons déployer notre force dans la phase chien : quand nous bâtissons notre bonheur, quand nous donnons le meilleur de nous-mêmes dans ce qui nous passionne et nous anime, quand nous créons des routines bonnes pour notre corps et notre esprit... La phase « chien » peut aussi être l'accomplissement de nos objectifs : ce moment où, enfin, nous sommes en accord avec nous-mêmes, où nous avons atteint un objectif et où nous entretenons et étirons, comme on le fait dans un stretching doux, notre zone de confort.

4. L'éléphant

L'éléphant se prête à de très nombreuses symboliques dans les religions et spiritualités du monde entier. Celles que je retiens dans ce quadrant ont trait à la force de vaincre, à la persévérance, à la puissance et à l'indépendance. Je ne l'ai pas cité plus haut dans les animaux les plus forts, mais l'éléphant compte évidemment parmi les forces de la nature.

Anecdote : Moi, Valérie-éléphant

Plusieurs fois, j'ai tout perdu. Et plusieurs fois, j'ai tout reconstruit. La Valérie-éléphant arrive après la Valérie-phœnix. Elle prend le relais de la reconstruction après la renaissance : une reconstruction pour laquelle je fais appel à toute ma hargne de réussir et sortir, tête haute, de ce mauvais pas. Je deviens éléphante quand je deviens vengeresse. Je ne gaspille pas l'énergie de ma vengeance dans la punition de l'autre, mais je la canalise dans mon succès. Je veux gagner en puissance et en indépendance. Je veux vaincre.

Dans une phase éléphant, l'énergie est à son maximum. C'est le moment des « Ils vont voir ce qu'ils vont voir ». C'est la période active :

celle où nous décidons et où nous agissons parce que nous ne voulons plus d'une situation ou parce que nous savons ce que nous voulons. Celle où nous savons et où nous sentons que nous convoquons notre force. C'est la phase des projets, des défis et des ambitions que nous voulons accomplir et pour lesquels, nous le savons, nous parcourrons un long chemin. Pourtant, même pas peur !

Demandez-vous :

– Qu'est-ce qui vous fait passer de phœnix (renaissance) à éléphant (action) ?

– Quelles émotions vous rendent éléphant ?

– Savez-vous identifier et canaliser votre énergie d'éléphant ?

Anecdote : La naissance de LeBootCamp vue à travers mon quadrant animal

« Nous avons tout perdu. Tout. Nos partenaires ont volé mon site de coaching et l'ont relancé sous leur marque. Ce sont eux qui collectaient les paiements des clients et qui me versaient de quoi payer mes salariés. Je suis acculée. Je ne sais pas quoi faire. J'ai été trop gentille. Ou trop naïve. Je me suis fait avoir. Je suis nulle », dis-je en pleurant dans le giron de mon père, un soir de 2006.

J'avais créé un site de coaching en ligne, là où on m'avait dit que c'était impossible. J'avais réussi et j'avais convaincu des partenaires. **J'avais été une ornithorynque accomplie**. Puis je m'étais installée un peu plus confortablement, en confiance. Je m'étais posée dans mon business. **J'étais devenue chien**, mais hélas, le chien que l'on trahit et que l'on abandonne.

Mes partenaires techniques français à qui j'ai aveuglément confié la gestion de mon site de coaching, le pionnier du genre, m'ont tout pris. Je n'ai rien vu venir, je n'imaginais pas que l'on puisse faire une chose pareille.

Je me sens morte à l'intérieur. Anéantie. Une moins que rien. Celle qui porte la honte d'avoir été dupée et la responsabilité d'entraîner dans sa chute ses salariés. Je dois faire face aux visages atterrés de ceux qui m'entourent et se demandent comment j'ai pu me faire avoir de la sorte. Je dois affronter ceux, y compris mes proches, qui n'ont jamais cru en mon projet et voient arriver ce qu'ils ont toujours prédit. Je dois répondre à mes employés qui ne savent pas comment leur salaire va être réglé en fin de mois. Je dois assumer mon reflet dans le miroir le soir. Je n'ose même plus. Je me suis consumée.

Ma confiance en moi est plus qu'ébranlée, elle est détruite, piétinée, réduite en cendres et semée aux quatre vents. Je ne me relèverai jamais, crois-je.

Et puis, là, tout au fond de mon malheur, telle l'héroïne Scarlett O'Hara, je comprends que demain est un autre jour. Que c'est évident, mais qu'il n'y a rien de plus vrai. Alors, sans doute parce qu'il fallait que je touche le fond pour rebondir, je prends la décision de repartir de zéro. Je transforme ma tristesse et mon abattement en rage et en mordant de pitbull. Je ne suis plus le gentil chien, je me rebelle. Et dans le même temps, **je deviens phœnix**. Je renais.

« Ha, mais, on ne m'aura pas comme ça, je ne me laisserai pas faire ! » C'est l'heure de la vendetta corse. Mon succès sera ma plus belle revanche ! Force de vaincre, puissance et indépendance sont mes maîtres mots. **Place à l'éléphant !**

C'est la naissance de LeBootCamp, le premier site de coaching minceur qui s'est fait une belle place dans le monde de la minceur saine et qui a résisté aux modes et aux crises en tout genre.

Maintenant, le soir, quand je me regarde dans le miroir, j'ose m'affronter, et je vois une femme puissante qui ne se laisse pas détruire même par les plus horribles des expériences.

Je vois l'ornithorynque qui ose rêver, je vois le phœnix qui a encore une fois ressuscité, je vois le chien qui s'est reconstitué un cocon et veille dessus, je vois l'éléphant qui vainc contre tous.

LA FORCE, UNE HISTOIRE D'HOMMES ? VRAIMENT ?

La force est-elle masculine ? Pourquoi pensons-nous que les hommes doivent être forts ? Existe-t-il une différence entre la définition de la force au masculin et au féminin ?

Une drôle de vision de la force au masculin

La force est souvent associée à la virilité. Nous l'avons vu en long, en large, et en travers, c'est le cas depuis la nuit des temps (ou presque). Dans les injonctions que subissent les hommes, il y a celle d'être costauds mentalement et physiquement. Dans cet imaginaire, un homme, un vrai, doit pouvoir transporter un réfrigérateur et ne pas pleurer en regardant *Bambi* (ou *Croc Blanc*). On est d'accord, c'est idiot.

Pourtant, quoi qu'on en dise, dans l'inconscient collectif, virilité et force vont ensemble. On pose d'emblée une supériorité physique masculine « naturelle » à laquelle s'opposent des forces féminines « admirables ». La force, vue sous le prisme du sexe et du genre, est intéressante, car elle permet de démythifier quelques idées reçues, non seulement fausses, mais surtout néfastes.

CELA N'ENGAGE QUE MOI, MAIS...
LES HOMMES MALADES VERSUS LES FEMMES. C'EST QUI LE PLUS FORT ?

Vous me direz si je caricature, mais... un homme malade, c'est loin d'être un exemple de force pure, non ? Je parle d'une petite maladie : un rhume, une angine, rien de grave. Un peu de fièvre, de la fatigue et quelques désagréments sonores. Pas de quoi s'alarmer et courir à l'hôpital. Même pas besoin de prendre des antibiotiques. Quand ça m'arrive à moi (ou à mes amies), on galère un peu plus, on est fatiguées, on se couche plus tôt, on manque d'énergie, mais on sait que ce sont quelques jours à tenir, rien de plus. Quand ça arrive à ces messieurs : c'est le rhume du siècle, des « Je ne suis jamais malade, mais quand j'ai la crève, je ne fais pas semblant », des plaintes à n'en plus finir, une incapacité totale à se lever pour gérer une tâche du quotidien, et une aptitude à râler décuplée. Je suis mauvaise langue, ou vous l'avez déjà remarqué, vous aussi ? On peut également évoquer les piqûres ou petits bobos du quotidien, qui provoquent des râles de douleur dignes de films d'horreur.

OK, je pousse peut-être un peu, mais ça me donne quand même matière à réflexion.

C'est peut-être pour cela qu'ils se sentent forts : ils sont convaincus de passer à travers de grandes épreuves, quand nous percevons ces mêmes événements comme des inconforts temporaires.

Et s'ils exagéraient leurs forces et que nous, *a contrario*, nous sous-estimions les nôtres ?

Être fort, ce n'est pas que soulever des meubles

On entend souvent dire que, du point de vue physique, les hommes sont plus forts que les femmes. On a appris qu'à l'adolescence, alors que les filles prennent des formes (donc du gras), les garçons, eux, prennent du muscle, et développent leur musculature. D'ailleurs, comme ils sont plus forts que les filles, les cours de sport du collège et du lycée s'adaptent : des tours de stade en plus pour les élèves garçons, des barèmes de sauts, de lancers, de « soulevés » de poids plus exigeants que ceux de leurs camarades filles. Question d'équité, paraît-il. Plus généralement, le sport est un domaine avec une vraie différenciation des sexes : la mixité n'existe pas, ou très peu. La question se pose aussi dans l'armée et sur les fronts de guerre.

LES HOMMES SONT-ILS VRAIMENT PLUS FORTS PHYSIQUEMENT?

Différentes mesures[20] montrent des différences physiques et physiologiques entre les sexes, en faveur des hommes :

- masse musculaire plus faible chez les femmes, de – 33 à – 50 % sur le bas du corps, et de – 20 à – 25 % sur le haut du corps ;
- force mesurée au niveau du haut du corps pour la femme de 40 à 60 % de celle mesurée pour un homme, et de 70 à 75 % pour le bas du corps ;
- hommes plus grands de 10 à 15 % ;

20. https://www.cairn.info/revue-defense-nationale-2018-3-page-81.htm

– à masse corporelle égale, niveau d'aptitude physique aérobie (consommation d'oxygène) 10 % inférieure chez la femme par rapport à l'homme.

Là où la donne change, c'est quand on fait intervenir la notion de résistance et d'endurance : les femmes maintiennent mieux que les hommes des exercices de contractions répétées de faible intensité. Toutefois, quand l'intensité passe ou dépasse les 80 % de l'intensité maximale, la gent masculine l'emporte à nouveau.

Ces chiffres restent des moyennes, avec de grands écarts dans les groupes. De nombreuses femmes seront plus fortes que de nombreux hommes.

Si la force, c'est le muscle, alors, en moyenne, les hommes sont plus forts. Cependant, si l'on parle de potentiel de force rapporté à la masse musculaire, alors, la force est la même, voire elle est supérieure du côté féminin. En effet, une étude[21] montre que si l'on se réfère à la puissance physique en fonction de la masse musculaire, pour le bas du corps, les femmes poussent 110 % de ce que les hommes poussent. À masse musculaire égale, force supérieure ?

ET SI LES FEMMES ÉTAIENT MAINTENUES DANS LA CROYANCE DE LEUR ABSENCE DE FORCE?

Ce qu'il faut noter aussi, et ce qui m'a passionnée, c'est que depuis que les scientifiques du sport et du corps humain se sont intéressés aux entraînements féminins pour les optimiser, et donc que les athlètes femmes bénéficient d'un accompagnement correct et adapté, leurs performances se rapprochent très sérieusement de celles de leurs congénères masculins dans de nombreux sports.[22]

Les femmes qui se mettent au sport se sous-estiment souvent. Elles ne se pensent pas capables d'atteindre de vraies performances sportives. Si je prends l'exemple d'une salle de fitness et d'entraînements somme toute classiques, elles ne se sentiront pas capables de faire des pompes, des tractions, de soulever certains poids. Il existe un conditionnement à penser que nous n'avons pas la force, et comme nous avons tendance

21. *Femininity, Sports, and Feminism, Developing a Theory of Physical Liberation*, par Amanda Roth et Susan A. Basow.

22. https://www.broussal-derval.com/2019/09/16/l-homme-est-il-vraiment-plus-fort-que-la-femme/

à le croire dur comme fer, nous n'avons pas conscience que c'est une croyance (fausse), nous n'avons même pas cherché à développer notre force.

J'approfondis ce phénomène dans « La force face aux croyantes bloquantes et limitantes », page 82.

Si la force n'est pas là, ce n'est pas parce qu'elle n'est pas en nous, mais seulement parce que nous ne sommes pas allées la chercher. CQFD.

Claire Greslé-Favier, docteure en études américaines et spécialiste des questions de genre et de sexualité, interviewée dans un article paru dans *Libération*[23], indiquait : « *Il faut aussi prendre en compte le fait que la force physique dans la culture occidentale n'est pas valorisée pour les femmes. Un peu de muscle pour la fermeté, mais surtout pas trop. [...] De nos jours, la minceur des cuisses des mannequins met en valeur une esthétique maigre et dépourvue de muscle. Pas étonnant alors que les corps féminins soient moins puissants physiquement que ceux des hommes pour qui cette caractéristique a, au fil des époques, presque toujours été valorisée.* »

Voilà pour la puissance... Mais si l'on s'intéresse à d'autres caractéristiques physiques, la donne évolue. En agilité, souplesse et résistance à la douleur, il semblerait que les femmes remportent le flambeau.

CE QUI EMPÊCHE LA FORCE PHYSIQUE ET SPORTIVE DES FEMMES

Nous l'avons vu, plusieurs facteurs liés à notre construction sociale brident notre force :

- L'idée esthétique qu'un corps féminin ne doit pas être « trop » musclé, car le muscle ne lui sied pas.
- Le conditionnement à nous penser faibles.

Pour l'esthétique, c'est fonction des goûts de chacun. Personnellement, je ne trouve pas qu'un corps féminin haltérophile soit beau, mais si j'y réfléchis, je pense la même chose pour un corps masculin et, dans tous les cas, mon avis n'est pas le sujet. L'avis des autres ne doit jamais brider notre force.

---

23. *Les femmes sont-elles moins fortes que les hommes ?*, Agnès Girard, 02/04/2012, mise à jour le 21/01/2015. https://www.liberation.fr/debats/2012/04/02/les-femmes-sont-elles-moins-fortes-que-les-hommes_1811869/

Une étude de 2001 sur les femmes haltérophiles est édifiante. Elle révèle que 75 % des athlètes féminines de cette discipline reconnaissaient qu'elles s'étaient imposé un plafond de verre, c'est-à-dire une limite en termes de force et de musculature à ne pas dépasser. Interrogées pour approfondir ce sujet, elles apportent une double réponse : le souhait de ne pas avoir un physique « trop masculin » et la croyance d'une limite pour les femmes dans le développement des muscles.[24]

Être fort, ce n'est pas enfouir nos émotions

« Sois fort et tais-toi », combien d'hommes ont entendu cette phrase ou ses variantes ? Dans nos sociétés, les hommes taisent leurs émotions. On leur concède la colère, mais pas la tristesse. Ils doivent paraître forts, et cela passe par refouler leurs émotions. Les femmes, elles, ont le droit de s'écouter et de laisser libre cours à ce qu'elles ressentent. Enfin, cela dépend... Si elles expriment la colère, elles sont traitées d'hystériques.

Nos émotions, quand nous savons les accueillir et les comprendre, nous rendent plus forts.

Une émotion ou un sentiment non compris, c'est une fringale assurée, un craquage incontrôlé sur des aliments trop gras, trop salés et trop sucrés, un épuisement du corps et de l'esprit, un laisser-aller, un désespoir qui brise nos élans, un sabotage qui nous nuit...

Une émotion ou un sentiment compris, c'est une opportunité de plus de remettre notre vie sur les bons rails. La colère nous dit que quelque chose ne va pas, elle nous indique un point de douleur sur lequel agir, par exemple. De même pour la contrariété.

Être fortes, ce n'est pas survoler nos émotions et sentiments, c'est les accepter et construire notre vie avec, en les utilisant comme les guides qu'ils sont.

Les émotions sont les alliées de notre force : je l'évoquerai longuement dans « La force et les émotions », page 111.

24. *Femininity, Sports, and Feminism, Developing a Theory of Physical Liberation*, par Amanda Roth et Susan A. Basow

**Anecdote de vie :
La colère pour être plus forte**

Ce peut être une déception. Une trahison. Un manquement d'un proche. Une tuile au travail. Une hypocrisie relevée. Une lâcheté d'un proche. Quelque chose qui vous met en colère. Quelque chose qui vous reste en travers de la gorge. Vous vous sentez impuissante. Vous avez mal. Ce genre d'épisode et de ressenti est plus fréquent qu'on ne le croit. Que ce soit de la colère envers une tierce personne ou envers soi-même, le premier réflexe est de chercher à nous apaiser. Hélas, cet apaisement peut passer par de la *junk food*, ou pire. C'est parfois encore mon premier réflexe. J'ai beau être coach, il m'arrive toujours de tomber dans ce piège facile : me goinfrer. Soulagement immédiat, mais, hélas, de très courte durée. Et effet de culpabilisation et de regret boomerang, ce qui n'arrange rien. Ma proposition ? Bouger. Ce peut être marcher pour nous vider la tête, marcher sans réfléchir. Ce peut être aussi plus sportif : courir, ou un exercice cardio jusqu'à ne plus penser. Être dans notre corps, uniquement dans notre corps, et drainer l'énergie de notre colère dans notre entraînement. Courir, pédaler ou sautiller jusqu'à ne plus penser... et jusqu'à ce que, miracle, ces petites molécules de bonheur que sont les endorphines et consorts s'éveillent dans notre corps.
Certains disent qu'il n'y a pas de meilleur entraînement que ceux faits lors des pires journées. Et si c'était vrai pour vous aussi ?

LA FORCE AU FÉMININ, QUELQUES SPÉCIFICITÉS

Le cycle joue sur de nombreux aspects de nos vies. Selon les moments, les personnes ayant leurs règles peuvent sentir leur force augmenter ou décliner. Se connaître et identifier les moments où nous maximisons nos forces est un atout. Inversement, repérer les moments où nos forces se font plus discrètes nous permet d'être alertes. Comprendre permet toujours de mieux agir.

Nous sommes incroyablement fortes

La force des femmes est impressionnante. **Pensez à tout ce que nous pouvons faire** :

- **En saignant** (eh oui, pendant nos règles !)

Pensez aux fois où, au choix, vous avez fait une séance de sport en saignant (ne serait-ce qu'au collège ou au lycée), vous avez randonné ou couru en saignant, vous avez déménagé en saignant, vous avez conduit des heures durant en saignant… J'ai moi-même atteint des sommets et le pôle Sud en saignant ! **En tant que femme, tout ce que nous pouvons faire au quotidien et même dans les situations extrêmes, il nous est arrivé ou il nous arrivera de le faire en saignant.**

- En ayant des **crampes** et autres douleurs menstruelles

Il nous est toutes arrivé de participer à une réunion, voire de l'animer, avec des douleurs lancinantes dans le bas-ventre, ou encore une migraine cataméniale persistante, ou encore simplement de travailler, **comme si de rien n'était, dans la douleur**. Vivre, malgré la douleur, demande toujours plus de force.

- En surmontant chaque mois des **fluctuations hormonales** qui peuvent nous plonger dans des abîmes de désespoir.

Si vous êtes sujette au **SPM** (syndrome prémenstruel), vous savez de quoi je parle. Si vous ne connaissez pas l'expression, sachez que le SPM correspond à cette baisse de moral que l'on peut avoir quelques jours avant les règles : envie de pleurer sans raison, grande irritabilité, détresse totale… Cela va du « petit » cafard au fait de remettre entièrement sa vie et ses choix en question, et cela, simplement, à cause d'un (pas) joyeux bordel d'hormones.

- En étant **enceinte** et donc en portant, neuf mois durant, la vie en nous…

Là, de même que pendant vos règles, vous faites tout : vous vivez une vie quasi normale, mais en faisant grandir un petit être en vous.

Sans compter l'**accouchement** qui, en termes de résistance à la douleur et de force mentale, est une prouesse dont les corps féminins peuvent s'enorgueillir… Je pourrais aussi citer la détresse de la dépression *post-partum* à surmonter, les nuits sans sommeil des premiers mois (voire années), la réappropriation de son corps, etc.

Bref, autant d'épreuves que les femmes traversent depuis la nuit des temps.

Faut-il le dire ? Nous sommes fortes ! Ce n'est pas pour rien que nos ancêtres ont vénéré des déesses mères...

Ce que je viens de citer devrait nous en convaincre, pourtant, nous avons tendance à penser que notre corps féminin, plutôt que de nous donner de la force, nous en prive parfois. Certes, je ne me suis pas incarnée en homme pour pouvoir mesurer une différence, et même si c'était le cas, mon expérience n'aurait pas valeur de vérité absolue, mais je peux quand même vous dire ma conviction : **la force au féminin est extrêmement puissante !** Mieux : **les spécificités de notre corps féminin sont nos atouts.**

Je vous explique ?

Chez les hommes, le système hormonal est relativement stable : pas de baisse de régime, mais pas de hausse non plus... Or, qui dit hausse, dit sensation de force décuplée et opportunité de se donner encore plus à fond ; et qui dit baisse, dit occasion à saisir de se challenger dans la difficulté. Bref, de vrais atouts...

RAPPEL UTILE

Les douleurs intenses au moment des règles ne sont pas, contrairement à ce que l'on nous a dit depuis la nuit des temps, normales. Si vos douleurs de règles sont handicapantes au point de vous clouer au lit ou de vous stopper net, consultez un médecin. Si celui-ci ne vous prend pas au sérieux, consultez-en un autre. Je vous y encourage : soyez fermes, fortes et déterminées pour vous faire entendre. La force, c'est aussi cela.

Il n'est pas question de refuser nos variations d'énergie, mais de les identifier, de les comprendre, pour ne pas nous laisser entraîner par elles. Quand nous nous écoutons, ce n'est pas pour nous trouver des excuses, mais pour sortir tête haute de cette attaque de nos hormones.

La force morale d'être une femme

C'est à la fois amusant et agaçant : nous avons beau être plus de la moitié de l'humanité, nous sommes, en tant que femmes, traitées comme une minorité. La norme est masculine. Nous, nous sommes toujours des cas à part. Ajoutons à cela, comme nous avons eu le plaisir de le découvrir, que les penseurs théorisent depuis des siècles sur notre supposée infériorité (voir La force vue par les philosophes, page 38), et nous voilà bien entravées.

Je ne sais pas si être une femme demande une force morale supplémentaire, tout simplement parce que je ne sais pas ce qu'est être un homme. Toutefois, j'observe, en tant que femme, avoir souvent à me battre pour être entendue, pour être perçue à ma juste valeur, et plus encore pour atteindre des sommets.

CELA N'ENGAGE QUE MOI, MAIS...
FEMMES ET SOMMETS DU MONDE : IL N'Y A PAS DE HASARD

Nous sommes de plus en plus de femmes à nous passionner pour l'alpinisme. Je me demande si ce n'est pas une manière de nous lancer à l'ascension de sommets réels, dans un environnement où le plafond de verre n'existe pas. Les femmes devenant aventurières des toits du monde sont bien plus nombreuses aujourd'hui qu'hier, en nombre et en proportion. Est-ce parce qu'en montagne, c'est seulement nous et nous-mêmes ? Parce que, dans les situations extrêmes, il n'est plus question de sexe faible ? Parce que, face à l'exploit, nous pouvons certes être découragées, mais pas empêchées ?

Il y a des machos en montagne. Ils sont même nombreux. J'en croise à chaque expédition. Seulement, dans ce contexte, ils n'ont pas le pouvoir de me mettre des bâtons dans les roues. Et ils ne peuvent pas non plus minimiser mes efforts, ma force, ou laisser supposer que j'ai pris un raccourci peu éthique.

POUVONS-NOUS VRAIMENT NE PAS ÊTRE FORTES ?

Que sommes-nous quand nous ne sommes pas des « forts » ? Nous ne sommes pas des faibles, nous sommes des forts qui s'ignorent. Que serait vraiment le contraire de la force ? La faiblesse ? La léthargie ? Le laisser-aller ? La paresse ? Le désespoir ? S'ils ne sont pas à proprement parler des contraires, au regard de tout ce que recouvre la force, ils restent des freins à son expression et à son développement.

Et si l'on combattait ces tendances contre-productives qui nuisent à notre force ?

Quelles faiblesses doivent nous inquiéter ?

La faiblesse est passagère, ou alors, elle est inquiétante, et il serait intéressant que vous consultiez un médecin. Être constamment fatiguée, ou fatiguée au moindre effort, faire des malaises ou être sujette à des blessures régulières peut cacher des carences, un problème d'alimentation ou une pathologie chronique. Il n'est pas normal d'être constamment fatiguée ou de manquer d'énergie quotidiennement.

Si vous vous sentez épuisée dans votre tête, que rien ne vous fait envie, que tout vous semble insurmontable ou hors de votre portée, ce n'est pas non plus que vous êtes faible, c'est que vous traversez probablement une phase de dépression, et que vous avez besoin d'aide. Là encore, votre médecin est l'interlocuteur approprié.

Être malade, physiquement ou psychiquement, ne fait pas de vous quelqu'un de faible, mais quelqu'un qui a momentanément besoin d'un soutien médical et professionnel pour se retrouver en pleine possession de tous ses moyens. Votre force sera justement de recouvrer votre force, et ce n'est pas un chien qui se mord la queue, c'est un cercle vertueux. La force que vous emploierez pour aller mieux à ce moment-là vous nourrira tout au long de votre existence.

Je reviens aux faiblesses passagères. Nous avons tous nos moments de fatigue, des petites chutes de glycémie, ou tout simplement nos cycles circadiens, avec, à tel ou tel moment de la journée, des pics de motivation et de gouffres de flemme (ou des collines et vallées). Personne n'est jamais, 7 jours/7 et 24 heures/24 au top de sa forme et de ses forces.

Force *versus* léthargie, indolence, flemme et consorts

La force est dans le dynamisme, le mouvement. Je l'oppose à l'indolence, à la flemme, à la paresse, au laisser-aller. Avoir la force de réaliser nos rêves ou nos objectifs, c'est nous mettre chaque jour en mouvement. La force se convoque avec le désir, la passion, mais aussi et surtout la discipline.

La force, c'est nous prendre en main et tout mettre en œuvre pour atteindre nos objectifs, quels qu'ils soient, par nous-mêmes.

Si l'on en revient aux définitions de la philosophie, la force est le mouvement face à notre propension naturelle à renoncer quand l'objectif demande trop d'efforts.

Force *versus* désespoir et défaitisme

La force s'oppose aussi au désespoir. Tant qu'il y a de l'envie, il y a de l'espoir. Tant qu'il y a de la force aussi, et cela tombe bien, il y en a toujours.

On pourrait dire que la force, c'est de voir le verre à moitié plein, mais c'est plus que ça : c'est prendre le verre et aller de soi-même directement à la fontaine pour le remplir, afin qu'il soit plein, et pas qu'à moitié.

Être dans la force, c'est ne jamais désespérer (ou alors pas longtemps). C'est aussi refuser d'être impuissant. C'est refuser une fatalité et trouver les options permettant de la contourner. C'est, enfin, ne jamais s'avouer vaincu.

La force est à portée de toutes et de tous

La force se mesure à l'aune de chacun. Comme je le dis souvent, chacun ses montagnes. Nous sommes tous différents, nous avons tous nos propres peurs, freins et blocages, mais nous sommes tous en mesure, si nous le souhaitons, de les dépasser.

La force peut nous quitter par moments, quand un choc est trop rude, ou face à une difficulté trop impressionnante. Ce n'est que momentané, et, à vrai dire, elle ne nous quitte pas vraiment, mais le déferlement qui nous a terrassée obstrue temporairement notre champ de perception, et nous ne la voyons plus. Nombreux sont les facteurs et éléments qui sapent ou dissimulent notre force, mais bonne nouvelle, quoi qu'il se passe ou se soit passé, elle est là, en nous, prête à se déployer.

2
LA FORCE ET SES ENNEMIS INTIMES

Notre force se déploie dans un contexte. Pour s'exprimer et prendre corps, il lui faut, comme nous l'avons vu, de la résistance. S'il n'y a ni difficulté, ni résistance, ni adversité, il n'y a pas de force. La force est relative à l'effort, à l'implication. Elle est en chacun de nous, et elle se mesure à nos actions.

La force prend vie dans les batailles. Des batailles externes (aller à l'encontre des opinions des autres, monter un projet ambitieux, affronter une crise...) et des batailles internes (affronter nos peurs, oser prendre des risques, changer notre état d'esprit). Bien sûr, les deux sont intrinsèquement liées.

LA FORCE FACE AUX ÉCHECS

L'échec. Le mot fait trembler. Au moins frissonner. Pour beaucoup, et c'est particulièrement fort en France, échouer est ce qu'il y a de pire. L'échec est cuisant. Douloureux. Il n'est pas qu'un projet non abouti, il est source de honte, de déception et de repli sur soi. Ce que j'écris ici n'est pas ma vision de l'échec, mais elle reste une vision amplement partagée.

La citation qui inspire :
« C'est le propre de l'homme de se tromper, seul l'insensé n'apprend pas de ses erreurs. » (Cicéron)

Ce qu'un échec (ou ce que nous vivons comme tel) nous fait

Personne n'aime les échecs. Personne n'aime décevoir. Se tromper. Rater. Être considéré comme défaillant. Être rejeté. Voir un autre être choisi à sa place. Perdre un contrat, un job. Subir des reproches.

Personne n'aime ça.

Ça fait mal à l'ego. On a le ventre noué. La situation tourne en boucle dans notre tête. Ça peut durer des heures, voire des jours. On est patraque. Le moral en berne. On remet tout en doute.

Stop !

On arrête l'engrenage, et on relativise.

Mes actions, même quand je me suis trompée, ne me qualifient pas.

Un ratage ne dit pas de moi que je suis une ratée. Ou que je suis impuissante, ou incapable. Il dit que j'ai peut-être commis une erreur et, rappelons-le, ça arrive ! Cela arrive, et je peux en faire quelque chose de plus utile que de me blâmer : je peux décider que, cette erreur, je ne la referai plus. Je peux réfléchir à ce qui s'est passé pour ne pas retomber dans le piège. Je ne peux pas changer ce qui s'est passé, mais je peux agir sur ce qui se passera à l'avenir.

Je ne me morfonds pas. Je réfléchis, et je vais de l'avant.

Je pourrai, la prochaine fois, rectifier le tir, et je le ferai.

Et puis, peut-être, ce que je vis comme un échec n'a rien à voir avec ma personne : je ne suis pas le contrat que je propose, je ne suis pas l'objet que je vends, je ne suis pas le dossier que je défends... Même si je mets beaucoup de cœur à le faire.

Un échec nous touche, car nous le vivons comme un rejet de nous-mêmes, ou une injustice.

Il nous touche aussi, car il peut appuyer, comme le harcèlement ou les médisances, sur des points douloureux, des failles.

Il nous fait douter de nos capacités. Notre complexe de l'imposteur refait surface, le souvenir de cet instituteur d'école primaire qui a dit que les maths, ce n'était pas pour nous, le professeur qui s'est moqué de notre orthographe, le moniteur qui nous a trouvée empotée.

Un échec, et c'est comme si notre mémoire réunissait le cortège de nos loupés du passé et des phrases plombantes et les invitait à un concert assourdissant, sans tomber de rideau.

Stop ! On arrête tout de suite l'engrenage infernal.

L'échec, trop souvent, mène à l'apitoiement et à l'affaiblissement. Les forces sont sapées. L'échec est une sanction sans appel, et sa crainte, un frein puissant. Plutôt ne rien faire que de risquer l'échec. Quand on ne fait rien, c'est sûr, on n'échoue pas... mais on ne réussit pas non plus !

Cette manière de penser n'est pas celle des champions. Elle n'est pas non plus celle des personnes auréolées de succès, les mêmes dont la force nous inspire. Pour ces personnes, l'échec, voire les échecs, nourrit la force. La ténacité face à l'adversité, la persistance, la résilience naissent d'échecs successifs, qui ne sont pas perçus comme des condamnations, mais comme des enseignements et des opportunités de progresser. Il est davantage un obstacle à passer qu'une conclusion sans appel. L'échec est une incitation à changer les choses dans sa manière de faire. Vous connaissez cette citation attribuée à Albert Einstein : « La folie, c'est de faire toujours la même chose et de s'attendre à un résultat différent » ? Eh bien l'échec, au sens d'obstacle, est un accélérateur pour nous faire changer, à condition de le percevoir comme un retour constructif que nous propose la vie. Il peut même être ce qu'il nous arrive de mieux si tant est que nous sachions y faire face...

Je le dis souvent dans cet ouvrage : tout est une question de point de vue, et d'état d'esprit à transformer.

Quant à l'échec, celui qui se définit par le fait de baisser les bras, celui-là, je ne m'y résous pas. Je préfère le doux goût de la victoire au goût amer de l'échec.

Épisode de vie : l'ascension de l'Aconcagua

En janvier 2019, j'ai entrepris l'ascension du plus haut sommet d'Amérique du Sud, l'Aconcagua, en Argentine. Il culmine à 6 961 m. Au moment où j'entreprends mon excursion, les conditions météorologiques sont telles que le taux de réussite est de 5 % (contre 35 % dans un contexte favorable). L'équipe professionnelle de Red Bull est là, mais ne parvient pas à atteindre le sommet. OK, ça, c'est un défi pour moi et mon amie guide, qui m'accompagne. Toutes les deux, nous allons réussir. Nous partons de 2 727 m d'altitude et arrivons au camp de base à 4 400 m après quelques heures de sommeil. 4 400 m, c'est haut. À titre de comparaison, le Mont Blanc culmine à 4 809 m. Nous montons un peu, nous redescendons, puis nous remontons, selon le principe de l'acclimatation. C'est assez ingrat et frustrant comme exercice, car on souffre, et on a l'impression que c'est pour rien. Une fois l'altitude désirée atteinte, on aspire seulement à rester sur place, mais il faut bien redescendre. C'est une question de santé. Le mental est important, surtout quand on voit les autres abandonner. Tant que je le peux, je parle à mon amie guide. Quand ce n'est plus possible, je récite des mantras dans ma tête, des mantras qui me parlent ou que je crée à l'occasion d'une ascension. J'ai aussi ma technique des 45 secondes : n'importe qui peut faire quelque chose pendant 45 secondes, alors je compte jusqu'à 45, puis je remets le compteur à zéro, autant de fois que nécessaire. Enfin, j'ai toujours du chocolat dans mes poches !

Nous partons seules dans le noir total. Nous montons très lentement à cause de l'altitude et du manque d'oxygène. Temps estimé : 10 heures d'ascension. Je sens que j'ai froid aux pieds. Il fait froid, c'est normal, mais j'ai déjà fait de la montagne, pourtant là, je sens que la sensation est différente. Je ne veux rien dire à ma guide, car j'espère que ça va passer, mais je dois me rendre à l'évidence. Je l'arrête. Agacée, elle regarde mes chaussures avec moi, et là, nous découvrons que la fermeture droite est cassée. Nous passons 30 minutes à essayer de les remonter, sans les casser davantage et sans suer, mais en vain. La mort dans l'âme, nous décidons de repartir. Continuer avec des chaussures défectueuses m'expose à la perte de mes orteils, ni plus ni moins. Je suis furieuse. Je jure après le fabricant de ces chaussures, un expert dans sa catégorie, qui m'a vendu cette paire à 900 $ et qui m'oblige à renoncer à mon ascension. Je vous disais que l'on n'est pas toujours responsable d'un échec : cet exemple l'illustre parfaitement. Redescendre maintenant et manquer la seule fenêtre météorologique favorable signifie abandonner pour cette année et relancer une expédition l'année prochaine. Je ronge mon frein. La marque de chaussures va avoir de mes nouvelles ! (Et elle en a eu !)

Alors que nous descendons, en colère et dépitées, nous apercevons, toujours dans le noir de la nuit, une lumière qui vacille. Elle clignote bizarrement, hors du sentier que nous avons suivi. Ma guide identifie une personne. Nous nous approchons en faisant attention, car nous éloigner du chemin que nous avons repéré peut être dangereux. C'est un homme qui divague. Il a le visage blanc, cireux, bouffi, typique d'un œdème et du mal des montagnes. Mon amie est formée aux secours de montagne et agit, mais il refuse notre aide. Tant bien que mal, nous le convainquons de redescendre au deuxième camp de base et le suivons. Il s'arrête et veut passer derrière nous. Fatiguées de négocier, nous le laissons faire, en le surveillant de temps à autre. Nous arrivons au camp de base n° 3, lui indiquons la direction du n° 2 où il recevra des secours (il refuse d'être accompagné) et comme nous avons l'impression qu'il est sur le bon chemin, nous le laissons. Il fait encore nuit quand nous rentrons dans notre tente. Je m'allonge, mais j'ai un doute. Je me rhabille. Je vois qu'une lumière clignote à nouveau. Avec mon amie, nous réveillons les rangers, qui vont le chercher. Nous nous couchons, enfin. Quelques heures plus tard, nous allons prendre des nouvelles de notre homme auprès des secouristes. Ils nous annoncent que nous lui avons sauvé la vie. Nous sommes heureuses et soulagées.

J'en tire la leçon que, si nous avons pu sauver une vie, notre expédition n'est pas un échec.

L'histoire aurait pu s'arrêter là, mais elle continue. Ce qui était improbable se produit : une autre fenêtre météo s'ouvre. La meilleure de l'année. Sans vent. Nous décidons de remonter. Mentalement, c'est dur, même si je désire de toutes mes forces atteindre ce sommet. Je récite mes mantras, je compte jusqu'à 45... Mais le coup de boost aura été un guide que mon amie et moi croisons à 6 200 m. Je ne l'entends pas, mais il lui dit, après m'avoir regardée, que je ne réussirai pas. Elle me le répète 200 m plus haut, et là, une nouvelle flamme s'allume. De la niaque, de la hargne, mon sang corse. Je vais le retrouver, ce type qui nous a dépassées. Arrivée en haut, je m'avance vers lui. Cette phrase, je l'ai récitée sans doute 1 000 fois. « We did it, bitch. »

Ce que je retiens, c'est que j'aurais pu interpréter le premier raté lié aux chaussures comme un échec, mais que j'ai préféré y voir un changement de plan et la chance d'avoir sauvé une vie. J'ai aussi trouvé la force de repartir quand une seconde opportunité s'est présentée, et j'ai refusé la possibilité de renoncer jusqu'au bout.

Tant que l'on revient en vie, tant que l'on peut encore repartir, tant que l'on garde son humanité en faisant passer une vie humaine avant une performance, on n'est pas en situation d'échec.

Regarder l'échec en face, et en tirer de la force

L'échec peut être transformé en apprentissage. Quand nous le regardons comme un résultat ponctuel, certes déplaisant et au goût amer, nous le digérons plus vite. Prenons un temps pour l'accepter – 24 heures à 48 heures, mais pas plus, histoire de ne pas nous morfondre démesurément et d'éviter une spirale d'idées noires –, puis allons de l'avant. Quels sont les apprentissages de cet échec ? Comment aurais-je pu mieux faire ? Que ferai-je de mieux la prochaine fois ? Sur quoi dois-je m'améliorer ? Quelles erreurs éviterai-je à l'avenir ? Faisons la part des choses entre ce qui dépend de nous et ce qui ne dépend pas de nous. Parfois, la malchance ou les avaries nous condamnent. Il faut l'accepter, aussi pénible que ce soit. Souvenons-nous des préceptes des stoïciens : concentrons-nous sur ce qui est en notre pouvoir, et laissons filer le reste.

La réussite du premier coup est rare. Un enfant réussit-il du premier coup à faire du vélo sans petites roues ? Non... Il essaie, il tombe, il réessaie, jusqu'à réussir. Quand vous apprenez une langue étrangère, réussissez-vous, dès le début, à parler sans fautes et avec un accent parfait ? Non, évidemment. D'ailleurs, vous n'auriez sans doute pas classé ces exemples dans la catégorie « échec », car une réussite retardée, dans ces situations, vous semble logique et acceptable. L'échec n'est jamais définitif et, mieux, il permet souvent des rebonds extraordinaires. Et d'ailleurs, une fois que nous l'avons transcendé, que nous sommes passées outre, ce n'est plus un échec, c'est... rien !

En transformant l'échec en clés d'un apprentissage (souvent accéléré), nous nourrissons notre force mentale comme émotionnelle. Nous allons de l'avant, et nous nous donnons toutes les chances de réussites à venir.

Regarder l'échec de biais, pour ne pas nous laisser toucher

Nous confronter à l'échec, identifier nos responsabilités et remédier à nos défaillances est la méthode parfaite sur le papier et pour un développement personnel optimal. J'ai une autre méthode, *off*, beaucoup plus controversée... Elle ne contredit pas la première (que je m'efforce d'appliquer), mais elle vient la remplacer, parfois, de manière provisoire ou définitive, selon mes humeurs.

Quand je suis face à un échec, je me dis... que ce n'est pas de ma faute ! Oui, je me dédouane. Je me déculpabilise. Je me sors de l'équation. Si ce qui m'arrive est désagréable ou décevant, je ne me blâme pas. Je n'attaque pas non plus les autres gratuitement, soyons claires, mais je noie le poisson : je vaux mieux, c'est un concours de circonstances, cette personne ou entreprise en face ne me méritait pas, je suis mieux comme cela après tout... Ce n'est pas de l'arrogance ou de la suffisance, c'est de l'autocontrôle. Je me préserve, et c'est OK.

Parfois, ce qui va mal n'est pas de notre faute. Parfois, c'est vraiment un manque de chance : un mauvais concours de circonstances, le mauvais *timing*, la mauvaise personne, le pur hasard qui joue en notre défaveur... À cela s'ajoute que de multiples facteurs entrent en jeu, et nous ne sommes pas le centre du monde. Tout ne tourne pas autour de nous, de nos actions et de nos pensées, alors aimons-nous !

Ça a raté ? Je n'ai pas été prise pour cet emploi ou ce projet ? Ma recette était immangeable ? Ce n'est pas ma faute !

CELA N'ENGAGE QUE MOI, MAIS...
L'INSPIRATION PAS POLITIQUEMENT CORRECTE (DU TOUT)

Il y a des gens de qui ce n'est jamais la faute. Vous en connaissez, j'en suis sûre. Vous avez au moins une personne dans votre entourage qui se dédouane tout le temps et qui assume zéro responsabilité. Quoi qu'il se passe, elle a une excuse extérieure et ne peut pas être incriminée. Elle ne semble porter aucune culpabilité. Franchement, c'est insupportable, je ne vais pas dire le contraire. Il y en a qui ont des réponses à tout, celles-là ont des excuses à tout. Mais peut-être qu'occasionnellement, nous pourrions, nous aussi, nous reposer l'esprit en empruntant ce travers ? Tant, bien sûr, qu'il ne fait de mal à personne. Cela, c'est à vous, et à votre éthique, d'en être juges, mais je vous invite quand même à y réfléchir. Pour les jours où tout le poids du monde pèse sur nos épaules...

Couper l'herbe sous le pied aux mauvaises pensées

Quand je vis un échec (ou un raté, ou quelque chose qui me contrarie), j'en prends le contrepied. Je me concentre sur une action que j'ai entreprise et que j'ai réussie. Je fais remonter à la surface des succès. Nous en avons toutes !

J'en choisis un, et je le mets en mantra. « J'ai réussi cette précédente épreuve et je réussirai la prochaine. » « J'ai déjà fait ça, alors je suis capable de faire ça, et je vais le faire ! »

Concrètement, ça pourra être : « J'ai su retrouver un emploi et me reformer, et je suis capable de le faire autant de fois qu'il le faudra. » « J'ai réussi ces examens dans ma vie, je vais réussir les suivants. » « J'ai pu convaincre tel client, je saurai convaincre tel autre client, car je suis excellente à cet exercice. »

Il n'y a pas de mantra incorrect, pas de secret dans la formule : tant qu'il vous encourage, il est bon !

Une amie me disait que, lorsqu'elle était étudiante en prépa et qu'elle devait affronter des semaines entières de dissertations quotidiennes, elle faisait chaque jour son trajet à pied en se répétant « Tu peux le faire », « Tu peux le faire », « Tu peux le faire. » Comme M. Jourdain qui ne savait pas qu'il faisait de la prose, elle ne savait pas qu'elle récitait en boucle un mantra.

Vous avez votre exemple et votre phrase ?

Bien !

Maintenant, vous allez le répéter tous les jours, pendant deux minutes. L'idée, c'est de conditionner votre cerveau, binaire par nature, à la réussite. Échec ou réussite ? Réussite : c'est la seule option, et vous allez l'en convaincre. Vous allez le reprogrammer, vous reprogrammer avec cette idée fixe : la réussite.

Besoin d'un mode d'emploi pour créer votre mantra ? Rendez-vous dans les bonus en fin d'ouvrage.

L'autodérision comme remède à l'échec

Savoir rire de soi est une force. Tous, nous aimons l'autodérision. D'ailleurs, nous apprécions particulièrement les bêtisiers et scènes coupées au montage. Pour les films, nous nous amusons, avec les acteurs, des tirades ratées, des expressions manquées, des trous de mémoire au mauvais moment. Pour les vidéos d'exploits sportifs, nous apprécions de voir les coulisses, avec les passages d'obstacles ratés et coupés au montage. En partageant avec nous ces moments où ils n'étaient pas au top, les acteurs comme les sportifs rient avec nous. Prendre bien de s'être trompée ou d'avoir mal exécuté un mouvement change tout. On recommence, sans crainte.

Épisode de vie : Casser des assiettes dans une *Rage Room*

J'ai testé le concept de *Rage Room.* On les trouve aussi sous le nom de *Fury Room.* C'est un lieu consacré à la destruction. Les objets à casser sont des objets défectueux, cassés, non réparables, qui sont recyclés, même après les mauvais traitements qu'on leur fait subir. Une amie qui voulait me challenger en m'emmenant faire une activité que je n'avais jamais testée m'a mise au défi. Évidemment, je l'ai relevé. Nous sommes donc allées toutes les deux découvrir un concept que ni l'une ni l'autre n'avait jamais testé. Elle comme moi, nous ne sommes pas colériques, mais plutôt bisounours... Si nous abîmons quelque chose, c'est par accident, et en nous excusant auprès de l'objet. Arrivées sur place, nous avons choisi nos armes de destruction (masse et hache, plus batte de baseball). Première assiette que je lance : elle rebondit. Oh non alors ! En plus, je filme pour en faire une vidéo, donc il faut que l'expérience soit concluante. Je retente. Pareil. Nous rions. À son tour, mon amie ne fait pas mieux. Nous rions de plus belle. Je réessaie. Cette fois, ça sera la bonne. Je lance l'assiette de toutes mes forces comme un frisbee. Encore raté ! Ce n'est pas possible ! Quand je suis chez moi, il suffit d'un faux mouvement contre l'évier pour faire des dégâts, et là, l'assiette qui a heurté le mur à pleine vitesse rebondit sans impact. Nous avons fini par trouver le bon lancer, et avons hurlé de plaisir dans le fracas. Oui, c'est jouissif de casser, même quand on ne pensait pas qu'on avait ça en soi. Une deuxième assiette vole en éclats. Puis nous pensons à la batte de baseball. Là encore, nous cumulons chacune plusieurs échecs avant d'ajuster notre mouvement du bras au lancer de bol. Quelques essais plus tard, les fracas tonitruants liés à des explosions de joie ont encore retenti. Plus rien ne nous résiste. La vaisselle a intégralement volé en éclats, et nous nous attaquons à l'électroménager et aux appareils électroniques défectueux. Là encore, nous nous surprenons à devoir nous y reprendre à maintes et maintes reprises pour sérieusement amocher ce qui est devant nous. Mais nous rions ! Les ratés renforcent la joie de chaque coup donné faisant voler en éclats l'objet. Ils ont été l'occasion de rire de nous-mêmes, ensemble, et de rire une deuxième fois en visionnant les enregistrements de nos ratés. Cela ne nous a pas empêchées de nous sentir puissantes et de garder en tête, outre nos fous rires, la force que nous avions déchaînée.

À cela s'ajoute que l'exercice était physique (nous avons travaillé nos bras, notre dos, nos abdominaux…) et que, pendant le temps de l'activité, nous avons tout oublié de nos stress et de la vie extérieure. Nous étions à fond, et cela nous a fait, sur le moment et après, le plus grand bien.

L'autodérision dédramatise. Elle nous sort du schéma ratage-honte-peur de recommencer. Elle inscrit l'échec ou la déconvenue comme un épisode transitoire amusant, qui va vite être dépassé. Elle permet de passer à autre chose et de lâcher prise. Selon les personnes, la dérision peut même s'appliquer quand un événement a été dramatique. À chacun ses manières de faire face.

Si nous sommes têtues, l'échec est une force

L'échec est un obstacle, un retardement de la réussite. Il éprouve notre force, car il implique d'encaisser, de nous relever, d'analyser et de retenter. Si vous êtes d'un naturel obstiné, comme moi, l'échec devient un aiguillon. Vous ne le voyez pas comme un panneau « Stop », mais comme un rond-point à contourner. Vous voulez, avec encore plus de rage de vaincre, montrer au monde entier que vous pouvez y arriver, malgré les difficultés.

Mieux encore, si l'échec n'est pas un problème pour vous, vous osez plus. Si vous savez que vous saurez rebondir dans un moment difficile ou face à une difficulté, vous y retournez. Vous savez que vous avez déjà survécu à des échecs, que vous les avez dépassés, que c'est une étape pénible, mais que vous en ressortirez plus fortes.

Si nous savons le rattraper, l'échec ou le raté devient notre meilleur allié

Récemment, j'ai entendu cette petite phrase. « Là où tu vois l'excellence des gens, c'est quand ils font des conneries. Tu la vois à leur manière de réparer. » Je me suis dit aussitôt : excellence/force, c'est le même sujet, et c'est très vrai. Avoir la force de reconnaître un tort, mettre l'énergie nécessaire à un rebond, à une reconstruction, à une nouvelle tentative est une force qui suscite l'admiration. Nous aimons tous ces histoires de champions persévérants ou d'inventeurs acharnés qui tentent et retentent toujours l'aventure, jusqu'à être enfin reconnus. Leur manière de réagir à leur échec momentané, à une faute, à un raté, à une injustice parfois, marque souvent une plus grande force que s'ils avaient réussi, ou, en tout cas, marque encore plus les esprits.

La peur de l'échec ne vous freinera plus, car vous n'aurez plus peur de l'échec. C'est ce qui arrivera quand vous le voyez comme une opportunité de vous améliorer et quand vous le dédramatisez totalement.

EXERCICE PRATIQUE
Les questions à vous poser face à une situation d'échec ou de risque d'échec

Est-ce vraiment un échec ?
Est-ce vraiment de ma faute ?
Qu'ai-je appris d'utile ?
Quelle(s) erreur(s) vais-je éviter désormais ?
Comment puis-je en rire ?

LA FORCE FACE AUX RISQUES

La notion de risque apparaît à chaque fois que nous entreprenons quelque chose de nouveau et/ou qui sort de notre fameuse zone de confort. Nous pouvons ressentir consciemment ce risque ou bien l'éprouver de manière biaisée, sans le nommer ainsi, à travers une appréhension, la peur de la nouveauté ou l'envie de renoncer pour rester dans ce que nous connaissons.

Autant vous le dire d'emblée, le risque est partout. Il constitue la vie. Même quand nous choisissons le *statu quo* en pensant qu'il nous sécurise, le risque que ce *statu quo* vole en éclats est présent. Par exemple, nous pouvons refuser une opportunité professionnelle qui nous fait changer de travail par peur du risque que cela nous fait prendre (repartir de zéro dans une nouvelle entreprise, repasser par une période d'essai, être confronté à d'autres collègues...), et nous retrouver licenciées un mois plus tard. En fait, même quand nous croyons que nous ne prenons pas de risques, nous prenons des risques, donc autant le faire sciemment, en suivant nos aspirations.

Être forte, ce n'est pas ne pas craindre le risque. Notre cerveau fonctionne de telle manière qu'il le déteste et le fuit. Pour lui, c'est un danger, d'où la réaction désagréable de stress qu'il suscite. Être forte, c'est reconnaître le risque et passer outre, avec les prudences et précautions qui s'imposent selon les situations. C'est apprivoiser le risque, nous en désensibiliser, le remettre à sa juste place : un signal d'alerte à observer, mais certainement pas un impératif à faire demi-tour aussi sec.

Le risque et la peur de la nouveauté

Notre peur du risque s'exprime, clairement ou en sourdine, chaque fois que nous allons entreprendre quelque chose de nouveau. Sur le papier, nous sommes nombreuses à dire que nous aimons aller vers la nouveauté, mais qu'en est-il vraiment ? Si nous sommes honnêtes avec nous-mêmes, nous convenons que la routine et les habitudes nous rassurent : nous avons nos restaurants préférés ou les chaînes de restaurants que nous sommes heureuses de retrouver quand nous voyageons, nous n'aimons pas changer de club de sport, nous allons toujours chez le même coiffeur, dans le ou les mêmes cinémas, nous achetons les mêmes produits alimentaires, nous faisons les mêmes recettes, les mêmes activités... Quand nous avons une routine, nous n'aimons pas qu'elle soit chamboulée. L'explication en est très simple : quand les automatismes demandent peu d'énergie, le changement, lui, est très énergivore. Or notre cerveau, pour préserver notre corps et optimiser notre survie, veut économiser le plus possible nos ressources. Quand nous restons dans nos routines, nous lui épargnons la fatigue et le risque : normal qu'il veuille nous y maintenir !

Ainsi, quand nous essayons de faire une nouvelle activité, nous passons par différents stades, qui peuvent nous freiner (et qui sont faits pour). C'est notre cerveau qui joue son rôle de préservation : ce qu'il ne connaît pas est *a priori* dangereux.

Décortiquons les différents états par lesquels nous passons quand nous faisons quelque chose de nouveau. Vous ne les expérimentez peut-être pas tous, mais un ou plusieurs, sans aucun doute.

– Le **doute** : est-ce une bonne idée ? Ne suis-je pas en train de perdre mon temps et mon argent ?

– La **peur** : et si je me casse quelque chose ? Et si je ne sais pas faire ? Et si je m'empoisonne ? Et si j'ai l'air ridicule ?

– La **tentation d'annuler** : ce n'est pas le bon moment, on le fera plus tard (jamais), je me sens fatiguée, je n'ai plus envie en fait...

Vous vous reconnaissez ? Ça monte crescendo, et ça ne va s'arrêter qu'une fois que, lancée, vous aurez vraiment constaté que tout se passe bien.

Cela fonctionne pour les choses désagréables comme pour les choses agréables. Notre cerveau regorge d'imagination pour nous souffler des scénarios catastrophes, du plus simple au plus sophistiqué.

La bonne nouvelle, c'est que nous pouvons travailler sur **l'apprivoisement du risque et de la nouveauté** dans des contextes agréables pour ensuite être plus fortes dans des contextes plus ardus. Eh oui, nous pouvons travailler et augmenter notre force en nous faisant plaisir et en nous épanouissant ! Étendre notre zone de confort peut se faire par étapes agréables... Qui a dit que l'on devait toujours souffrir ?

Focus sur la zone de confort

La notion de zone de confort et l'injonction à en sortir sont partout. Elle semble évidente aujourd'hui, d'où l'intérêt de l'interroger. Si la zone de confort est le cocon douillet où nous nous sentons à l'aise et en pleine possession de nos moyens, pourquoi nous mettre en difficulté ? C'est vrai, c'est absurde quand on y pense. C'est pour cette raison qu'au lieu de parler de sortir de notre zone de confort, je préfère parler d'**étendre notre zone de confort**. Il s'agit moins, dans cette approche, de nous faire violence, que d'étirer petit à petit notre tissu émotionnel, notre force, nos capacités d'épanouissement.
La notion de sortir de notre zone de confort entraîne son lot de questions : quelle est notre zone de confort ? Vivons-nous vraiment un quotidien confortable ? Est-il vraiment si douillet ? Étirer notre zone de confort, l'agrémenter, l'agrandir, n'est-il pas plus proche de ce que nous cherchons ? Et moins effrayant ?

Regarder les risques en face

La meilleure manière d'affronter une situation nouvelle ou effrayante est de débunker les risques. Regardons-les en face, et avisons.

OSER UNE ACTIVITÉ NOUVELLE

Dans le panel des activités nouvelles, je vous propose : aller dans un nouveau restaurant, aller pour la première fois à un concert, voir une pièce de théâtre, un opéra, un match (selon vos non-habitudes), tester une activité sportive inédite pour vous (balade à cheval, initiation au golf, cours de fitness, simulation de chute libre, paddle, randonnée-découverte...), passer un week-end dans une capitale jamais visitée auparavant, s'offrir un soin en spa... Je vous le disais : ça n'a pas à être désagréable. Il faut juste que ce soit nouveau.

Une fois le choix de l'activité effectué, laissez venir vos émotions. Elles peuvent faire les mortes jusqu'à quelques heures de l'événement ou vous taquiner dès la décision prise. Si je prends le cas d'une première fois dans une activité de type sportif, vous allez sans doute penser : pourquoi je me suis lancée là-dedans ? Et si je me blesse ? Et si je n'y arrive pas ? Et si je suis ridicule ? Et si j'arrive en retard ? Et si c'est en groupe et que les gens ne sont pas sympas ? Et si j'ai envie de faire pipi et que je ne peux pas ? Et si je trouve ça nul ? Et si je déteste ça ? Et si je ne comprends rien ? Et si je fais des gaffes ?

Tout ça, c'est la peur du risque. De la nouveauté. C'est notre cerveau qui lance ses dernières forces dans la bataille pour nous convaincre de rester dans notre train-train quotidien. Sans doute plusieurs de ces craintes vous auront fait sourire. Peut-être aussi vous serez-vous dit : « Je ne suis pas seule à penser à tout ça ?! » Eh bien, surprise, non, vous ne l'êtes pas !

Pour contrecarrer cela, arrêtons-nous quelques instants et demandons-nous : « **Qu'est-ce que je risque vraiment?**» Vous verrez, vos appréhensions vont fondre comme neige au soleil et tout leur ridicule vous sautera aux yeux. Vous risquez... allez... d'avoir perdu quelques heures, un peu d'argent si l'activité est payante, mais au-delà ?

Alors, lancez-vous !

Le cercle vertueux s'enclenchera : vous aurez envie de plus. La prochaine fois que vous tenterez quelque chose de nouveau, soit vous aurez moins d'appréhensions, soit vous saurez mieux les gérer. **Un pas après l'autre, nous renforçons notre appétence au risque, à la nouveauté, et donc notre désensibilisation**. Comme un vaccin, sans contre-indication médicale. Nous verrons de plus en plus grand, avec de plus en plus d'audace. Puis nous deviendrons cette personne de qui on dit : « Elle est forte, elle ose tout. Elle fait des choses incroyables. » Chiche ?

EXERCICE PRATIQUE
Mon défi pour vous

Cette semaine, osez quelque chose de nouveau. Sortez de votre routine. Puis recommencez la semaine suivante, et la suivante encore... Ne vous arrêtez plus !

QUAND LES «VRAIS» RISQUES SONT LÀ

Je n'oublie pas les « vrais » risques. Ces risques qui se présentent dans des situations moins inoffensives : changer de travail, s'engager dans une relation, effectuer certains voyages, tenter des exploits sportifs. La notion de risque varie bien sûr selon les personnes, mais comme je le dis toujours : « **À chacun son Everest!** » Pour rester sur l'exemple de la montagne, vous pouvez prendre de vrais risques en faisant une ascension de moins de 1 000 m d'altitude si vous n'êtes pas suffisamment préparée et équipée. Voyager seule ou pour la première fois peut être une réelle source de stress. Il ne s'agit pas de hiérarchiser ou de juger, sinon, nous ne faisons plus rien.

Chaque situation a ses risques et mène à des peurs. « La peur n'évite pas le danger », dit le dicton. Certes, mais elle le pointe du doigt, alors autant s'en servir. **Je me sers de mes peurs pour me préparer.**

Si j'ai peur de ne pas être à la hauteur d'un défi sportif, je m'entraîne plus, mieux, et je cherche tout ce qui me permettra de m'améliorer. Je repère les bons équipements. Je m'informe sur les bonnes pratiques et je fais miennes celles qui me parlent.

S'il s'agit de la peur de vous lancer dans une nouvelle relation, vous pouvez identifier vos freins : qu'avez-vous peur de perdre ? Qu'est-ce qui pourrait être blessé en vous ? Vous aurez alors les conversations nécessaires, à cœur ouvert. Vous poserez, du mieux possible, des bases saines.

Si vous avez peur de changer de travail, faites le point sur ce qui vous effraie vraiment. Y a-t-il des sujets propices aux négociations ? Pouvez-vous prévoir une solution de repli ou de sécurité qui vous apaise ? Quels sont vos soutiens ? Qu'allez-vous gagner ?

Si vous avez des appréhensions sur un voyage, préparez-le mieux. Le web regorge de blogs de voyageurs. Les compagnies aériennes et les ambassades sont des sources d'information très riches. Vous avez peur de tomber malade ? Faites le point sur ce que couvre votre assurance santé pour être au fait si cela arrive. Vérifiez vos assurances, vos forfaits de téléphone pour vous rassurer et partir en toute sécurité.

RAPPEL IMPORTANT : VOUS N'ÊTES PAS UN MOUTON ![25]

Se dire que les autres le font, ou qu'il y a pire dans la vie, peut booster certains, mais je ne suis pas convaincue de la pertinence de cette approche. De telles phrases gratuites nous culpabilisent et nous

25. Ni une brebis...

bloquent. Elles nous font nous sentir nulles. Alors que si nous comprenons ce qui se joue en nous et que nous l'acceptons, nous sommes bien plus à même de vaincre nos réticences. De plus, quand nos peurs sont rationnelles et justifiées, les ignorer est le meilleur moyen de courir de vrais risques.

Ce n'est pas parce que, chaque année, des touristes essaient de faire l'ascension du Mont Blanc en tongs (véridique !) qu'il ne faut pas se préparer sérieusement. Sachez que ces touristes finissent souvent, dans le meilleur des cas, secourus par des sauveteurs ulcérés.

Les risques sont des opportunités cachées

Chaque risque est une opportunité. Cette croyance nous pousse à aller de l'avant et crée un lit fécond pour notre force.

Chaque risque est une opportunité :
- de nous améliorer ;
- de découvrir quelque chose de nouveau et de plaisant ;
- de nous ouvrir au monde et à d'autres univers ;
- de rencontrer des personnes nouvelles ;
- de trouver une voie qui nous épanouit plus encore ;
- de passer un moment fort (agréable, émouvant, intense) ;
- d'éprouver de la fierté ;
- d'être surprises agréablement...

La liste pourrait encore s'allonger.

Mieux encore, nous sommes nombreux à avoir observé une corrélation entre le risque et le résultat. Plus le risque et la phase de peur/doute nous incitent à reculer, plus ce qui se trouve de l'autre côté du risque sera bon. Ce n'est pas scientifique, et je veille bien à parler de corrélation plutôt que de causalité, mais si cette croyance nous renforce, alors autant, toute raison gardée, l'adopter.

LA FORCE FACE AUX CROYANCES BLOQUANTES ET LIMITANTES

Certaines croyances que nous avons sur nous-mêmes ou sur l'ordre du monde peuvent nous bloquer ou, au contraire, nous porter. Pour optimiser notre force mentale, nous devons croire en nous et en nos capacités. Or, sans le savoir, nous avons intégré des croyances limitantes qui sont autant de freins et d'impasses.

La citation qui inspire :
« Rien ne vous emprisonne excepté vos pensées. Rien ne vous limite excepté vos peurs. Et rien ne vous contrôle excepté vos croyances. » (Marianne Williamson)

Ce jour où on vous a dit que vous étiez nulle et où vous l'avez cru

Une croyance limitante se caractérise par le fait que nous pensons (sincèrement et profondément) que nous ne sommes pas capables de faire quelque chose. Que nous ne sommes pas faits pour quelque chose. Elle peut être liée à une perception exagérée de nos faiblesses ou à une perception erronée de nos capacités.

Les croyances limitantes se construisent dès le plus jeune âge et tout au long de la vie. Elles nous ralentissent, nous empêchent et, effet le plus pernicieux, elles deviennent des prophéties auto-réalisatrices. Ce qui était faux devient vrai.

Anecdote de vie : Les maths et moi

Nous avons certainement eu dans notre scolarité au moins un professeur pour nous dire que nous étions nulles dans une ou plusieurs matières. Moi, comme beaucoup, c'était les maths. À l'école primaire, mon instituteur, qui représentait pour moi le savoir et l'autorité, m'a asséné un terrible état de fait : les maths, ce n'était pas pour moi. Est-ce que l'enfant que j'étais a remis en cause les paroles de l'adulte ? Non, évidemment. Je n'imaginais même pas que cette option pouvait être envisagée. J'ai donc sagement pris mon étiquette de « nulle en maths », je me suis mise dans la case correspondante, et je n'en ai jamais bougé. Pire, comme j'étais « nulle », je pensais normal de ne pas comprendre et vain d'essayer de me dépasser. En plus, je stressais, donc je me bloquais, ce qui faisait que je ne pouvais ni penser ni apprendre correctement. Mon niveau de maths s'est dégradé du seul fait de ma croyance. Je n'étais peut-être pas nulle en maths, j'avais peut-être seulement mal compris une leçon, mais j'ai fini par le devenir réellement. Aujourd'hui, j'ai compris ce qui s'était joué. Les maths ne sont toujours pas mon fort, sans doute aussi parce que je n'ai pas d'appétence pour ce mode de pensée. Cependant, avec un autre professeur, grâce à une autre méthodologie, une autre version de moi-même aurait pu éclore.

Ce sont nos croyances limitantes qui nous font penser que nous ne sommes pas capables d'entreprendre un projet, de réussir un défi, de changer de travail ou de carrière, d'apprendre une langue étrangère, de nous mettre au sport...

Certaines sont construites par notre entourage, plus ou moins bienveillant, plus ou moins maladroit, et d'autres par nos expériences, pas toujours heureuses. Par exemple, une mauvaise expérience dans un emploi, des régimes inefficaces, une frayeur de conduite, une relation amoureuse qui a fini en fiasco peuvent nous mener à des croyances limitantes.

Dans tous les cas, **ne laissez jamais personne, ni dans le passé ni dans le présent, écrire votre histoire pour vous.**

EXERCICE PRATIQUE
Arrêtons de nous insulter au quotidien

Nous sommes nombreuses à nous insulter quotidiennement, mine de rien, dès que nous faisons une erreur. « Suis-je bête ! »

« Quelle idiote ! » « C'est pas possible d'être aussi gourde ! » « Je me mettrais des baffes ! » « Quelle abrutie je fais ! » Vous voyez de quoi je parle ? Eh bien, je vous propose d'arrêter tout de suite. C'est une gymnastique intellectuelle, car nous le disons, dans notre tête autant qu'à voix haute, plusieurs fois par jour, mais arrêtons. Cessons de nous insulter, de nous diminuer. Même sur le ton de la légèreté. Même si c'est banal. Même si nous pensons que ça ne nous fait rien. À la place, disons-nous que ce n'est pas grave, que nous allons recommencer, que nous allons faire demi-tour... Bref, choisissons une action ou simplement un peu de légèreté bienveillante.

Comment reconnaître une croyance limitante et l'éradiquer ?

Toute pensée de type « Je ne suis pas capable de » ou « Ce n'est pas pour moi » est l'indice majeur d'une croyance limitante. **La première étape est de l'identifier, ensuite d'analyser en quoi elle est erronée, pour enfin s'en débarrasser en la remplaçant.** L'idée est de s'interdire de penser que l'on ne peut pas.

Les croyances limitantes et bloquantes ne touchent pas que nos capacités. Elles touchent aussi des traits de caractère, des qualités ou défauts. Elles peuvent être destructrices, extrêmement toxiques, mais, une fois que nous avons pris conscience de leur caractère erroné, elles peuvent se muer en forces.

Anecdotes de vie : Mes anciennes croyances limitantes et bloquantes

Je partage avec vous, dans ce tableau, quelques exemples personnels de fausses croyances que j'ai décortiquées et remplacées.

MA CROYANCE	POURQUOI ELLE EST FAUSSE	MA NOUVELLE CROYANCE
Je suis timide.	Je me fonde sur mon adolescence, sur certaines situations qui me mettent mal à l'aise, mais je sais prendre la parole en public, et même donner des conférences.	Je suis capable de briller en société.
Je n'ai pas confiance en moi.	En fait, je n'ai pas confiance en moi dans certaines situations, mais quand je maîtrise mon sujet, je suis sûre de moi.	J'ai de la valeur en tant que personne et je sais être passionnante.
Je craque trop facilement sur des gourmandises.	C'est mon passé d'ancienne ronde, cumulé à ma gourmandise, qui parle. Je sais très bien me passer d'un aliment ou d'une famille d'aliments si je le décide vraiment.	Je sais parfaitement me contrôler.
Je suis trouillarde.	Je vois mes peurs (vertige, profondeurs, animaux marins, escargots...), mais j'oublie de penser à ce que je mets en place pour les vaincre.	Je sais vaincre mes peurs, et en cela, je suis courageuse.

Je suis incapable de me concentrer et donc trop dispersée pour réussir.	Mon temps d'attention est limité, certes, mais je sais créer des moments de *flow*. Surtout, je mets mon hyperactivité au service de mon business pour être sur tous les plans en même temps.	Je suis une *superwoman*, capable de mener à bien plusieurs projets en même temps.

Vous l'avez ?

Et vous, quelles sont vos croyances limitantes ?

EXERCICE PRATIQUE

Débusquez et retournez les croyances limitantes

Voici les croyances limitantes ou bloquantes que je recense le plus souvent en tant que coach :

- Je n'ai pas de volonté.
- Je ne suis pas capable de changer.
- Je suis nulle en sport.
- Je ne sais pas faire.
- Ça ne marche jamais pour moi.

Faisons le tableau ensemble.

CROYANCE BLOQUANTE	POURQUOI ELLE EST FAUSSE	NOUVELLE CROYANCE POSITIVE
Je n'ai pas de volonté.	Je suis sûre que vous pouvez citer au moins un exemple où vous avez su faire preuve de volonté pour un projet qui comptait pour vous. Je suis aussi sûre que vous savez être entêtée quand il le faut.	J'ai une volonté de fer. À moi de l'activer !

Je ne suis pas capable de changer. *(Cette croyance limitante méritant d'être approfondie, j'y reviendrai dans les pages suivantes.)*	Vous avez forcément évolué, d'une manière ou d'une autre dans votre vie. Vous avez progressé. Vous avez transformé une habitude ou un comportement...	Je suis capable de changer ce que je veux dans ma vie.
Je suis nulle en sport.	Cette croyance est souvent liée à de mauvais souvenirs d'adolescence, mais aujourd'hui, il n'est plus question de cours d'EPS. Vous faites l'activité physique qui vous plaît.	Je vais trouver l'activité physique qui me plaît et je vais m'éclater !
Je ne sais pas faire.	Ça, c'est la peur de l'échec qui parle. Essayez... Quoi que ce soit, je parie qu'après une tentative ou deux, vous vous serez prouvé le contraire.	Je peux tout faire !
Ça ne marche jamais pour moi.	Il n'y a pas de formule miracle, ni dans les régimes ni dans la vie. Soit vous n'avez pas trouvé ce qui vous convenait, soit vous avez abandonné trop vite. Dans tous les cas, il y a toujours de l'espoir. Personne n'est un cas désespéré !	Je vais trouver ce qui fonctionne pour moi.

Et vous, quelles sont vos croyances limitantes ? Toxiques ? Destructrices ? Listez-les, analysez-les, pulvérisez-les et remplacez-les ! Rappelez-vous : vous êtes plus forte que vous ne l'imaginez.

Une autre approche qui peut vous aider est d'imaginer que la croyance limitante est assénée par une tierce personne. Quelqu'un vient et vous dit : « Ça ne marche jamais pour toi », « De toute façon, tu es nulle en sport », etc. Le laissez-vous vous parler comme cela ? Le laissez-vous vous imposer cette violence psychologique ? S'il vous plaît, dites-moi que non... Vous avez envie de lui casser les dents. Eh bien, dites-vous que quand vous avez ces croyances limitantes, c'est vous qui vous parlez comme cela. La bonne nouvelle, c'est que si c'est vous qui vous parlez comme ça, c'est aussi vous qui avez la possibilité de penser différemment. Changez la manière dont vous vous parlez et n'acceptez pas de vous ce que vous n'accepteriez pas d'un autre.

Et si quelqu'un vous parle comme ça, ne le laissez pas faire. Ne laissez jamais l'opinion ou le jugement d'une personne devenir votre réalité. Les mots de l'autre, peu importe qui il ou elle est, ne sont pas parole d'évangile.

Les nouvelles croyances que vous mettrez en place doivent infuser en vous, faire partie de vous, jusqu'à intégrer votre ADN. Elles deviennent des certitudes profondes, indubitables, évidentes. Pour vous et, par porosité, pour les autres. **Racontez-vous les bonnes histoires!**

Soyons lucides et bienveillants avec nous-mêmes

Il est difficile de se débarrasser de croyances bloquantes ou limitantes. Elles sont devenues des habitudes de pensée. Alors, si vous vous surprenez à avoir ce type de croyance alors que vous pensez l'avoir démythifiée, ne vous en voulez pas. Ce n'est pas grave. Reprenez-vous, reformatez-vous, et c'est reparti de plus belle. L'important, ce n'est pas la première pensée, c'est de la bousculer !

N'oublions pas, toutefois, de faire la part des choses entre ce qui est une croyance limitante et ce qui est un fait. Il ne s'agit pas d'être de mauvaise foi, ni dans un sens ni dans l'autre, mais d'être pleinement lucide. Rendons-nous justice, mais ne nous mentons pas !

C'est impossible tant que personne ne l'a jamais fait

Les pensées limitantes concernent également nos projets. Nous déduisons souvent à tort que si quelque chose n'a jamais été fait, c'est parce que c'est impossible. Faux. La plupart du temps, c'est simplement que personne ne l'a fait.

Si nous regardons le sport ou les arts, ceux qui excellent ont en commun qu'ils sont allés au-delà de ce qui était désigné comme possible. Les records montrent que l'impossible peut toujours être repoussé.

Quand une personne nous dit que c'est impossible, ce qu'elle dit vraiment c'est qu'elle croit que c'est impossible, ou que pour elle, c'est impossible.

Quand nous sommes tentées de penser que c'est impossible, demandons-nous comment ça peut devenir possible. Surtout, ne nous empêchons pas d'emprunter une voie sous le simple prétexte que personne ne l'a déjà défrichée.

Il n'est évidemment pas question ici de mettre notre vie en danger, mais de nous libérer de croyances limitantes. Là encore, faisons la part des choses.

Anecdote de vie : La création du coaching en ligne

J'ai été la première à créer un site de coaching minceur et bien-être en ligne. Personne ne l'avait fait avant moi. On m'a dit que c'était une idée folle, qu'il était impossible que je réussisse, que ça n'intéresserait personne… Pourtant, j'y ai cru. Cela a tellement bien marché que, comme je vous le racontais, je me suis fait spolier. Bien sûr, on m'a dit que je ne renouvellerai pas l'exploit, car le marché était pris. Quinze ans plus tard, LeBootCamp.com est toujours là, avec une communauté de 2 millions de personnes. Regardez les exemples de réussite d'entrepreneurs, de sportifs ou d'artistes : ils sont allés à l'encontre de bien des pronostics

> défaitistes avant d'être reconnus. Alors non, ne vous laissez pas freiner par cette croyance d'une impossibilité quelconque.

Un mensonge à bannir : l'impossibilité de changer

L'impossibilité de changer est à la fois le plus gros mensonge et l'excuse la plus courante que je combats. Je vous le dis tout net : Nous pouvons changer. **NOUS POUVONS CHANGER**.

Ce mensonge a ses variantes :

- J'ai toujours été comme ça.
- Ce n'est pas maintenant/à mon âge que je vais changer.
- On ne se refait pas.
- Je n'ai plus l'âge pour ça.
- C'est dans mes gènes...

Croire que nous ne pouvons pas changer est un vrai obstacle à notre épanouissement et à notre succès. Changer demande de la force et est une force en soi. Quand nous acceptons de changer et quand nous empruntons le chemin du changement, nous déployons et nourrissons en même temps une force puissante. C'est un cercle vertueux qui nous élève.

Je constate tous les jours que nous pouvons tous changer. Seulement faut-il en avoir envie et nous en donner les moyens. À celles et ceux qui disent qu'ils sont trop vieux pour ça, j'aime répondre : Êtes-vous aussi trop vieux pour être heureux ? Pour vous épanouir ? Car si nous ne changeons pas maintenant, quand changerons-nous ? Dans une prochaine vie ?

L'âge n'est pas un frein, mais une excuse. Nous n'avons pas de date de péremption après laquelle toute amélioration est impossible. Il n'y a pas d'habitude trop ancrée dans les années qui ne puisse être modifiée. Quand on veut, on peut, et peu importe l'âge.

Mon métier de coach me rend témoin de changements et de transformations de milliers de femmes. Des non-actives deviennent des accros au fitness, d'anciennes complexées publient des photos d'elles en maillot de bain, des addicts des vêtements parachutes s'offrent des robes moulantes à paillettes, d'incorrigibles gourmandes deviennent de sages épicuriennes... Je suis moi-même une ancienne ronde, qui a flirté de près avec l'obésité.

Toutefois; je ne vais pas m'inspirer de mon métier pour vous parler de changement profond, mais d'une initiative qui se joue dans ma ville, à San Francisco, et que je trouve absolument géniale : Urban Alchemy.

Urban Alchemy, ou la preuve que nous pouvons tous changer

Urban Alchemy est une initiative de médiation sociale à San Francisco. Quand un quartier ou un lieu acquiert la réputation d'être dangereux ou à éviter, parce que des personnes repérées comme dangereuses s'y installent (toxicomanes, SDF, personnes instables...), l'organisme Urban Alchemy place des équipes de médiation. Ses membres sont d'anciens prisonniers, condamnés à des peines lourdes voire à la perpétuité pour des crimes graves. Ce sont des personnes qui ont été écartées de la société, car considérées comme dangereuses. Il ne s'agit pas d'erreurs judiciaires. Ces personnes ont vécu et fait vivre des traumatismes, des épisodes de chaos. Si j'insiste, c'est pour vous permettre de prendre la pleine mesure de cette expérience sociale réussie. Urban Alchemy mise sur ces mêmes personnes pour apaiser les tensions et les peurs. Les résultats de cet organisme dépassent toutes les espérances. La différence de qualité de vie et de bien-être que les pratriciens d'Urban Alchemy apportent aux gens est incommensurable, qu'il s'agisse des riverains, des personnes en difficulté ou des gens de passage.

Il y a des quartiers, des places ou des rues, à San Francisco, dans lesquels on ne se sent pas en sécurité. Moi la première, il y a des espaces que j'évite. Même en plein jour. Cependant, si je sais qu'Urban Alchemy est là, j'y vais. Je sais qu'on veille sur moi. Quand vous passez dans une rue où l'organisme est présent, vous repérez ces hommes à leur tenue. L'un d'eux peut venir se présenter pour vous expliquer son activité, vous pouvez l'aborder, ou ne pas vous en occuper. Moi, je m'arrête toujours pour leur parler et les remercier de ce qu'ils font, mais je pourrais tout aussi bien tracer ma route sans échanger un mot. S'ils sentent que vous avez une crainte, une inquiétude, s'ils voient une personne qui peut vous inquiéter se rapprocher de vous, s'ils vous sentent hésitante, bref s'ils décèlent le moindre trouble de votre part, ils vous abordent et vous proposent de vous accompagner. Le danger que vous avez perçu n'était sans doute pas réel, mais là n'est pas le sujet : c'est vous, et votre sentiment de sécurité, qui comptez. Si vous passez régulièrement par ce quartier, vous pouvez demander le même praticien pour votre traversée. Les praticiens d'Urban Alchemy sont là pour vous et moi, autant que pour les personnes en grande détresse. Ils gèrent ceux qui sont drogués, les overdoses ou les manques, ils gèrent les situations de détresse sociale extrême, ils gèrent les démences, les violences. Ils tissent des amitiés avec les exclus de la société, comme ils ont pu l'être, et avec les riverains, les touristes, les habitués.

Urban Alchemy s'exprime ainsi sur son site : « D'après notre expérience, les meilleures personnes pour guérir la société sont celles qui comprennent ce que signifie lui faire du mal. »[26] L'organisme croit sincèrement au changement profond de ces personnes qui ont passé plus de vingt ans en prison, dans des environnements hostiles et violents. Ils valorisent les savoir-être et les compétences relationnelles qu'ont développées ces anciens reclus : « Lorsqu'ils commencent à travailler ici, les gens réalisent souvent que la conscience de soi et le développement personnel qu'ils acquièrent à l'intérieur [en prison] sont l'un des cadeaux les plus précieux qu'ils peuvent rendre à l'extérieur. » Urban Alchemy est, à mon sens, un des plus beaux cadeaux que ma ville, la ville qui abrite la prison d'Alcatraz, rappelons-le, fait au monde. Je l'exprime, par des remerciements et des encouragements, à ces personnes, à chaque fois que je les croise.

Croire au changement, c'est, comme je le fais, traverser un quartier dangereux, en tant que femme, à la nuit tombée, avec un ancien condamné à perpétuité, et papoter avec lui, légèrement et simplement, du matcha latte du café du coin de la rue, avant de le remercier d'avoir été là pour moi.

26. https://urban-alchemy.us/our-people/

ET LES GÈNES DANS TOUT ÇA?

Avons-nous un programme définitif implanté dans notre ADN qui nous donne nos atouts et faiblesses à la naissance ? Eh bien, hormis le cas de certaines maladies génétiques, non. Les limites entre l'inné et l'acquis sont de plus en plus floues. La science qui étudie cela est l'épigénétique : « [...] l'épigénétique correspond à l'étude des changements dans l'activité des gènes, n'impliquant pas de modification de la séquence d'ADN et pouvant être transmis lors des divisions cellulaires. Contrairement aux mutations qui affectent la séquence d'ADN, les modifications épigénétiques sont réversibles. »[27]

L'épigénétique a montré que nos gènes pouvaient être modifiés par notre environnement, nos habitudes et nos comportements, mais surtout, que le changement était possible. C'est cela qui m'intéresse. Notre régime alimentaire impacte nos gènes, comme l'activité physique ou des situations de stress. Vous avez peut-être aussi entendu parler de l'épigénétique en termes d'hérédité. En effet, en 1999, la généticienne Emma Whilelaw a été la première à montrer qu'une modification épigénétique pouvait être transmise à la descendance.[28] Alors non, ce n'est pas une excuse sur le mode « Le surpoids, c'est de famille » (ou autre sujet, mais c'est l'un de ceux auxquels je suis la plus confrontée dans mon activité), mais une explication supplémentaire, et une bonne nouvelle : s'il y a eu modification dans un sens, il peut y avoir modification dans un autre.

Le sport – j'y reviens toujours – est reconnu pour être capable de modifier l'expression de nos gènes, et ce, sur plusieurs points clés : la formation de nos muscles, l'apport d'énergie, les mécanismes inflammatoires et les processus immunologiques.[29] Ainsi, les personnes disposées génétiquement aux maladies cardiovasculaires peuvent réduire leurs risques en pratiquant une activité physique régulière : ce n'est pas que de la prévention, cela s'inscrit dans les gènes pour les modifier.

Notre mode de vie a une incidence positive (ou négative) sur notre héritage génétique. Rien n'est donc gravé dans le marbre... Et si nous pouvons modifier nos gènes, nous pouvons tout faire !

---

27. https://www.inserm.fr/dossier/epigenetique/
28. https://www.nationalgeographic.fr/sciences/2013/07/petite-histoire-de-lepigenetique-lheredite-au-dela-des-genes
29. https://sante.lefigaro.fr/actualite/2015/02/27/23450-limpact-sport-sur-notre-adn

QUAND NOUS NOUS PENSONS INAPTES À CHANGER

La croyance en un changement impossible provient parfois d'un autre biais : nous agissons depuis des jours, des semaines ou des mois (voire plus) dans un sens, et cela ne fonctionne pas. Or le problème n'est peut-être pas nous, qui serions inaptes à changer, mais notre méthode ou nos actions, qui ne donneraient pas les résultats escomptés.

Si nous faisons ce que nous avons toujours fait, nous obtenons les mêmes résultats que ceux que nous avons toujours obtenus. Dans ce cas où nous nous sommes mal aiguillés, les efforts peuvent être vains. Le changement peut aussi être dans notre manière de faire. « Les mêmes causes produisent les mêmes effets » : modifions les causes !

Notre force sera de repérer que notre manière de faire n'est pas optimale et de chercher à la modifier. Un peu de lucidité, de la compréhension, un changement de perspective (pourquoi pas un regard extérieur), des recherches, une autre approche technique : voilà les clés pour un changement de stratégie.

Ces modes de pensée qui nous limitent

Aux pensées limitantes s'ajoutent les modes de pensée limitants. Je vous préviens, c'est encore plus fourbe. Le mode de pensée limitant nous enferme ou nous donne une mauvaise direction, alors que nous étions persuadées de bien faire.

L'ERREUR DE PENSER EN NÉGATIF

Rien de mieux qu'un exemple pour illustrer le phénomène. Je vais vous demander de ne pas penser à une licorne violette galopant sur une plage de sable fin. Ne pensez surtout pas aux cocotiers. Et encore moins à ce public de petits crabes rouges qui dansent la macarena.

…

Vous avez pensé à la licorne. Vous l'avez vue. Vous avez aussi vu les cocotiers et les crabes.

Eh bien, une pensée encourageante formulée sur un mode négatif opère de même sur le cerveau : dans « N'échoue pas », votre cerveau se focalise sur l'échec, dans « Je ne dois pas manger de M&M^s », le cerveau se focalise sur « Manger des M&M^s ». D'ailleurs vous en avez peut-être envie maintenant… Bref, pensez sur le mode « Je vais faire » plutôt que sur le mode « Je ne dois pas faire. » **Ne nous représentons pas l'erreur, représentons-nous la réussite.**

Anecdote de vie : Le jour où je me suis pris une poubelle en snowboard

J'avais décidé, encouragée par mon fils, d'essayer de faire du snowboard. Normalement, « essayer » n'est pas dans mon vocabulaire. Je n'essaie pas, je fais. Pas de place à l'échec ou à l'abandon. Cependant, là, c'était tellement loin de mes aptitudes que le terme « essayer » ou « tenter » s'y prêtait parfaitement. Vous notez déjà que mon état d'esprit n'était pas celui d'une gagnante. Pourtant, j'étais dans l'optique de mettre toute ma bonne volonté dans cette affaire. Le moniteur m'a expliqué que je devais regarder dans la direction que je voulais prendre, car mon regard allait orienter tout mon corps. Tout se passait bien jusqu'au moment où il m'a indiqué de NE PAS regarder la poubelle. Que s'est-il passé ? Mon attention et mon regard se sont trouvés happés par la poubelle que je devais éviter, et j'ai foncé droit dedans.

Dans le cadre des coachings minceur et santé que je propose, je lis souvent que des femmes mettent sur leur réfrigérateur une photo d'elles avec des kilos en trop comme repoussoir. Ou alors elles gardent un vêtement correspondant au poids le plus haut sur la balance, celui qu'elles ne veulent plus jamais revoir. Mauvaise idée ! Votre cerveau ne l'intègre pas comme un repoussoir, mais comme une norme qui est OK. Si vous voulez vraiment l'orienter vers votre réussite, montrez-lui (montrez-vous) la réussite : un photomontage avec votre corps souhaité ou une photo de vous si vous avez déjà atteint ce poids, un vêtement que vous rêvez de porter dans une certaine taille.

N'agitez pas le drapeau de l'échec : il vous attire. **Prenez la direction de la réussite!**

Le cerveau est binaire : c'est oui ou non, noir ou blanc, bien ou mal. Quand vous pensez « Je suis la meilleure », vous n'avez pas la place pour penser « Je suis nulle. » Non, vous pensez : « Je suis la meilleure. » **Quand nous pensons positif, il n'y a plus d'espace pour le négatif.**

L'ERREUR DE PENSER EN HYPOTHÈSES ET CONDITIONS

Utiliser le « si » pour constituer une croyance aidante est une fausse bonne idée. Ne dites pas « Si je m'en donne les moyens, je vais réussir », mais « Je vais m'en donner les moyens et réussir », ou « Je vais réussir », ou « Quand je m'en donnerai les moyens, je réussirai. » Le « si » pose une option, une condition, il crée une échappatoire. Il laisse une place à l'incertitude. Je dis souvent que le « si » paralyse. Inversement, le « quand » pousse à l'action.

C'est la même chose pour les verbes « essayer » et « tenter ». Quand nous disons « j'essaie » ou « je tente », nous supposons qu'il est envisageable de ne pas réussir. Non !

L'ERREUR DE PENSER EN TERMES DE LIMITES

« Il faut connaître ses limites », dit-on. Faux ! Nous nous imaginons nos limites. Dans 99 % des cas (et ne me dites pas que votre situation est dans mon 1 % de marge...), nos limites sont fictives, liées à nos croyances bloquantes. Pousser nos limites est, chaque fois, une surprise, parce que c'est l'occasion de comprendre qu'elles n'étaient pas là.

Voyez les limites comme les voit un enfant : comme des indications à vérifier, à tester et comme l'indice d'un univers où les choses deviennent intéressantes. Pensez vos propres limites en ces termes : qu'y a-t-il derrière que je n'ose voir ou imaginer ?

Focus sur les croyances encourageantes et positives

Il existe des croyances qui nous aident et nous renforcent, alors autant y adhérer. Voici quelques phrases et idées inspirantes. Libre à vous d'ajouter les vôtres.

- On va toujours vers du meilleur.
- Toute adversité porte en elle le début de quelque chose de meilleur.
- Chaque risque est une opportunité.

...

Et la foi dans tout ça ?

Je n'ai pas la foi. Je ne crois ni en un dieu tout puissant ni aux pouvoirs de l'univers. Toutefois, je conçois que ces croyances puissent être de puissants leviers de votre force. Si croire en Dieu vous donne confiance en vous, tant mieux ! Si la foi vous pousse à vous dépasser, à rebondir, à ne jamais baisser les bras, c'est super.
Quelle que soit la teneur de votre foi, agissez. Soyez maîtres de votre vie et de tout ce qui est à votre portée.

Épisode de vie : Tous les signes étaient contre moi

En 2018, pour mon projet de faire l'ascension des sommets les plus hauts de chaque continent, j'ai entrepris d'atteindre le mont Elbrus, c'est-à-dire le point culminant de Russie. J'ai accumulé un grand nombre de malchances et dû me battre pour ne serait-ce qu'arriver sur place. Pendant des semaines, j'ai galéré à obtenir mon visa pour la Russie qui chaque fois était refusé. Je me suis alors amusée à demander à ma communauté si elle croyait dans les signes et si c'en était un m'indiquant que je devais renoncer. J'avais une petite idée de la réponse, mais son ampleur m'a vraiment surprise : 80 % des répondants voyaient dans ces épisodes un signe que je ne devais pas faire mon expédition. J'ai eu des messages très sincères et inquiets de personnes m'annonçant que je risquais de mourir ou de vivre des catastrophes si j'allais contre les signes. Cela ne m'a pas empêchée de continuer sur ma lancée. Une fois que j'ai pu obtenir mon visa, je me suis concentrée sur mon billet d'avion. Celui-ci a été annulé et modifié je ne sais plus combien de fois. J'ai renouvelé le sondage et les mêmes prévisions apocalyptiques m'ont été faites. Je n'y ai pas cru. Je n'ai pas laissé le doute de signes contraires infiltrer mon esprit. J'ai gravi l'Elbrus avec succès, sans me blesser et, en prime, je suis devenue amie avec ma guide, qui est une femme extraordinaire. Non, je ne crois pas aux signes du destin.
J'ai vécu la même chose pour mon expédition en Antarctique : mon billet d'avion a été modifié 22 fois, 22 signes du destin, que j'ai tous ignorés. Et tout s'est bien passé, là aussi.

> Voir des signes, et surtout voir des signes contre soi, est une autre variante de se donner des excuses, et ce n'est pas pour moi.

Croyances et petites phrases qui sapent la force

Si je note ces petites phrases néfastes dans ce livre, c'est pour attirer votre attention sur le fait de les bannir de vos habitudes de pensée. Ensemble, contredisons-les.

– On sait ce qu'on perd, mais on ne sait pas ce qu'on trouve. *Non, osons !!*

– Il ne faut pas lâcher la proie pour l'ombre. *Tentons de voir plus grand, ce n'est pas forcément une chimère !*

– Un tiens vaut mieux que deux tu l'auras. *Et deux acquis valent mieux qu'un seul !*

– Il ne faut pas vendre la peau de l'ours avant de l'avoir tué. *Si je vous dis que je vais le tuer !*[30]

– L'herbe n'est pas plus verte ailleurs. *Allons quand même voir...*

– Le mieux est l'ennemi du bien. *Phrase de paresseux.*

LA FORCE FACE À L'IMPRÉVU (ET AUX CRISES)

Gérer l'imprévu, faire preuve d'adaptation face aux crises ou, de manière moins dramatique, aux changements de plans, est un autre aspect de la force. La flexibilité et le rebond en toutes circonstances sont une force. Tout ne se passe jamais comme prévu, et plutôt que d'être rigides et de nous briser, nous devons être souples, agiles, et l'accepter. C'est la meilleure manière d'être plus performantes, et donc plus fortes !

Soyons prêtes à tout

La préparation est une clé de la gestion de l'imprévu. Si vous avez réfléchi à toutes les options qui pouvaient se dérouler hors de votre plan initial, alors il est fort probable que vous sachiez rebondir en cas de

30. En vrai, je ne tuerai jamais aucun ours ! Même par défi !

revirement de situation. C'est ce que l'on appelle avoir des **plans B, C, D**... autant qu'il vous plaira. En amont, c'est l'exercice de la « préméditation des maux », dont je vous parle dans la partie suivante (« La force face à la peur / Que faire quand on a peur ? », page 105).

Cela fonctionne pour ce que nous préparons, avec plan d'action défini. Au quotidien, nous avançons peu avec des plans A, B et C en tête. Nous ne sommes pas toujours parées à l'imprévu. Nous ne pensons pas toujours à tout ce qui pourrait advenir et c'est heureux : sans ça, nous ne vivrions plus, et adieu la spontanéité.

Tip d'entrepreneur pour caser l'imprévu dans son emploi du temps

Comment faire face à une situation imprévue quand son emploi du temps est blindé ? C'est bien connu, les ennuis arrivent souvent aux pires moments et, surtout, ils ne préviennent pas. Pour la catégorie des ennuis qui préviennent – contrôle technique ou révision de la voiture, certificats médicaux des enfants, rendez-vous de prévention, démarches administratives avec date d'échéance... –, gérez-les en temps et en heure. Mieux encore, gérez-les le plus tôt possible : une fois rayés de votre *to-do list*, ils ne sont, par définition, plus à faire, mais en plus ils ne pèsent plus dans votre charge mentale. Effet bonus : cela ne puise pas dans vos forces pour affronter les aléas hors de votre contrôle immédiat. J'en reviens aux ennuis qui ne préviennent pas.

Si votre emploi du temps est rempli à 100 % sans aucune marge, cela devient vite la catastrophe. Le secret qu'appliquent beaucoup d'entrepreneurs est de ne jamais remplir leur emploi du temps en totalité. Laissez-vous 20 % de marge sur un planning d'une semaine (une demi-journée) ou 1 heure par jour, c'est-à-dire environ 20 % de temps sans rendez-vous et dédié à rien, cela vous permettra de faire face au changement inopiné de plan ou à la galère qui vous tombe dessus : déplacement d'un rendez-vous, urgence médicale, enfant malade, problème administratif. Si tout va bien et que rien d'inattendu ne vous tombe dessus, ce sera toujours un temps disponible pour vous, pour travailler sur un dossier, pour prendre de l'avance, pour sortir… Cela vaut pour le travail comme pour la vie privée.

Alors oui, c'est une technique à mettre en place en amont, mais appliquée dès maintenant, elle sera efficace dès le prochain imprévu.

Gérer les imprévus récurrents

Ce n'était pas prévu, mais ça se produit encore une fois. Au travail, c'est votre collègue qui est encore en retard pour rendre un dossier, ce qui vous oblige à revoir votre emploi du temps. Un problème de garde d'enfant vous tombe dessus pour la troisième fois du mois. Votre médecin a plus d'une heure de retard et tout votre emploi du temps, encore une fois, est chamboulé. À chaque fois, c'est la même chose. Vous vous fustigez : vous le saviez bien, pourtant !

Sortez de la passivité et agissez ! Vous ne changerez ni vos collègues, ni votre médecin, ni le système scolaire. En revanche, vous pouvez mettre en place des process pour ces ennuis qui vous gâchent régulièrement la vie. Vous ne pouvez pas changer ce qui ne vous appartient pas, mais vous pouvez modifier ce qui est en votre pouvoir. Posez les problèmes un à un et, vous verrez, très vite, que des solutions apparaîtront.

Action/Réaction

Parmi mes nombreux surnoms, celui d'« Action/Réaction » me colle à la peau. Quand il m'arrive une tuile, je ne me pose pas pour étudier tous les plans possibles. Je ne me pose pas non plus avant pour tous les anticiper (j'y reviens dans la partie suivante). Non, je vois ce qui est en mon pouvoir tout de suite, et j'agis.

Cela m'a peut-être déjà porté préjudice, mais pas que je sache. En revanche, cela m'a souvent permis de sortir d'une situation délicate rapidement, pendant que les personnes avec qui j'étais étaient soit tétanisées, soit en phase d'abandonner, soit perdues dans de multiples hypothèses d'actions.

Mon secret, dans ces situations, est de **me fier à mon intuition**. Je ne passe pas par des décisions rationalisées, je ne me pose pas de question, je fonce. J'enlève les verrous et je me fais confiance.

Et si l'imprévu était une opportunité ?

Le mot « **crise** » en chinois (« Weiji ») se compose de deux caractères : « Wei » pour le **danger** et « ji » pour l'**opportunité**. Il contient les deux notions. Inspirant, non ?

Comme tout ce qui se passe dans notre vie et que nous ne pouvons contrôler, nous avons la mainmise sur une chose : notre manière de gérer la situation. Certes, parfois, c'est une maigre consolation. Nous avons, *a minima*, le choix entre deux réactions : nous effondrer ou nous relever, nous morfondre ou avancer. Les deux peuvent se succéder : craquer pendant 24 à 48 heures, puis décider d'agir pour nous-mêmes. Je le rappelle, être fortes ne nous interdit pas de pleurer et de nous replier sur nous-mêmes, mais impose de ne pas rester indéfiniment dans cet état. En effet, quand la vie nous fait un sale coup, nous n'allons pas, en plus, nous freiner ou nous nuire plus encore ?

Les philosophes stoïciens poussent plus loin la réflexion : quand nous nous focalisons sur un événement qui n'aurait pas dû se produire, nous nous enfermons dans des sentiments négatifs (amertume, colère, injustice, rancœur...). Au contraire, plus vite nous acceptons la situation, plus vite nous reprenons le contrôle de notre vie. Nous pouvons commencer à chercher du positif, à rétablir la balance... Donnons-nous les moyens de traverser les éléments désagréables qui, une fois qu'ils sont là, que nous le voulions ou non, devront être traversés.

Je ne parlerai pas ici du cas de la maladie, qui représente des situations extrêmes, mais dans le cas de changements de plans contrariants (de la petite contrariété à la contrariété puissance 10 qui vous donne envie de tout envoyer balader).

La force, c'est d'accepter qu'il puisse y avoir un changement de plan et trouver les ressources de nous adapter. C'est relever le défi généré par votre plan contrecarré, voire anéanti. Attention, je ne dis pas que c'est agréable et sans peine. Cependant, quand nous avons la conviction que l'imprévu ou la crise qui se présente peut nous amener du bon, nous saurons le trouver.

Anecdote de vie :
Mon expédition annulée, j'en ai imaginé une autre et j'ai établi une première mondiale

La scène se passe durant l'été 2022. Je m'étais préparée à un défi de taille, que je n'ai pu réaliser, faute de conditions météorologiques favorables. J'aurais pu rentrer chez moi bredouille, mais j'ai pris une autre option. Action/Réaction : j'ai cherché une autre expédition hors norme à accomplir, et je me suis lancée.
En arrivant à Genève, je voulais gravir trois sommets mythiques : le Cervin, l'Eiger et la voie Innominata du mont Blanc, du côté italien. Je m'étais préparée dur pour ce défi. Seulement, avec le réchauffement climatique et son impact sur les conditions météorologiques, le Cervin a été le théâtre de deux accidents mortels le jour de mon départ, l'Eiger était en proie à de mauvaises conditions très localisées et l'accès par l'Italie voyait ses refuges officiellement fermés. J'étais sur place, mais je ne pouvais tenter aucun de ces trois sommets ! Vous imaginez ma déception et ma frustration… Cela aurait pu m'arrêter, mais c'était hors de question. Je m'étais entraînée très dur pour ce défi de folie. J'étais là, avec ma motivation, mon énergie à décrocher la lune, mon équipement et… pas de sommet à gravir. Comment ça, pas de sommet à gravir ? J'ai compris que j'en étais entourée.
Je décide donc d'en gravir 5… Et puis, pourquoi seulement 5 ? Je passe mon objectif à 10. On me dit : « Fais attention à toi, ça fait beaucoup… » Je déteste qu'on me limite, alors je réponds : « D'accord, alors j'en fais 15. » Et puis une membre de ma communauté, pour me taquiner, écrit sur un réseau social : « Et pourquoi pas 17 ? » Je dis « d'accord », mais au fond de moi, je trouve que 17, ça sonne mal, alors je décide en secret d'en gravir 20. C'est comme cela que je suis devenue la première amatrice à gravir 20 sommets de plus de 4 000 m en 12 jours. Plus précisément, j'ai consacré 9 jours à la grimpe (moyenne de 2,2 sommets/jour) et 3 jours aux transports divers. Rien ne m'a freinée : même pas les imprévus s'ajoutant à l'imprévu initial majeur. Quand je me suis blessée au pied lors de la deuxième ascension, j'ai continué. *Idem* après des douleurs au dos à la cinquième. Je savais que je ne nuisais pas à ma santé et qu'il ne s'agissait que de douleurs, alors j'ai appliqué mon mantra : « L'esprit est plus fort que la matière. », et j'ai continué d'avancer.

> La force, ici, m'a poussée à me réinventer dans un premier temps en imaginant un nouveau défi encore plus fou, puis à me dépasser physiquement au-delà de ce que j'avais imaginé, en faisant la part des choses. Je n'étais pas en danger. Je n'allais pas me créer de séquelles irréversibles : je pouvais continuer.

Les imprévus et ratés qui deviennent des réussites sont légion. Ne serait-ce que dans la cuisine française... La tarte Tatin est née d'une grossière erreur, de même pour les bêtises de Cambrai (d'où leur nom) ou la crème brûlée. C'est aussi le cas du Nutella ou des chips.[31]

LA FORCE FACE À LA PEUR

Parmi les situations où nous éprouvons le plus notre force mentale, il y a la peur. La peur peut recouvrir différentes formes : la peur du risque et de la nouveauté (comme nous l'avons déjà exploré), la peur de l'imprévu (*idem*), la peur de type phobie, la peur face à des situations de vie et la peur face au danger. Ce sont ces trois derniers points que je vais étudier ici avec vous.

Faut-il vraiment affronter nos peurs ?

Je ne vais pas parler ici des phobies maladives et paralysantes. Je ne vais pas non plus jouer à l'apprentie psychiatre. Je ne suis pas médecin.

Il existe différents degrés de peur, de la trouille contrôlable à la phobie identifiée du point de vue médical. Il y a des phobies que l'on peut vaincre et des phobies pour lesquelles, selon son tempérament et d'autres facteurs, un accompagnement est nécessaire.

D'abord, je ne pense pas que nous ayons besoin d'affronter toutes nos peurs. Il n'est pas toujours utile de dépenser une énergie folle à cela, surtout si notre peur ne nous handicape pas au quotidien ou dans nos projets.

31. https://www.parlapapa.com/module/ybc_blog/blog?id_post=68&url_alias=recettes-erreurs-patisserie-preparation-histoire

Par exemple, si j'ai la phobie des serpents et que je vis dans des lieux où je n'en vois jamais, je peux rester avec cette phobie. En revanche, si je rêve d'aller en Guyane ou sous des latitudes tropicales, je vais travailler dessus.

Anecdote de vie : J'ai le vertige, la phobie des profondeurs et une peur panique des escargots

Voici mes trois grandes peurs : les escargots (je sais que ça peut paraître ridicule, mais une phobie, ça ne se juge pas !), le vide et les profondeurs marines (avec leur lot de gros poissons). À votre avis, auxquelles ai-je consacré de l'énergie ? Je me suis concentrée sur le vertige pour réaliser mes rêves d'escalader des montagnes. J'ai fait de la plongée sous-marine en haute mer dans des lieux fréquentés par des requins et autres créatures marines inquiétantes, de nuit qui plus est, pour me débarrasser de ma thalassophobie. Quant aux escargots, je les ai laissés en paix. Je déteste en voir dans le jardin, je n'en mangerai certainement pas, mais ils n'impactent pas ma vie. La force, ce n'est pas de se battre sur tous les plans, c'est de bien choisir ses batailles. Nous avons parfaitement le droit de rester avec des faiblesses et d'être OK avec. Être fortes, c'est aussi faire des choix forts, et ne pas s'épuiser dans ce qui nous paraît futile.

Comment ai-je vaincu mes deux peurs paniques ? Eh bien, j'y suis allée par étapes. Pour la peur du vide et le vertige, j'ai pris des cours de grimpe. J'ai commencé par l'escalade en salle, sans me mettre en danger. Puis j'ai étudié la sécurité. Comprendre est une force. Passer par l'intellect, tout border, m'a permis de rationaliser le risque et de dépasser mes craintes. Cela ne veut pas dire que le vertige ne me saisit pas quand je suis sur un sommet, mais désormais, il ne me paralyse plus.

De même pour la plongée. J'y suis allée étape après étape, dans des environnements sécurisés. Affronter ses peurs ne signifie pas se mettre en danger : ne soyons pas idiots non plus. Du baptême de plongée au passage d'un premier niveau, jusqu'à une plongée de nuit en plein océan, j'ai procédé doucement, en m'assurant toujours d'être en sécurité.

> Affronter nos peurs, c'est aussi ça : revenir à du rationnel et à une prudence sensée.

Pour vaincre une peur, je procède en trois étapes :
1. Identifier précisément ma peur.
2. Mettre en place une solution sans danger pour m'en débarrasser.
3. Me lancer.

La peur qui nous met dans une situation de faiblesse

La peur, autre que la phobie, nuit à notre force, car elle nous met en situation de faiblesse. La peur de perdre, la peur d'échouer, la peur de décevoir, etc., sont autant de freins à l'action et donc à la réussite.

C'est flagrant dans le sport, par exemple. Dans un match entre deux équipes, l'une favorite qui ne doit surtout pas perdre, et l'autre montante qui n'a rien à perdre, mais tout à gagner, la seconde prend vite un ascendant sur la première. Les joueurs de l'équipe favorite craignent les risques, accentuent la défense, alors que les autres attaquent et tentent le tout pour le tout. Les uns sont frileux, les autres sont chauds comme la braise. L'écart de niveau entre les deux équipes fond alors, et le stade s'enflamme pour le petit Poucet qui a déjoué tous les pronostics.

La peur nous affaiblit, et cela, dans de nombreux domaines de notre vie.

Nous sommes bien meilleurs pour négocier quand nous n'avons rien à perdre, ou autrement dit, quand nous n'avons pas peur de perdre quoi que ce soit. Nous obtenons plus aisément un « oui » à une demande si le « non » est une possibilité qui ne nous effraie pas.

Nous refocaliser sur nous, croire en nous en nous rappelant le chemin parcouru est un premier pas pour désarmer la peur et retrouver notre force.

Que faire quand nous avons peur ?

Il y a deux écoles pour affronter notre peur. En travaillant sur ce livre, j'ai noté qu'une méthode revenait à chaque fois. Ce n'est pas la mienne, mais si elle est suggérée aussi souvent, que ce soit de la part de militaires des forces spéciales ou de coaches sportifs, c'est qu'elle a fait ses preuves. Je vous la soumets donc, car peut-être fonctionnera-t-elle pour vous. Je vous livrerai ensuite la mienne. Vous pourrez ainsi tester les deux et voir laquelle s'adapte le mieux à vous.

MÉTHODE 1 : PRENDRE EN CONSIDÉRATION NOTRE PEUR

Face à une peur, commençons par la nommer. De quoi ai-je peur dans cette situation (présente ou à venir) ? Qu'est-ce qui m'effraie ? L'aventurier Bear Grylls, dans son livre *Force spirituelle*, note ainsi que dissimuler nos craintes est le meilleur moyen de les faire grandir, mais que les extérioriser, les mettre en lumière, en parler, nous permet de leur enlever leur pouvoir paralysant.

Exprimer notre peur peut ainsi nous permettre de la voir sous un jour nouveau et inoffensif. La nommer peut suffire. En situation de peur, posons-nous cette question : quelle est la pire chose qui puisse m'arriver ? Ensuite, mesurons la probabilité que cela arrive vraiment, et en fonction de cela, ce que nous pouvons faire.

De nombreux coaches, inspirés de la philosophie antique de Sénèque, suggèrent l'exercice de la *premeditatio malorum* (préméditation des maux), qu'on appelle aussi *pre-mortem*, « recul prospectif ». Autrement dit, il s'agit d'imaginer le pire et de mettre en place des plans pour que ça ne se produise pas. L'idée est de penser à tous les scénarios possibles pour les dissiper ou réagir à bon escient, sans phénomène de panique. Pensons à garder l'optimisme dans l'équation : nous nous préparons au pire, d'accord, mais nous espérons le meilleur !

TIP DE COACH

L'anticipation des maux (ou mots) pour être plus forte

L'anticipation des maux peut être ludique et fonctionne très bien dans des situations que nous craignons en société : les remarques désobligeantes. Je vous propose d'appeler cette technique « l'anticipation des mots ». C'est une sorte de bingo à cocher, comme un bouclier anti-remarques désobligeantes. Cela peut être très pertinent dans certains repas de famille, réunions entre collègues, où vous savez que des piques vous seront destinées. Listez en amont ces réflexions qui vont vous agacer et cochez-les (réellement ou mentalement) à chaque fois qu'une d'elles vous sera adressée. Non seulement ça ne vous atteint plus, mais en plus, c'est ludique !

Vous pouvez aussi trouver sur Internet des « bingos » tout faits, notamment à l'occasion des fêtes de fin d'année. De quoi relativiser !

MÉTHODE 2 : IGNORER NOTRE PEUR

Ma méthode pour ne pas me laisser envahir par la peur est de la taire. Oui, c'est tout le contraire de la méthode préconisée précédemment. Si je la laisse s'exprimer, je lui donne vie et corps, je l'autorise à exister. Si je ne dis rien, c'est comme si elle n'avait pas le droit d'être. Dans un groupe, par exemple, la peur peut être contagieuse : il suffit qu'une personne verbalise sa crainte pour que l'angoisse saisisse tout le monde. Ne l'avez-vous jamais vécu ? Vous avez peur, mais vous ne dites rien. Personne ne dit rien. Une fois le danger (réel ou hypothétique) passé, vous avouez avoir été inquiète. Fort probablement, on vous aura répondu : « Moi aussi ! » et, sans doute aussi : « Je t'ai suivie parce que tu ne semblais pas avoir peur » ou « Heureusement qu'on ne s'est rien dit, sinon on n'y serait jamais allées. »

La peur, dans la solitude, a tendance à s'effacer. Quand personne n'est là pour nous écouter, nous plaignons-nous ? La peur a besoin d'une audience pour s'exprimer, sans cela, elle s'évanouit. Seul, on n'a pas d'autre choix que de gérer sa peur.

Je ne cherche pas non plus à anticiper le pire. Je me prépare, certes, mais en situation de danger potentiel. À trop se projeter, on se donne le temps de penser et de reculer.

Vacciner contre la peur

De même que l'on se vaccine contre le risque, on peut se vacciner contre la peur. Plus notre cerveau sera confronté fréquemment à la peur, moins celui-ci y sera sensible. Les militaires sont exposés à la peur de manière répétée pour réduire son impact. Là encore, se faire mal ou se faire violence est facultatif. L'idée n'est pas de nous faire entrer dans les forces spéciales.

Nous pouvons nous désensibiliser à la peur d'aller vers l'inconnu en nous efforçant de tester, chaque jour, de nouvelles choses. Risque et peur se rejoignent. Quand nous traitons l'un, nous traitons l'autre. Ce peut être très simple : sourire à un inconnu dans la rue, entamer une discussion avec un commerçant, acheter un aliment nouveau, explorer un nouveau lieu, tester un nouveau jeu de société... Les petites sorties de routine habituent notre esprit à faire de nouvelles expériences.

Transformer notre peur : utiliser nos craintes pour mieux avancer

Renversons notre peur et utilisons-la comme un carburant pour nos projets. Suivez la guide... Je vous emmène en montagne !

Épisode de vie : Quand ma peur me tire vers le haut

Nous sommes en juin 2022. Comme je l'explique précédemment (voir : « Et si l'imprévu était une opportunité ?», page 101, j'ai prévu un projet totalement fou et inédit : pas seulement pour moi, pas seulement en tant que femme, mais en tant qu'être humain. Oui, rien que ça ! Alors, je m'entraîne. Comme je sais que ce à quoi je m'attaque est exigeant, je flippe souvent. Je me demande si je n'ai pas mis la barre trop haut. Je me demande si j'en suis vraiment capable. Je pourrais laisser aller mes pensées dans ce sens : d'ailleurs, elles empruntent une voie toute tracée. Peur > Doute > Abandon.

Cette voie-là, ça n'est pas la mienne. Oh non ! Certainement pas ! Je décide donc de canaliser ma peur. Elle est là ? OK, je l'accepte, mais elle va servir mes intérêts… et ma force. Ma peur ne va pas me tirer vers le bas, elle va me tirer vers le haut. Elle va servir mes ambitions.

D'abord, je vais l'écouter, cette peur. Que me dit-elle ?

J'ai peur d'être trop lente.

J'ai peur de ne pas être prête.

J'ai peur de ne pas être assez forte.

OK, c'est posé. Qu'est-ce que je peux faire pour répondre à cette peur ? Eh bien… M'entraîner plus par exemple ! Ou aller chercher les meilleurs experts pour me conseiller et me coacher.
La peur de ne pas être prête m'a poussée à me lever tôt ce matin-là et à me lancer un défi, malgré les températures caniculaires (+ de 40 °C) : faire une ascension de près de 700 m de dénivelé, au soleil, sans ombre, avec 15 kg de charge sur le dos, non pas une fois, mais deux fois. Mentalement, ça a été dur. Une fois achevée la descente de la première ascension, j'aurais pu me dire : « Allez, Valérie, t'as bien bossé, il fait chaud, t'es en sueur… On s'arrête là pour aujourd'hui ! », mais non. Je me suis rappelé ma peur de ne pas réussir à atteindre mes objectifs… Je l'ai fait remonter à la surface de ma conscience pour qu'elle me booste, et j'ai gravi à nouveau les 700 m, avant de les redescendre encore une fois.
Ma peur de ne pas être prête m'a donné le coup de pouce (ou le coup de pied aux fesses) dont j'avais besoin.

On dit que la peur n'évite pas le danger, mais on a tort !

L'expression usuelle est que la peur n'évite pas le danger. Je la comprends, mais je ne l'approuve pas. La peur peut être une alliée pour nous mettre en sécurité sur un projet… tout en le menant à bout.
Dans le cadre de mes défis sportifs, ma peur me pousse à m'entraîner pour, justement, ne pas me mettre en danger, moi ou d'éventuels sauveteurs. Elle me pousse à parer à un maximum d'éventualités. C'est ma peur qui me fait ajouter des charges lors de mes entraînements, ou gravir deux fois un sommet.
Alors oui, si le sol se dérobe sous mes pieds, je n'aurai pas évité le danger, mais si je dois marcher plus que prévu, si je manque de provisions ou si ce que je dois porter est plus lourd que ce que j'imaginais, au moins, je serai capable de faire face.

Quand la peur se cache derrière nos procrastinations

La peur peut être plus sournoise. Elle peut prendre d'autres formes, au point que nous ne l'identifions pas comme peur. C'est le cas quand nous procrastinons et repoussons sans cesse à plus tard la réalisation d'un projet. Par exemple : je rêve de lancer mon entreprise, mais ce n'est pas le bon moment. Je dois d'abord… (Je vous laisse lister les raisons de repousser.) Je rêve d'escalader un volcan, mais je n'ai pas le temps de le prévoir. Ce n'est pas la priorité. Je voudrais avoir un mode de vie plus sain, mais avec les fêtes qui arrivent (Noël, la Chandeleur, Pâques, l'été et ses glaces ou barbecues…), ce n'est pas le bon moment. C'est, le plus souvent, la peur qui se cache derrière la longue liste des excuses ou prétextes qui sont avancés. Nous remettons les choses à plus tard non pas à cause d'un mauvais *timing*, mais parce que nous avons peur. De quoi, au juste ? Ça, vous seule pouvez le savoir !

La citation qui inspire :
« On a deux vies, et la deuxième commence quand on se rend compte qu'on n'en a qu'une. » (Confucius)

EXERCICE PRATIQUE
Identifier nos peurs

Imaginez un dialogue avec un « vous » du futur ou un « vous » d'une dimension parallèle, ou alors un sage bienveillant, selon ce qui vous parle le plus. Expliquez-lui ce que vous aspirez à faire et pourquoi vous le repoussez. Déjà, cela devrait mettre en valeur quelques éléments intéressants. Ensuite, imaginez que votre interlocuteur vous interroge et vous pousse dans vos retranchements. Il peut être sarcastique : « Tu as raison, tu devrais escalader ce volcan dans ta prochaine vie. » Vous devriez vous rendre compte de l'absurdité de vos freins, de vos peurs, et comprendre que l'action peut commencer dès maintenant.

Votre peur est votre nouvelle alliée

Quand vous voyez pointer votre peur, écoutez-la. Laissez-la s'exprimer… mais pas s'emballer. C'est vous qui gardez le contrôle.

Demandez-vous :

- ce que dit cette peur ;
- ce qu'elle vous encourage à renforcer ;
- comment vous pouvez le faire.

Et osez avancer !

Dans une vie professionnelle, nous pouvons avoir peur d'une promotion. Utilisons cette peur pour identifier les formations qui nous rendront encore meilleures dans nos fonctions.

Vous avez peur de vous tromper ? Ne restez pas prostrées : vérifiez, demandez…

Vous avez peur de décevoir ? Faites en sorte d'être fières et en accord avec vous-mêmes.

Vous avez peur d'échouer ? Passez en revue tous les leviers que vous pouvez actionner et agissez sur tout ce qui est à votre portée.

Vous avez peur de ne pas avoir de temps ? Réorganisez votre agenda.

La peur vous donne une direction. Apprivoisez-la et saisissez ce qu'elle vous offre : des pistes pour, toujours, vous améliorer. Utilisez-la à bon escient : pour goûter la victoire et se sentir plus fortes !

LA FORCE ET LES ÉMOTIONS

Ces moments où nos émotions jouent contre nous

Nous pouvons tous et toutes réagir sous le coup de la colère, de l'agacement, de la peur, d'une certaine fatigue aussi, parce que nous nous sentons pris en faute, parce que nous craignons une situation… Notre force, dans ces situations, consistera le plus souvent à ne pas réagir par la violence ou l'agressivité.

L'agressivité est et restera un signe de faiblesse. Même si pendant quelques minutes ou heures, elle permet qu'on nous fiche la paix, même si nous effrayons vos détracteurs, elle jouera, à moyen ou long terme, en notre défaveur. L'agressivité révèle un point faible et, d'ailleurs, elle naît d'un point faible.

Par exemple, en tant que personne qui se débat régulièrement avec le complexe de l'imposteur, j'ai pu, à des moments de ma carrière, avoir des réactions agressives quand on me faisait part d'une erreur. Cela m'échappait de manière automatique : on m'attaque, je me défends. Sauf que l'on ne m'attaquait pas... Comme j'étais dans un manque total de confiance en moi, je réagissais par une forme de violence verbale.

D'autres personnes, dans la même situation, sont attristées et se découragent. Elles peuvent aller jusqu'à vouloir abandonner.

Ce n'est pas ce que fait une personne forte. Une personne forte observe et analyse son erreur, en tire des leçons et avance. Elle ne perçoit pas la situation comme une attaque qui la met en danger.

La manière dont nous réagissons aux contrariétés ou à la critique est essentielle. Quand la critique est gratuite et sans fondement, alors ne la laissons pas nous atteindre. Et quand elle est pertinente, accueillons-la comme un cadeau. « Feedback is a gift » (Un retour est un cadeau), dit-on.

Utilisons nos émotions, même négatives, à bon escient

Faire preuve de force, c'est, parfois, aller au-delà de nos émotions et de nos sentiments immédiats. En effet, émotions et sentiments peuvent être nos pires conseillers. Les bons comme les mauvais, les agréables comme les désagréables. Et ils peuvent aussi, contre toute attente, nous aider.

Dans tous les cas, nous éviterons de laisser nos émotions diriger nos comportements. Nous les ressentons, et c'est normal, mais elles ne prennent pas les rênes de notre vie et de nos agissements immédiats.

Nous le savons toutes, les décisions prises sous le coup de la colère sont, dans une grande majorité des cas, mauvaises. De même pour celles prises sous le coup de la tristesse, du désespoir, de l'amertume, de la peur. Cela ne veut pas dire que le sentiment ne peut pas nous pousser dans un sens vertueux, mais faire la part des choses est indispensable.

ÉMOTION	CE QU'ELLE NOUS FAIT FAIRE	CE QUE NOUS DEVRIONS FAIRE
Inquiétude	Nous nous recroquevillons sur nous-mêmes, nous arrêtons d'agir.	Ouvrons les yeux sur ce qui nous inquiète, analysons-le et agissons en conséquence.
Colère	Nous nous arrêtons net ou nous agissons brutalement, sans réflexion, pour nous venger.	Utilisons-la comme un carburant, mais d'abord, canalisons-la. Mettons-la à notre service. Tirons-en sa force et ce qu'elle a d'énergisant pour nous.
Tristesse	Nous nous isolons, nous pleurons, nous nous lamentons.	Réfléchissons à ce qui nous rend tristes, à pourquoi ça nous touche, à ce que cela nous indique sur nous-mêmes. Demandons-nous comment, maintenant et à l'avenir, nous pouvons faire pour nous sentir mieux.
Désespoir	Nous déclarons que nos efforts sont vains.	Renouons avec nos envies profondes. Étudions des stratégies nouvelles à mettre en place.
Culpabilité	Nous ressassons et nous regrettons une action ou des propos.	Rappelons-nous que nous ne pouvons pas agir sur le passé, mais sur le présent. Repensons nos comportements. Présentons des excuses : en être capables est une force.

Être en colère contre une personne qui nous a dit que nous n'atteindrions pas notre objectif et s'en servir de carburant pour réussir, c'est OK.

Être en colère contre cette même personne et prendre des risques inconsidérés et exagérés, ou alors l'insulter copieusement, c'est non.

Ressentir du désespoir de ne pas avoir le corps que l'on désire esthétiquement et aller acheter des pots de glace et des tablettes de chocolat, c'est non.

Ressentir ce même désespoir, décider que c'est la dernière fois que nous pleurons et nous engager concrètement dans un rééquilibrage de vie, c'est OK.

Les émotions et sentiments peuvent aussi bien être des forces destructrices que des impulsions ou déclics pour nous rendre plus fortes.

Dans le sport, les défaites et les victoires amènent leurs lots d'émotions. Les deux, selon ce que l'on en fait, peuvent être néfastes. Une défaite peut anéantir et décourager, et faire perdre leur envie aux joueurs. Au contraire, elle peut aussi créer de l'émulation et susciter un désir puissant de revanche. Quant à la victoire, elle peut générer la confiance et placer les athlètes dans une dynamique positive. Cependant, ceux-ci peuvent aussi se reposer sur leurs lauriers ou penser que tout est acquis.

Il y a les faits – heureux ou contrariants –, les émotions et sentiments qu'ils produisent, et notre manière de les accueillir.

La vie, c'est 10 % de problèmes et 90 % nos manières de réagir. S'il y a quelque chose sur quoi nous avons une prise, ce ne sont pas les événements, ce ne sont pas nos émotions (même si nous pouvons apprendre à ne plus nous laisser submerger), mais c'est ce que nous en faisons.

Attention aux émotions qui sapent notre force

La colère et la rancune peuvent saper nos forces. Tout est une question de dosage et de sensibilité. Quand la colère nous pousse à nous dépasser et que, par-là même, nous la dépassons, tout va bien. En revanche, quand la colère nous garde dans un cercle vicieux de rancœur et d'amertume, alors nous nous nuisons à nous-mêmes.

Nous ressentons de la colère face à une injustice, une trahison, quand quelqu'un nous a blessées, trompées, menti, etc. C'est bien légitime. Toutefois, ce qui ne l'est pas, en tout cas vis-à-vis de nous-mêmes, c'est de stagner dans cet état. En effet, en ressassant ce qui nous agace et ne passe pas, nous le revivons sans cesse. Nous tournons en boucle sur cet épisode et nous ne laissons plus de place à ce qui pourrait nous arriver de bon. Pire, nous nous punissons nous-mêmes, puisque nous refusons d'avancer. C'est double peine : à ce qui nous est arrivé, nous ajoutons un supplément gratuit, mitonné par nous-mêmes, une boucle infinie de ressentiment.

Hélas, nous avons beau savoir tout ça, cela ne suffit pas. Pardonner demeure très difficile. Nous avons l'impression de faire une fleur à l'autre, d'avoir laissé passer, et que c'est trop facile ainsi.

Quand le pardon actif, c'est-à-dire prononcer « Je te pardonne » ou « Je lui pardonne », est au-dessus de ce qui nous semble acceptable (rancœur, quand tu nous tiens...), il existe une autre voie : le pardon passif. Imaginez que vous avez une plaie, suite à une blessure. Refuser le pardon, et donc de passer à autre chose, revient à gratter la plaie en continu et donc à l'empêcher de cicatriser. Le pardon passif consiste à décider simplement d'arrêter de toucher à la plaie, pour la laisser se refermer sans aggraver votre état de santé.

Le pardon passif, ce n'est pas tant d'affirmer « Je pardonne », mais de décider de ne plus s'en occuper et de n'être plus touché. C'est placer nos forces ailleurs que dans la colère, et surtout les employer à bon escient : pour nous.

Attention à ces émotions qui nous font peur

« La peur des émotions est une des origines principales de nos difficultés psychologiques. C'est souvent par peur d'éprouver certaines émotions que nous faisons des choses qui vont à l'encontre de nos intérêts », exprime le psychologue et psychothérapeute Jacques van Rillaer.[32] Notre force peut être entravée par la préoccupation d'éviter des émotions désagréables et inconfortables comme la tristesse, la honte, la vexation, l'amertume, l'embarras, l'humiliation, la paralysie, l'anxiété, la déception... La liste est déjà assez longue, je m'arrête là. C'est une variante possible de la peur de l'échec, mais pas seulement.

32. Citation proposée dans le podcast Meta de Choc, shocking #25, « Que vaut la psychanalyse ? », épisode 6. https://metadechoc.fr/podcast/que-vaut-la-psychanalyse/

Pour sortir de ce cercle vicieux qui nous empêche d'agir, nous avons tout à gagner à :

– accueillir l'émotion, l'entendre, l'intégrer comme passagère et comme messagère de quelque chose qui peut nous servir ;

– accepter que nous ne soyons pas parfaites et que nous puissions ressentir des émotions qui nous déplaisent ou vont à l'encontre de ce que nous voudrions être ;

– analyser ce que ces émotions nous disent et en quoi elles peuvent nous pousser dans une action qui nous est bénéfique.

Nous ne sommes pas nos émotions : elles nous traversent, mais elles ne nous définissent pas. En revanche, nous sommes nos décisions et nos actions.

J'évoque ici la peur d'émotions négatives, mais la peur d'émotions positives est aussi une réalité : peur de tomber amoureuse, par exemple, peur d'être heureuse et que cela ne dure pas, peur d'être insouciante et de trop baisser sa garde...

Dans ces cas-là, je me dis que ce que j'ai pris, personne ne peut me l'enlever : mieux vaut une joie vécue, puis la tristesse, que la peur de la joie suivie aussi de la tristesse. La peur qu'un bonheur cesse ne l'empêche pas de cesser, mais il l'empêche d'exister.

LA FORCE ET SES *HATERS*

La force peut effrayer certains et certaines. Dans une certaine mesure, qui dépend beaucoup des contextes culturels et de votre genre, elle est encouragée, mais pas au-delà. Pourquoi ? De quoi avons-nous peur ? Quel(s) danger(s) représente la force ? Quand les autres critiquent notre force, de quoi sont-ils jaloux ? Qu'est-ce qui les inquiète ?

Notre force peut être sapée par de nombreuses situations, elle affronte de multiples habitudes de pensée et système d'autopréservation, comme je viens de le décrire, mais, une fois en place, elle doit affronter un obstacle plus grand encore. Après nous-mêmes, elle affronte « les autres ». Les autocensures et limitations qui entravent notre force sont de notre fait, mais elles ne se forment pas d'elles-mêmes. Nous vivons en société, baignées dans de nombreuses injonctions, exprimées ouvertement ou non dites, auxquelles tout nous pousse à nous conformer. Pourtant, notre force, en aucun cas, ne devrait se laisser étouffer par les principes des autres. Et quand je dis « principes », je pense plutôt « peurs », « faiblesses » et « limites ».

Ne nous laissons pas niveler vers le bas, soyons fières de sortir du lot!

Voici quelques idées reçues à contrecarrer pour ne plus nous laisser freiner.

La force n'est pas antinomique de la féminité

Être fort, quand on est un homme, c'est, selon notre société, normal, dans l'ordre des choses, une nécessité, etc. Être forte, quand on est une femme, est beaucoup moins évident. Les domaines où il est attendu que nous soyons fortes sont bien délimités et s'organisent largement autour de la notion de *self-control* :

– résister à la tentation de la chair et de la chère, ou autrement dit contrôler notre appétit et notre libido ;

– avoir un tempérament calme et serein en toutes circonstances (au risque d'être perçue négativement comme une grande gueule ou une hystérique) ;

– faire passer les autres et leur bien-être avant nous-mêmes, ou la figure de la mère et de l'épouse sacrificielles.

Cette force calme, qui ne fait d'ombre à personne, mais au contraire permet à l'autre de briller, a les faveurs de notre société. Les autres types de force sont nuancés :

– la force de caractère d'une femme entrepreneuse ou découvreuse ;

– la force physique et mentale d'une athlète ;

– la force de conviction d'une activiste engagée.

Elles prennent la forme d'un « oui, mais » :

– Oui, c'est honorable, mais sa famille, son mari...

– Oui, mais elle n'est pas très féminine.

– Oui, mais elle manque de douceur, ou elle est trop agressive.

C'est un peu comme si la force des femmes, hormis un pré carré bien délimité, était un excès. Une lubie.

Dans un environnement machiste, la force de la femme est tolérée tant qu'elle ne dépasse pas celle de l'homme. Elle peut exister tant qu'elle n'écrase aucun ego masculin.

Sortons de ces espaces mentaux étouffants.

La force n'est pas genrée. Elle a le droit d'être, sous toutes ses formes, chez les femmes comme chez les hommes.

Cultiver notre force ne nous rend pas trop dures avec nous-mêmes

Nous pouvons cultiver notre force et nous écouter vraiment. Oui. Ce n'est pas parce que nous désirons être plus fortes et que nous mettons des process en place pour être de meilleures versions de nous-mêmes que nous nous faisons du mal.

Cultiver notre force appelle une communication interne bienveillante. Quand nous sommes nos propres coaches, ce n'est pas avec des mots durs, c'est en nous invitant à aller toujours vers du meilleur. C'est en étant attentives à nos besoins.

Être fortes et bienveillantes, c'est nous autoriser à craquer, car nous savons que nous sommes capables de reprendre le dessus. C'est accepter d'avoir besoin de plusieurs heures ou jours *off* pour nous rétablir. C'est être OK avec le fait de passer par une phase de nourriture doudou en cas de crise existentielle ou de laisser-aller gourmand en vacances. Cultiver notre force, c'est être lucides vis-à-vis de nous-mêmes, accueillir les sentiments et émotions négatives, ne pas culpabiliser quand nous craquons, mais nous aider à le gérer et à remonter la pente au bon moment.

Cultiver notre force, ce n'est pas nous faire mal. C'est mettre en place des stratagèmes sur mesure pour être moins impactées par ce mal.

Quand nous cultivons notre force, il arrive que nous soyons freinées par les autres. Tout d'un coup, ils sont inquiets pour nous.

Nous ne sommes pas trop dures avec nous-mêmes quand nous nous entraînons tous les jours : nous sommes consistantes et fortes.

Nous ne sommes pas trop dures avec nous-mêmes quand nous travaillons ardemment sur un projet : nous sommes motivées et fortes.

Nous ne sommes pas trop dures avec nous-mêmes quand nous nous levons plus tôt pour marcher ou avoir du temps supplémentaire : nous sommes organisées, disciplinées et fortes.

Nous ne sommes pas trop dures avec nous-mêmes quand nous nous poussons hors de la couette après trois jours *off* : nous décidons de reprendre le contrôle, nous sommes fortes.

Notre faiblesse et notre force inspirent. Votre faiblesse inspire des excuses. Votre force oblige à se regarder en face. C'est pour cela que, au-delà d'un certain seuil (variable selon les interlocuteurs), elle dérange. Mais comme il est hors de question pour notre interlocuteur de douter de sa force, c'est nous, et nous seules, qui avons un problème.

Quand on nous dit « Tu es trop dure avec toi-même », le message sous-entendu est « Je m'inquiète pour toi. » Le message inconscient est : « Je m'inquiète pour moi », avec, en suite logique qui se dessine petit à petit : « Si elle le fait, je dois pouvoir le faire. En suis-je capable ? Je ne sais pas. Je me sens en danger. Vite, il faut que je la freine ! »

Bref, quand nous cultivons notre force, nous ne sommes pas trop dures avec nous-mêmes, mais certains peuvent avoir peur que nous devenions (trop) dures avec eux. Là est vraiment l'inquiétude !

Je me bouge parce que j'aime mon corps, et non pas pour me punir

« Bougez parce que vous aimez votre corps » ou « Love your body, push yourself », c'est le conseil que je donne à toutes mes coachées. Si je me muscle, si je développe mon endurance, si je veille à manger sain et équilibré, c'est avant tout pour me faire du bien et dans une démarche de respect de mon corps. Vouloir mener une vie saine n'est pas être « dures » avec nous-mêmes, mais être tendres, attentives, attentionnées... Vouloir être fortes, c'est la même chose : c'est vouloir le meilleur pour nous-mêmes, pour notre santé physique comme mentale.

La force, c'est maintenir nos objectifs, même quand « les autres » les trouvent trop ambitieux

La force effraie. Cela dépend des gens bien sûr. Il y a ceux que la force des autres inspire et, à l'opposé, ceux que la force des autres complexe. Vous les reconnaissez : ce sont ceux qui vous attaquent, vous rabaissent...

Tip quand on est rabaissé par quelqu'un

Peut-on bien prendre les choses quand on est rabaissé par quelqu'un ? Eh bien oui ! Je vous propose même de le prendre comme un compliment. Non, je n'exagère pas. Quand vous abaissez quelque chose, c'est parce qu'il est trop haut, non ? Parce qu'il n'est pas à votre hauteur. Eh bien, pour les personnes, c'est la même chose. Quand une personne vous rabaisse, quand elle met de l'énergie à vous mettre à terre, c'est qu'elle vous voit bien au-dessus d'elle. Si elle vous plaçait à sa hauteur ou plus bas qu'elle, hormis méchanceté exécrable, elle n'aurait pas besoin de vous rabaisser. Mais si elle veut vous tirer vers le bas, c'est parce qu'elle vous voit très haut, et que ça la gêne.

La prochaine fois qu'une personne essaiera de vous rabaisser, retournez son énergie négative contre elle et voyez, en miroir, combien vous l'effrayez, combien vous l'impressionnez, combien vous la dérangez et à quel point c'est insupportable pour elle. Comme les arts martiaux qui se servent de la force de leur adversaire contre eux, retournez, dans votre esprit, la situation. Plus la personne cherche à vous diminuer, plus elle vous voit forte et puissante.

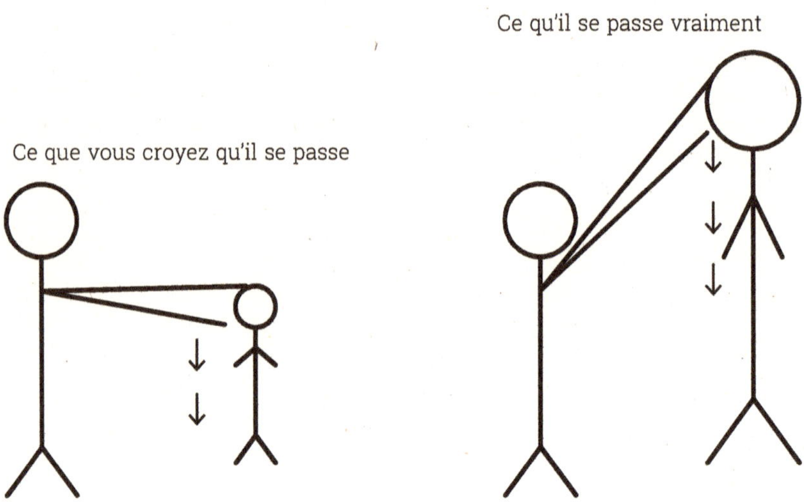

Quand nous avons des objectifs forts, nous devons nous battre contre nous-mêmes et contre celles et ceux qui n'ont pas réussi à les atteindre. Ou qui n'ont même pas essayé. Ou qui, dans leur système de pensée, considèrent notre objectif idiot. Quelle que soit leur raison, c'est leur affaire, pas la nôtre. Aucun objectif n'est idiot. Comme j'aime le répéter : « À chacun son Everest. » Et comme je l'écrivais aussi précédemment : ne laissez personne écrire votre histoire à votre place.

Anecdote de vie : Quand je dis, sur les réseaux sociaux, que je veux perdre quelques kilos

Aujourd'hui, je suis mince. J'ai un corps bien proportionné qui correspond aux normes de beauté actuelles. J'ai le ventre plat. Je prends soin de moi. Je sais me mettre en valeur sur les photos et les vidéos. Quand on me décrit, on ne dit pas que je devrais perdre du poids. Pourtant, il y a des moments où certaines rondeurs réapparaissent sur mon corps, et je ne les aime pas. Cela arrive au moment des expéditions, car je mange beaucoup pour tenir, et mon corps a tendance à stocker. Cela peut aussi arriver après des vacances, quand j'ai voulu goûter toutes les spécialités du coin et faire honneur aux plats de mes amis. Et je ne suis pas la dernière à cuisiner gourmand ! Quand ces kilos que je juge être en trop arrivent, je ne leur laisse pas le temps de s'installer. Vite pris, vite perdus. J'applique un de mes programmes pour les faire décamper. Et comme, de par mon métier, je suis sans cesse sur les réseaux sociaux, je partage mes objectifs et mes démarches. De plus, quoi de mieux pour inspirer mes coachées que de leur proposer de faire un programme en même temps que moi.

J'explique donc, dans un post, que je souhaite perdre 2, 3 ou 4 kg. Et là, les messages pleuvent. Il y a ceux qui sont gentils et bien intentionnés, me disant que je n'en ai pas besoin. Je ne doute pas de leur sincérité. Je sais aussi que c'est un usage convenu de rassurer la personne sur son apparence, mais cela ne m'aide pas. Je les remercie de leurs compliments et je les invite, gentiment, à respecter ma volonté. Puis il y a les passifs-agressifs, ceux qui m'imposent leur mode de pensée sous prétexte de bons conseils : « Apprends à t'aimer comme tu es », « Tous les corps sont beaux. » Oui, je suis entièrement d'accord. Mais pourquoi

n'aurais-je pas le droit de m'aimer ET de modeler mon apparence ? Tant que je ne mets pas ma vie en danger, tout va bien. Puis viennent les avis non sollicités qui m'assassinent : je fais la promotion d'un corps impossible à obtenir, je complexe les gens pour me faire de l'argent, j'offense des personnes qui souffrent, je joue le jeu du *body shaming*… Là, je m'énerve.
Rappelez-vous : votre corps est votre corps, votre vie est votre vie. Que ce soit l'un ou l'autre, nous n'en avons qu'un/une. Ne laissez personne vous dire que votre vision de vous au top ne vaut rien et vous décourager de l'atteindre.

Ce type d'épisode, ici sur mon poids, n'est pas isolé. Nos objectifs et exigences envers nous-mêmes, quand nous mettons tout en œuvre pour les tenir et que nous les tenons, peuvent mettre les autres en défaut. Quand ils sont malveillants ou quand ils souhaitent rester dans un *statu quo*, ils n'en concluent pas : « Elle l'a fait, donc c'est possible », mais : « Elle a un problème. » Pratique, non ?

Je vous propose quelques exemples. Je suis certaine que vous reconnaîtrez des situations. Et si c'est vous que vous reconnaissez dans la réaction négative, soufflez un bon coup, prenez le temps d'y réfléchir et amorcez le changement de point de vue !

SITUATION	RÉACTION NÉGATIVE	À VOUS DE PENSER…
La création d'une routine d'hygiène de vie pour être au top de ma force.	C'est facile pour elle… Tout le monde ne peut pas être comme elle… On n'est pas des robots…	Je fais ce qui est bon pour moi. Je suis forte.
Aller s'entraîner malgré la fatigue.	Il faut s'écouter. Elle va le payer.	Je sais adapter mes entraînements et ne pas me mettre en danger. Je suis forte.

Réussir un défi important pour soi et impressionnant pour le monde.	Vu ce qu'elle a sacrifié, est-ce que ça valait vraiment le coup ? Que cherche-t-elle à travers cela ?	J'ai réussi. C'est à moi et en moi. Je suis forte.
Obtenir un bon résultat scolaire ou professionnel.	Elle est obsédée par le travail. Elle gagnerait à équilibrer vie professionnelle et vie personnelle.	Je l'ai fait. Mon travail a payé. Je suis forte.

Notre réussite, ou simplement notre ambition (l'étape d'avant), fait de l'ombre. Soit nous sommes « trop » quelque chose, soit nous avons eu des facilités, de la chance, etc. Tout, plutôt que célébrer notre force.

La force effraie. Elle effraie, car elle montre que changer et prendre sa vie en main est possible. Cela devrait pourtant être séduisant, mais rappelons-nous le fonctionnement de notre cerveau : il déteste que son environnement soit modifié, il craint le risque, il a peur de tout ce qui sort de cet « ordinaire » qu'il a structuré autour de lui. En travaillant votre force, vous allez inspirer certaines personnes, et c'est génial. Vous allez aussi en déranger d'autres, et c'est cette seconde situation que j'aborde ici.

L'idée principale est celle-ci : quand une personne vous critique, elle dévoile ses limites, ses excuses et ses croyances, mais pas une vérité qui vous concerne.

Enfin, gardez en tête que les gens et la société changent, donc les opinions aussi. Ce que l'on critique chez vous aujourd'hui peut être ce que l'on admirera demain.

3
ELLE EST OÙ, NOTRE FORCE ?

Nous avons passé en revue une grande partie des ennemis de la force dans la partie précédente. Savoir contre qui et quoi nous battre est une bonne base. Nous avons déjà quelques clés pour mieux comprendre les résistances et autres difficultés. Maintenant que nous avons étudié la force en contraste, c'est-à-dire accentuée par tout ce qui l'entrave, nous allons l'étudier de plus près, non plus en opposition, mais en elle-même.

COMMENT CONVOQUER NOTRE FORCE ?

Où est-elle, notre force ? Comment la ressentir ? Comment l'éprouver ?

Nous avons tous la force en nous. C'est un fait sans appel. Parfois, cependant, elle s'enterre sous une montagne d'excuses, de peurs, d'idées reçues ou de blocages. Quand nous convoquons notre force, rappelons-nous que nous allons chercher quelque chose que nous avons déjà. Et pour ce faire, quoi de mieux que de se rappeler toutes ces fois où nous avons déployé notre force pour réussir quelque chose.

Pour convoquer notre force actuelle, rappelons-nous de nos bons moments et de nos réussites avec elle. Des exemples ? Ils peuvent être de tout ordre : la dernière fois que nous avons eu la force de dire non, que nous avons surmonté une angoisse, que nous avons fait quelque chose de nouveau, que nous avons affronté une situation stressante, que nous avons résisté à une tentation, que nous avons poussé un cran plus loin une difficulté (pour un entraînement sportif, pour une tâche intellectuelle, en testant une recette de cuisine plus complexe...).

Petits exemples et gros exemples, plus ou moins proches dans le temps, peuvent se panacher. Rappelons-nous : la force un jour, la force toujours ! L'important, c'est de la saisir, cette force, et de conclure : oui, je l'ai en moi ! Car vous l'avez en vous, foi de coach !

EXERCICE PRATIQUE : Ma force et moi

Je fais preuve de force dans ma vie privée quand…

–

–

–

Je fais preuve de force dans ma vie professionnelle quand…

–

–

–

Récemment, je me suis épatée en (faisant)…

–

–

–

Dans ma vie, je me suis épatée en…

–

–

–

On m'a déjà dit que j'étais forte dans ces situations :

–

–

–

Enfant, je me sentais forte quand…

–

–

–

Justement, comme nous parlons d'enfance…

Comment développer la force chez nos enfants ?

Comment peut-on développer la force chez les enfants en tant que parent ou pédagogue ?
La force d'un enfant va s'enraciner dans l'amour et la confiance des adultes qui l'entourent. L'encouragement et le soutien inconditionnels sont le terreau de la force. Si, en tant que parents ou éducateurs, nous disons à l'enfant : « Tu es capable de réussir. Je crois en toi », alors, il va déployer ses forces. Les encouragements du type : « Tu peux le faire », « Tu es capable », « Lance-toi », « Tu vas réussir », « J'ai confiance en toi », « Je sais que tu vas y arriver » sont d'inestimables boosters de confiance. Cela fonctionne pour les enfants comme pour les adultes !
Et si l'enfant prend des risques ? Si la situation représente un danger potentiel… Eh bien, assurons ses arrières ! S'il veut monter à une échelle, plutôt que de lui dire : « Non, c'est trop dangereux, tu vas tomber », préférons : « Faisons-le ensemble, je préfère être à tes côtés. » S'il veut entreprendre une tâche que nous estimons trop complexe pour lui, proposons-lui un accompagnement : « Si tu as besoin d'aide, je suis là. » C'est bien plus constructif que « C'est trop compliqué, tu ne vas pas y arriver. »
Enfin, développer sa force entraîne son lot d'échecs. Il n'y a que ceux qui ne tentent jamais rien qui n'échouent jamais. Quand l'enfant échoue, outre la frustration, il va craindre de décevoir ses parents ou les adultes qui l'entourent. Peur de décevoir, peur de perdre l'amour et le soutien… Aux parents de dédramatiser l'échec. Il a échoué ? Exprimons-lui que ce n'est pas grave, encourageons-le à recommencer, à s'entraîner pour y arriver. Identifions avec lui ce qui peut être amélioré, repérons avec lui ce qu'il peut changer. Surtout, rappelons-lui que quoi qu'il fasse, nous l'aimons de la même manière.

Anecdote de vie :
La force que j'ai voulu insuffler à mon fils

J'ai éduqué mon fils en l'encourageant constamment. Quand il avait 10 ans, il a eu l'idée de composer des tableaux avec des capsules. Il était très fier de sa première réalisation. Il voulait en faire plus et en vendre. Qu'ai-je fait ? Je l'ai encouragé bien sûr ! Je lui ai proposé de créer avec lui un site Internet pour présenter ses réalisations et les commercialiser. Il a continué à composer, il s'est engagé dans le projet, il a appris en faisant. Ce n'était pas tant le fait qu'il vende des tableaux qui avait de l'importance, mais le fait qu'il fasse par lui-même, qu'il prenne conscience de ses capacités, qu'il développe de nouvelles aptitudes, etc. Il a expérimenté ce que pouvait être l'entrepreneuriat. Est-ce que c'est une manière d'en faire un futur entrepreneur ? La question n'est pas là. Ce qui est pertinent, en revanche, c'est qu'il a testé quelque chose de nouveau pour lui et que ça n'avait rien d'insurmontable.

Prenons l'inverse, maintenant. Quelle expérience aurait-il eue et comment se serait-il construit si je lui avais dit qu'il rêvait ou qu'il perdait son temps avec ses tableaux ? Je crois que je n'ai pas besoin de vous faire un dessin.

Un autre exemple ? Toujours au même âge, mon fils voulait aller voir un de ses amis à San Diego, c'est-à-dire à 1 heure d'avion d'où nous vivions. J'avais laissé mon ordinateur allumé et ma carte de crédit à proximité. Lui, il était sur la lancée de sa conversation. Nous voyageons souvent, ce n'est pas effrayant pour lui, mais de là à partir seul… Ce cap ne le dérange pas. Il réserve, paie son billet et m'annonce, tout fier, ce qu'il a fait. Mon sang ne fait qu'un tour : il a utilisé ma carte de crédit sans mon autorisation, il compte partir seul… Mais je respire un bon coup. Mes peurs d'adulte ne doivent pas le brider et, surtout, il n'a pas pensé à mal. Je lui ai expliqué qu'il devait me demander avant d'utiliser ma carte de crédit, puis nous avons vérifié ensemble les modalités de son voyage. Il avait fait sa réservation en bonne et due forme. Il est parti quelques jours plus tard, seul. J'étais fière de lui. Fière qu'il prenne des initiatives, fière qu'il aspire naturellement à se débrouiller seul. Pour moi, être une mère, c'est élever un enfant pour qu'il soit indépendant.

Et aujourd'hui ? Mon fils s'est construit comme il le souhaitait. Je lui ai fait confiance quand il a arrêté ses études. Il a cru en lui et cru en ses passions. Aujourd'hui, il évolue dans un univers nouveau, dans lequel il a investi très tôt. Il s'est fait confiance, il a osé et il en récolte les fruits. Je suis très fière de l'homme qu'il est.

Le conseil que vous ne pensiez pas lire #1 : Tournez-vous vers le passé pour trouver votre force

Un grand nombre d'ouvrages visant une amélioration de soi le disent : nous ne devons pas regarder le passé, mais le présent et le futur. Le passé est révolu, il n'existe plus. Certes, mais ce que nous avons accompli de grand et de beau dans le passé nous appartient. Nous pouvons regarder dans le passé pour y puiser notre force. Nous pouvons exhumer les souvenirs de nos plus grandes fiertés, ces sensations de force que nous éprouvions enfant quand nous vivions un succès. Certains épisodes, moins heureux, peuvent, quand nous sommes d'un tempérament revanchard (j'en suis !), allumer une flamme de rage et nous pousser à nous dépasser pour effacer un mauvais souvenir. L'énergie peut partir d'un sentiment négatif (colère, déception, tristesse...), c'est OK, tant que nous la dirigeons à notre bénéfice, avec discernement. Notre force peut faire feu de tout bois. Des événements heureux comme malheureux. Du passé comme du présent. Elle se nourrira aussi bien d'éléments de notre histoire écoulée que de nos desseins d'avenir.

COMMENT CULTIVER ET AUGMENTER NOTRE FORCE ?

Être plus forte jour après jour, ça s'apprend. C'est un cheminement progressif qui peut emprunter des voies différentes, mais qui maintient un cap : nous challenger.

Cultiver et augmenter notre force, c'est :

– briser des freins que nous nous mettons toutes seules ;

– nourrir l'amour et la fierté de nous-mêmes ;

– nous connaître, savoir ce qui est bon pour nous et ce qui fonctionne pour nous ;

– être dans une bienveillance lucide et juste envers nous-mêmes ;

– prendre soin de nous et de nos ambitions ;

– tracer notre chemin sur mesure.

Nous devenons plus forts quand nous travaillons notre mental et nos représentations.

Le conseil que vous ne pensiez pas lire #2 : Épargnez-vous de souffrir

Vous connaissez forcément cette expression : « On n'a rien sans rien. » Eh bien, déjà, parfois, c'est faux… Il y a des coups de chance. Certes, on ne peut pas compter dessus pour atteindre nos objectifs, mais ils peuvent se produire. J'y reviendrai. Ce qui me pose problème dans cette expression, c'est sa connotation de souffrance. Atteindre un objectif élevé amène son lot d'aléas et de difficultés, évidemment, cela demande un engagement, mais nous ne sommes pas obligées d'en faire un chemin de croix. Avancer doucement en se contentant d'un effort minimal, ça peut être OK. Le mot-clé est « avancer », pas « effort » ! Et inversement, si nous avons besoin de fournir un effort que nous jugeons au-delà de la moyenne pour réaliser une tâche, ne nous dévalorisons pas. Nous avons tous nos facilités et nos points faibles. D'autres étapes seront plus faciles.

Si nous pensons qu'il faut passer par la case « Efforts extrêmes » et « Souffrance » pour réussir, nous courons le risque de nous épuiser. Hello le *burn-out !* Alors que si nous troquons l'effort pour le plaisir, nous nous assurons de tenir dans la durée.

Dans la partie précédente, je vous parlais de nous désensibiliser au risque, ou plus précisément à la nouveauté et à la peur qui lui est inhérente. Nous pouvons faire du nouveau qui soit agréable : tester un spa, nous offrir un voyage dans une destination lointaine ou dépaysante, nous initier à une nouvelle discipline (créative, ludique, sportive), participer à un atelier de cuisine, découvrir un concept d'activité originale, monter sur une trottinette, changer totalement d'itinéraire pour aller au travail… Pour notre cerveau, le mécanisme est le même. Il passe de « Oh, c'est nouveau ! J'ai peur ! Je vais tout faire pour qu'elle renonce ! » à « Ça s'est bien passé, en fait. C'était même sympa. Je veux bien recommencer. »

Cela fonctionne aussi pour le sport, si notre propos est d'allier force physique et mentale. Commençons sans danger. Commençons sans nous faire mal. Il ne sert à rien de nous dégoûter. Habituons-nous petit à petit. Doucement peut-être, mais sûrement. Et je souligne le « sûrement ». Nous ne passerons pas outre la douleur par moment, nous ne passerons pas outre l'effort, mais nous ne sommes pas obligées de les rechercher, au détriment de notre plaisir et de notre bien-être.

Je vous livre, dans l'anecdote de vie qui suit, des exemples de mes entraînements pour mieux vivre des situations extrêmes.

Anecdotes de vie : Comment je m'entraîne pour mes expéditions de l'extrême

Mes expéditions pour atteindre des sommets ou des points quasiment vierges de notre planète m'obligent à un entraînement adapté. Mon objectif, quand je me prépare, est d'être apte à passer un grand nombre de situations délicates en toute maîtrise. Je travaille à ne pas être surprise, tétanisée, prise au dépourvu. Je sais que je ne peux pas tout prévoir, mais je me crée de nouveaux outils, j'étends mes zones de confort (ou de connaissance) pour englober un grand panel d'aléas probables et improbables.
Pour ce faire, je me prépare hors danger à des situations potentiellement risquées pour que, le moment venu, je n'aie pas à passer le cap de l'inédit. C'est comme cela que je travaille mon équilibre au ras des pâquerettes, sur une corde posée à même le sol en salle de sport. Que je vais me baigner à l'aube dans un océan Pacifique à moins de 15 °C. Ou que je fais du gainage les pieds et les mains dans des glaçons.
Je commence par l'équilibre. Je me crée des parcours de plus en plus complexes pour apprivoiser, à mon rythme, des déplacements acrobatiques. Mon idée est d'habituer mon corps et ma proprioception (sens de l'équilibre) pour qu'en situation réelle, ils activent des réflexes acquis plutôt qu'ils soient confrontés à de l'inédit. Vous voyez les cordes ondulatoires utilisées pour le CrossFit ? Ce sont de grosses cordes, comme des câbles, de 5-10 cm de diamètre, en nylon. Elles sont enroulées autour d'un poteau, on en prend une dans chaque main et on les fait onduler pour travailler le haut du corps. Eh bien, ce n'est pas ce que je fais. Je les pose au sol, en créant un parcours. Soit je prévois de disposer les cordes en parallèle, avec différents écarts, et je poserai un pied sur chacune, soit je décide de marcher en funambule. Je dispose aussi des obstacles. Puis j'enlève mes chaussures, mes chaussettes et je m'arme... de poids. Je peux commencer le parcours sans charge, puis en ajouter une, l'alourdir, me déséquilibrer en ne portant la charge que d'un côté, la hisser à bout de bras, etc. Le premier passage n'est jamais concluant. Je perds l'équilibre, je suis lente... C'est au deuxième puis au troisième que ça s'améliore. Quand je fais cela, je ne suis pas dans l'effort intense d'un CrossFit ou d'un HIIT, mais le travail de concentration, ajouté au gainage nécessaire, est bien réel. Mes courbatures

du lendemain en témoignent. Quand je refais le même type de séance, le lendemain ou le surlendemain, les effets sont déjà là : même sur un autre parcours, je suis déjà meilleure. Je place mieux mes pieds. Je peux faire le parcours plus rapidement. J'augmente mes charges. Je comptabilise les cinq allers-retours que je m'étais fixés (comme la précédente session), et je me sens la force d'en faire plus. Je finis mon entraînement à 10 trajets complétés.
J'ai progressé d'une manière douce. Je ne me suis pas mise en danger. On ne m'a pas fait grimper sur une corde, en hauteur, et fait délibérément peur. Je ne me suis pas fait de mal, et pourtant, j'ai bel et bien progressé.
Quant au gainage dans les glaçons ? L'idée est de m'habituer au choc du froid dans un contexte d'effort. J'avance par étapes : 1 min, 1 min 30, 2 min… En progressant par étapes, je me conforte dans une dynamique de réussite. C'est bon pour le moral ! L'intérêt de cet exercice est d'être beaucoup moins choquée par le froid en expédition, notamment si je dois enlever mes gants. La sensation est apprivoisée, reste plus qu'à grimper !
Enfin, les baignades dans une eau gelée. Est-ce vraiment une torture quand vous le faites dans un beau paysage ? Quand elles s'accompagnent d'un superbe lever de soleil ? Quand vous en faites un rituel avec des amis, suivi d'un délicieux matcha latte dans votre café préféré ? Je suis sûre que je vous fais (presque) envie. Cette habitude renouvelée m'acclimate aussi au froid. Sa morsure ne me surprend plus, elle ne me fait plus reculer. Elle fait partie du moment, elle y contribue, et elle n'est plus un frein.

Nous cultivons et nous augmentons notre force par étapes, en nous offrant l'un des plus grands plaisirs qui soient : l'observation de notre propre progression. Nous dessinons notre parcours, sur mesure, selon notre propre alchimie entre besoins de confort et challenges.

NOTRE FORCE, C'EST DE NOUS CONNAÎTRE

« Connais-toi toi-même » (*Gnothi seauton* en grec ancien) est une phrase que l'on retrouvait gravée sur le fronton de certains temples dans la Grèce antique. Nous connaître est une clé indispensable de notre force. Nous connaître vraiment, avec lucidité.

La citation qui inspire :
« Tout le monde est un génie. Mais si vous jugez un poisson sur ses capacités à grimper à un arbre, il passera sa vie à croire qu'il est stupide. » (Albert Einstein)

Nous pouvons être nos meilleures alliées quand nous servons nos intérêts avec clairvoyance autant que bienveillance, et nos pires ennemies quand nous jouons de mauvaise foi ou que nous nous mentons à nous-mêmes. Nous avons en nous un saboteur intérieur, à surveiller de près. C'est lui qui nous enjoint à la paresse, aux excuses, au laisser-aller, etc.

Bien nous connaître, c'est nous observer et déceler nos peurs, nos croyances limitantes, nos faiblesses, nos sensibilités.

C'est aussi identifier les conditions dans lesquelles nous sommes les meilleures. Certaines ont besoin de pression, d'autres la détestent. Certaines ont besoin d'échappatoires et d'autres d'être au pied du mur.

Prenons une séance de vélo par exemple et deux individus. Le premier se donnera à fond sur route, parce qu'une fois parti, il sait qu'il n'a plus d'excuses, qu'il a un temps imparti et qu'il doit rentrer. Ne pas avoir d'autre choix que d'effectuer son parcours lui permet de donner son maximum. Le second sera bien meilleur sur vélo d'appartement, parce qu'il sait que si quelque chose ne va pas, s'il faiblit, il est sur place, sans avoir à rentrer nulle part. Il peut descendre de son vélo quand il le souhaite et c'est cette liberté qui lui permet de se concentrer sur son but.

Dans la vie professionnelle, c'est la même chose. Vous avez, d'un côté, un collègue qui ne parvient à être efficace que sous la pression. Une semaine avant une présentation, il ne sait pas ce qu'il va dire, c'est la veille seulement, au dernier moment, qu'il couche ses idées sur le papier. Vous avez, de l'autre côté, ce collègue qui se fige et panique s'il est pris au dépourvu, si on ne l'a pas prévenu, alors que ses dossiers sont systématiquement prêts 72 heures avant la date fatidique.

Savoir comment nous fonctionnons permet d'être plus sereines et de communiquer avec notre entourage, pour non pas être un maillon faible de la chaîne, mais un maillon fort. Cela fonctionne pour tous les défis.

NOTRE FORCE NE S'AFFICHE PAS EN 4 X 3 M SUR DES PANNEAUX LUMINEUX

La force est humble. Elle n'est pas tape-à-l'œil, sans quoi elle cache une faiblesse. Notre force, nous la développons pour nous, là où elle se voit et là où elle est la plus efficace, c'est dans la discrétion. Je serais même tentée de dire que la modestie est dans ses composantes implicites.

En effet, la force ne s'affiche pas. Elle peut même tendre à se faire oublier, tant il n'est pas dans ses caractéristiques d'occuper le devant de la scène.

On ne crie pas qu'on est fort

La vraie force n'a pas besoin de se montrer. Elle ne montre pas non plus la difficulté. Elle est telle que l'on pourrait croire à de la facilité.

La personne forte ne se plaint pas, ni au sens de l'apitoiement ni en faisant : elle fait. Si la force, c'est d'aller se baigner dans l'eau froide, la personne forte est celle qui y va, avec le sourire, franchement, laissant croire à un spectateur externe que l'eau est agréablement chaude. Ce n'est pas y aller en faisant des simagrées, en criant, jurant, pestant, puis en faisant de grands gestes à tout le monde sur le mode de « Regardez qui est le plus courageux ! »

La force est discrète. Elle n'a pas besoin d'ostentation.

Les personnes qui sont des leaders ont aussi cette force de ne pas laisser percevoir leurs difficultés, leurs peines, leurs peurs ou leurs éventuelles faiblesses. Elles prennent sur elles pour tirer leurs équipes vers le haut. Vous imaginez un leader qui passerait son temps à dire : « Qu'est-ce qu'on galère ! Ah là là, c'est dur ! » ? On a déjà envie de baisser les bras, alors que s'il s'exprime en termes de « On donne notre maximum. On y arrive. On y est presque », on se sent l'énergie de poursuivre.

S'ancrer dans une attitude où nous donnons l'impression de la facilité, et ce malgré les difficultés, est une force en soi, mais pas seulement :

– C'est une force qui contamine les autres, car elle les encourage en montrant la réussite au lieu de la peine.

– C'est une force qui nous contamine nous, car elle nous met dans un état mental de confiance, de calme et de réussite.

La force ne fanfaronne pas

Peut-être avez-vous vécu cette situation : vous vous donnez un objectif pour lequel vous vous dites « Si j'y arrive, je serai vraiment forte. » Vous réussissez. Bravo ! Vous renouvelez. Encore, bravo ! Puis, au lieu de vous dire « Je suis forte », vous commencez à vous dire : « Ce n'était pas si difficile. » Vous mettez alors la barre plus haut, et vous renouvelez le processus. Vous vous renforcez, mais vous diminuez vos mérites. Votre vision se déforme.

C'est comme cela que nous nous mettons à tenir des discours comme : tels cours de sport étaient beaucoup plus exigeants avant, telles formations étaient plus dures à mon époque, tels critères étaient plus sévères...

La force est humble. À chaque sommet, elle voit le sommet suivant, et il lui paraît encore plus grand. Celui sur lequel elle est, passé un temps, elle l'estime tout petit. Elle est comme la connaissance : « Plus on apprend, plus on se rend compte qu'on ne sait rien. » (Pascal). Avec la force, plus on avance, plus on découvre de nouveaux sommets à atteindre, des sommets qu'auparavant nous n'avions même pas dans notre champ de vision. C'est enthousiasmant autant que vertigineux.

Cette réflexion amène deux points forts : la nécessité de célébrer nos réussites et l'humilité face à un cheminement sans fin. Célébrons nos réussites et nos étapes pour goûter notre force et ne jamais diminuer nos efforts. Les facilités d'aujourd'hui sont nos efforts passés, et donc notre force déployée d'hier. Gardons en tête que nos évidences actuelles ont changé, grâce à nos actions et à notre mental. Soyons convaincues que ce qui nous paraît hors de portée au présent, nous en aurons fait une bouchée de pain demain, ou peut-être après-demain.

La force ne fanfaronne pas, mais elle a besoin qu'en nous, en notre for intérieur, nous l'aidions à fanfaronner.

COMMENT COMPRENDRE PEUT FONDER NOTRE FORCE ?

Comprendre pour agir. Comprendre pour avoir les clés de notre force. L'intellect, et non pas seulement la volonté, est une clé puissante de notre force. N'avez-vous jamais remarqué qu'il est bien plus facile de faire preuve de force mentale quand on sait précisément pour quelle(s) raison(s) on le fait ? Quand on comprend pourquoi il est important de le faire ?

Je fais partie de ces gens qui ont besoin de comprendre pour mieux agir. Il faut que les choses fassent sens.

Anecdote de vie :
Mes débuts et ma carrière dans la nutrition

J'ai été obèse. J'ai vécu cette situation de surpoids, mais surtout de surpoids nocif pour ma santé. J'ai pris du poids, j'en ai perdu. J'ai parfois fait le yoyo. Je suis super gourmande. Je sais ce que c'est de craquer. Je sais ce que c'est que la détresse de s'empiffrer de glaces, de gâteaux ou de *junk food*, devant des regards qui vous jugent. J'ai agi comme ça, je connais ça. Mais aujourd'hui, c'est du passé. Quand je vais mal, quand j'ai des coups durs, je ne compense plus ma douleur ou ma colère par la nourriture. Je sais faire autrement, même dans les pires situations. Je sais prendre soin de moi et de mon corps, plutôt que de me faire encore plus de mal.

Je reviens ici sur mon parcours et sur mes déclics. Au cœur de ceux-ci : la connaissance et la compréhension.

Dans ma famille, c'était mon père qui surveillait sa ligne.

J'ai bien conscience que, lorsqu'on me voit, on ne se doute pas que j'ai un passé de jeune femme obèse. On ne m'imagine pas dévorer des montagnes de millefeuilles, ma pâtisserie préférée fut un temps, à l'abri des regards, dans ma chambre ou quand mes parents étaient sortis. On ne m'imagine pas non plus descendre des pleines assiettes de fromages et charcuteries corses (évidemment !), grignoter des canistrelli comme du pop-corn ou manger deux fiadones en dessert.

Pourtant, ça a été le cas.
Bébé toute menue, crevette même, j'ai grandi en étant plus mince que dodue.
Ma mère est mince. Elle n'est pas une femme de régimes.
Mon père, quant à lui, est plus rond. Son poids est un grand sujet, et, dans la famille, c'est lui qui s'inquiète le plus de sa ligne. « Moi, si je ne bouge pas, je prends aussitôt ! », « Un rien me fait grossir », « Tout ce que je mange me profite, je n'ai vraiment pas de chance » : telles sont les petites phrases que ma mère et moi entendons régulièrement.
À vrai dire, ce qu'il mange lui profite, selon l'expression d'usage, mais il mange bien. Il aime les plats traditionnels riches, les mets de terroir, il a le palais salé aussi bien que sucré… Bref, il aime les bonnes choses de la vie. Et ce plaisir, il me le transmet. Je prends, doucement, mais sûrement, les mêmes travers que lui.
Il me donne le goût de la nourriture, mais c'est un mal pour un bien, il me donne tout autant celui du sport. Il compense par l'exercice, et comme il peut avoir parfois (voire souvent) beaucoup à compenser, il ne lésine pas sur l'activité physique. Je l'imite, je randonne, cavalcade, nage, escalade… La Provence, où je grandis, est un sublime terrain de jeux pour qui aime le plein air.
Vers 18 ans, je commence à sérieusement grossir. Je passe d'un poids standard à un surpoids, et du surpoids, je franchis la ligne de l'obésité. Je suis mal dans mon corps, autant que dans ma tête. Je ne m'aime pas, et je me le rends bien.
C'est avec mon père que je vais avoir un déclic, ou plutôt, c'est à travers lui. N'en pouvant plus de ses yoyos et ayant pris un poids qu'il juge critique, il décide de consulter un médecin.
Ce dernier n'est décidé ni à faire dans la dentelle, ni dans la bienveillance. Quant au politiquement correct, il est, dans son cabinet, hors sujet.
– Je ne comprends pas, Docteur, pourquoi je prends du poids. Il faut trouver quelque chose. Tenez, par exemple, moi, si je mange un pamplemousse, je prends direct deux kilos.
– Vous savez, Monsieur Orsoni, dans les camps de concentration, il n'y avait pas de gros. Si vous ne mangiez pas, vous ne grossiriez pas.
La phrase est d'une violence inouïe. Culpabilisante à souhait. #Payetonmedecin. Aujourd'hui, un tel propos serait condamné.

Elle ne réjouit pas mon père, qui était venu chercher un conseil auprès d'un homme de l'art, plutôt que des remontrances insultantes pour l'humanité tout entière.
Pourtant, cette réplique a un double effet.
Il en tire deux leçons :
– Il ne peut pas se positionner comme victime.
– Ce n'est pas un médecin (si tant est qu'on puisse lui accorder ce qualificatif) qui pourra l'aider.
Il va donc s'aider lui-même.

Edmond Orsoni a une grande conviction, qu'il partage depuis toujours avec moi : « Le savoir, c'est le pouvoir. » Et comme je suis la digne fille de mon père sur ce point-là aussi, il m'embarque avec lui dans sa quête de connaissances. Ensemble, nous allons à la bibliothèque pour nous informer des dernières recherches en matière de nutrition. Les médecins spécialistes commencent tout juste à parler d'indice glycémique. C'est dire s'il y a du chemin à parcourir...
Tous les deux nous entamons notre régime dans l'esprit d'un rééquilibrage alimentaire. Il est question de nous priver, certes, d'avoir de la volonté, aussi, mais surtout d'aller vers un mode d'alimentation sain. Le conseil nutritionnel qui se limite à recommander du poisson vapeur, des légumes vapeur et une biscotte, c'est de l'hérésie pour nous. Hélas pour toutes les personnes soumises à des régimes à la même époque, c'est la seule réponse qu'apportent les savants de la médecine aux problèmes de poids. L'effort est long. Les mois se succèdent. Il y a des craquages, évidemment. Des effets rebonds ou yoyo. Des paliers ou stagnations. L'aventure intellectuelle qui accompagne la démarche fait que le processus dépasse de loin l'esprit étriqué d'une diète. C'est ce qui nous fait tenir : nous comprenons ce qui se passe dans nos corps, nous identifions les mécanismes à l'œuvre, nous expérimentons rationnellement, nous décortiquons nos pulsions. Sans le savoir, je mets un pied dans une démarche globale de bien-être. Une idée germe dans mon esprit à ce moment-là : aider les autres dans ce parcours. Pourtant, je n'emprunterai pas cette voie professionnelle. Je me rends compte que les études de médecine font l'impasse, ou presque, sur la nutrition.
Tant pis, je continuerai à m'informer par moi-même et pour moi-même.

Avoir atteint mon objectif santé et minceur ne m'a pas détournée du sujet. Je me suis prise de passion pour le thème de la nutrition, et si je n'engloutis plus de millefeuilles (ou tout du moins plus qu'occasionnellement), je dévore des pages et des pages d'études sur la diététique.
Les années passent. Je suis entrée dans la vie active. Je reste curieuse et, comme beaucoup de femmes, je vois mes complexes ressurgir à différentes occasions : après les fêtes, au moment de prendre de bonnes résolutions, ou avant l'été, quand je songe à des vacances à la plage, en maillot de bain.
À 50/50, ma curiosité et mes envies d'être toujours plus mince (merci les magazines féminins !) me font tester des régimes. Même avec un solide bagage de connaissances, je tombe dans les pièges : je m'aventure dans des régimes miracles, super rapides, à base de pilules magiques, totalement drastiques. Parfois, c'est parce que je ne me sens pas bien dans ma vie, d'autres fois, c'est parce que je veux aller plus vite.
Je remarque, toujours, le même schéma : une à deux premières semaines « lune de miel » avec un effet phénoménal, puis la lassitude, l'arrêt des efforts, et, à court ou moyen terme, la reprise. Je ferai une liste un jour, pour me rendre compte que j'ai essayé 42 formules prodigieuses. Une partie pour atteindre la minceur fantasmée des icônes de mode, l'autre partie par curiosité professionnelle, car je déteste donner mon avis à la légère, si je sens que je ne maîtrise pas le sujet. Si je parle d'un régime, en bien ou en mal, c'est que je l'ai étudié sous toutes les coutures.

Dans le cas de la nutrition, comprendre le fonctionnement de mon corps, ses dépenses énergétiques, mon métabolisme de base et tous les éléments liés a donné sens à ma démarche, donc à mes efforts et à la nécessité de suivre la ligne que je m'étais tracée.
J'ai aussi compris pourquoi j'entamais cette démarche : pour ma santé, pour mon bien-être. J'ai compris ce que je devais faire pour atteindre mon objectif.

La démarche de la compréhension fonctionne dans bien d'autres domaines :

– dans le cadre professionnel : comprendre le fonctionnement de la société ou du secteur pour être plus à même d'évoluer à la hauteur de nos ambitions ;

– dans le sport : comprendre l'intérêt d'un exercice pour progresser, comprendre le fonctionnement de notre corps pour optimiser nos entraînements ;

– pour nous : comprendre notre fonctionnement pour dépasser nos limites et sortir de nos schémas limitants, comprendre notre histoire, comprendre les schémas familiaux dont nous sommes le fruit et l'objet.

Comprendre est une étape indispensable. Elle permet de cerner ce qui nous appartient de ce qui n'est pas de notre fait (coucou les stoïciens !).

Ainsi, dans l'entreprise, comprendre l'organisation, les tenants et les aboutissants, les règles exprimées et les règles tacites, les relations, etc., permet de repérer nos marges d'action et ce qui est hors de notre pouvoir (pour le moment ou définitivement). On prend ensuite les décisions qui s'imposent.

Dans l'histoire et le contexte familial, comprendre ce qui appartient aux autres et ce qui nous appartient nous ouvre les yeux et nous libère. Nous pouvons nous consacrer à faire notre part, et à la faire bien.

Le savoir est une arme, avant tout pour nous-mêmes.

Le conseil que vous ne pensiez pas lire #3 : Ne pas tout savoir a aussi du bon

Qu'est-ce que les choses seraient faciles si le monde était binaire. Vrai ou faux. Bien ou mal. Oui ou non. Je vais me contredire, et je l'assume. Les bons conseils ne sont pas des formules magiques : ils sont dans la nuance. Tout simplement parce que nous sommes tous différents, et que les situations de vie sont infinies.

Parfois, ne pas savoir est utile. Les Américains ont cette expression : *Ignorance is bliss* (L'ignorance est un bonheur). Elle souligne le fait que, dans certaines situations, c'est mieux pour nous de ne pas tout savoir d'une situation. Sans quoi on aurait démesurément peur, on s'en ferait tout une montagne, on se jugerait incapable d'y arriver… C'est cette même idée que l'on retrouve dans la phrase très célèbre de Mark Twain : « Ils ne savaient pas que c'était impossible, alors ils l'ont fait. »

À vous de voir si vous êtes dans la *team* : « J'ai besoin de tout connaître et de visualiser tous les aléas et leurs options » ou dans la *team* : « Je me mets en sécurité et pour le reste, on verra en temps voulu. » Dans l'absolu, il n'y en a pas une meilleure que l'autre. Dans les faits, il y en a une qui a l'avantage : celle qui vous permet de donner le meilleur de vous-mêmes.

Le savoir et la compréhension peuvent être des raccourcis vers une progression plus rapide, un outil d'identification de nos marges de manœuvre, ou même une source de motivation.

CULTIVER NOTRE FORCE PAR LA PENSÉE

L'anticipation et la visualisation permettraient de développer notre force mentale. C'est une méthode très souvent proposée par les professionnels du coaching, notamment à travers les TOP, ou techniques d'optimisation du potentiel (sur ce point, voir « Force et stress / Les TOP : la méthode en vogue pour gérer son stress », page 224).

Mode d'emploi de la visualisation

La méthode d'anticipation et de visualisation est très proche de celle dont nous avons parlé pour la peur et les risques : la préméditation des maux. J'ai donc les mêmes réserves : en ce qui me concerne, je préfère me lancer.

Toutefois, je ne vais pas passer cette technique sous silence, car elle est intéressante et peut fonctionner pour de nombreuses personnalités. Peut-être qu'elle vous conviendra tout à fait, et je m'en réjouis. Ce livre est là pour que vous trouviez ce qui vous parle et ce qui vous aide, vous.

La visualisation et l'anticipation, ou encore la préparation par l'imagerie mentale, consiste à s'imaginer les situations qui vont nous demander de la force pour ne pas être surprises et être mentalement prêtes à la déployer. La visualisation consiste, si nous avons prévu de partir en randonnée avec des amis que nous estimons plus sportifs que nous et que nous craignons de ne pas suivre, de nous mettre en condition. En nous promenant, avant le jour J, nous marcherons en pensant à la vitesse que nous adopterons. Nous nous figurerons le poids du sac sur notre dos. Nous ressentirons les tiraillements dans nos jambes lors des montées. Nous réfléchirons aux bonnes attitudes à adopter si nous sentons que nous faiblissons, si une crise d'hypoglycémie se profile, si un passage dangereux nous effraie. Nous nous préparerons à passer des obstacles, à frôler le vide, à sauter de rocher en rocher pour traverser une rivière... Bref, nous envisagerons tous les possibles avec cette idée de les faire vivre une fois en amont à notre cerveau pour ne pas être tétanisées ou trop impressionnées par la situation.

Pour un entretien d'embauche, ce pourra être la même chose. Nous nous visualiserons confiantes dans la salle d'attente. Nous penserons à notre manière de saluer notre interlocuteur. Nous envisagerons un maximum de questions pour ne pas être prises au dépourvu. Nous nous préparerons à être déstabilisées et à nous reprendre. Nous serons parées au pire.

Bases théoriques de la visualisation

Cet exercice repose sur l'idée que notre cerveau ne fait pas la différence entre une scène imaginée et une scène réelle. Entre un stress en situation et un stress en imagination. C'est sur ce fondement que se pratiquent des séances d'hypnose, par exemple, ou que se fondent des techniques d'entraînements sportifs[33]. En fait, il convient d'être un peu plus précis. La partie émotionnelle de notre cerveau est à même de nous créer, à partir d'un souvenir agréable, un vrai plaisir.

Envisager une scène qui nous angoisse et décider de comment nous allons réagir peut, dans cette approche, nous préparer et nous rendre plus fortes le moment venu. Les Forces spéciales le font. Les pilotes de la patrouille de France ou de Formule 1 s'entraînent hors de leur avion ou voiture. Des personnes revivent et résolvent des situations critiques en hypnose en se visualisant.

Cela est assurément un bon exercice pour bien se préparer, car nous envisageons de nombreuses possibilités et risques. Cela réduit le pourcentage de risques d'être prises au dépourvu.

33. http://mental-sport.com/imaginez-maintenant/

Mes réserves sur la visualisation

Tant que cette technique n'est pas paralysante, tant qu'elle ne nous fait pas reculer, elle est OK. Si elle nous aide, allons dans ce sens. Mais si elle nous procure plus d'angoisses que de forces, si elle nous fait renoncer, si elle se transforme en fabrique à excuses, alors elle est contreproductive.

Ainsi, si, comme moi, trop penser peut vous faire renoncer ou, simplement, pompe vos forces pour rien, ce n'est pas pour vous. En ce qui me concerne, je me prépare, je prévois ce qui est en mon pouvoir, mais surtout, je me lance vite et bien.

Prenons l'exemple d'une (petite) épreuve physique : une baignade dans l'eau glacée. Ce n'est pas une épreuve si anodine : elle compte dans les rites de passage des Armées, elle se pratique dans des stages de développement personnel extrêmes, et elle est l'épreuve reine des vacances de toute personne décidant de se baigner en Bretagne ! (Je plaisante... ou peut-être pas).

AVEC VISUALISATION	SANS VISUALISATION
Plusieurs jours avant la baignade, sous la douche (chaude), j'imagine mes réactions et mes sensations en entrant dans l'eau glacée. J'apprivoise ce qui m'effraie. Je me rassure. L'objectif est que la situation me soit familière au moment où je la vivrai. J'y vais.	Je sais que la baignade va me faire du bien, ou qu'*a minima* elle ne va pas me tuer. Je sais que passé la sensation désagréable, je vais m'habituer. J'y vais, je ressens, je respire calmement. J'y vais.

Il n'y a pas de meilleure technique en soi : la meilleure, comme à chaque fois, est celle qui vous convient.

ÊTRE FORTES À PLUSIEURS : L'UNION FAIT LA FORCE (OU PAS)

La force peut être collective. Elle peut s'étoffer dans le groupe et être nourrie dans l'émulation. Être à plusieurs, soudées en une équipe, peut venir soutenir, encourager et multiplier les forces individuelles. On le voit dans le sport. Je le vois dans mes coachings bien-être et minceur.

L'émulation du groupe

L'idée de s'intégrer dans un groupe avec un objectif commun est pertinente si nous avons déjà cultivé la force en nous. Celle-ci est avant tout individuelle : nous devons apporter notre force au groupe et non pas attendre du groupe qu'il nous donne toute la force. Le groupe est une dynamique où les rôles alternent en fonction des états physiques et émotionnels de chacun. Il nous aide quand, à une période donnée, nous avons besoin de soutien. Puis c'est nous qui devenons moteur, plus tard, quand un autre membre traverse une phase difficile.

Même dans un groupe, il est important de garder en tête que nous devons cultiver et entretenir notre force, sans déléguer ce qui nous appartient : notre assiduité, notre motivation…

EFFETS DE GROUPE VERTUEUX	EFFETS DE GROUPE VICIEUX
– Nous associons toutes nos forces pour aller plus loin, plus haut… – Nous nous motivons à atteindre nos objectifs. – Nous avons l'impression de gagner du temps et de l'efficacité. – Nous faisons des choses en groupe que nous n'aurions pas fait seuls. – Chaque membre est un point fort du groupe à sa manière.	– Nous déléguons notre motivation et notre envie aux autres. – Nous trouvons des excuses à plusieurs pour ne pas progresser. – Nous attendons des autres qu'ils fassent à notre place. – Nous devenons passifs. – Nous prenons du retard ou avons de mauvais résultats par manque d'assiduité ou de rigueur de certains membres.

L'action en groupe n'est pas toujours la panacée. Elle dépend de notre projet comme de notre personnalité. Là encore, testons ce qui nous convient.

Les forces individuelles dans le groupe

Le groupe permet de révéler des forces qui n'existeraient pas sans lui : des forces en interaction. Les statistiques de sports collectifs sont particulièrement éclairantes pour cela. Ainsi, en basket-ball, on s'intéresse, entre autres, en plus des pourcentages de points marqués, aux pourcentages de :

- « team assist » ou actions ayant permis à l'équipe de marquer ;
- « player assist » ou actions ayant permis à un autre joueur de marquer ;
- réussites à bloquer un joueur adverse ;
- tentatives de paniers ;
- interceptions et récupérations du ballon ;
- revirements...

Ces chiffres sont des indicateurs de la valeur des joueurs en équipe sur des rôles moins visibles et valorisés que le fait de marquer des paniers à trois points. Leur action est pourtant tout aussi importante et décisive. C'est elle qui fait la force collective.

Et vous, quelle est votre force dans un groupe ?

Le groupe peut être une force, à condition d'une bienveillance et d'une responsabilité personnelle absolues. Il vous emmène là où vous n'iriez peut-être pas seul.

LA FORCE DANS LA DURÉE

Pour tenir dans la durée, il vous faut vous appuyer sur trois piliers :

- le sens de ce que vous faites ;
- le plaisir ;
- l'habitude.

Ce que nous faisons doit faire sens pour nous

Être forte sans but, cela peut aller un temps, mais cela ne dure pas. Comme toute chose qui demande un effort, **le fait de cultiver notre force doit avoir un sens, une raison d'être**. Dans le monde de l'entreprise, on parle d'identifier son « pourquoi » : ce « pourquoi » qui nous anime en tant que personne et qui va être le socle de nos projets et modes de vie.

Quand nous voulons développer notre force, nous devons savoir pourquoi nous le faisons, quels sont nos objectifs.

Notre force va perdurer si nous savons pourquoi nous faisons des efforts, s'il y a un but à tout cela. Et un but motivant pour nous y tenir, d'où la nécessité de nous fixer des objectifs. Ils sont comme des horizons concrets, à notre portée, si tant est que nous déployions notre force. Et nous allons la déployer !

Nos objectifs, pour nous permettre de tenir sur la durée, doivent être concrets. Si nous voulons perdre du poids, ce n'est pas : « Je veux me sentir mieux », mais « Je veux perdre 5 kg. » Si nous voulons améliorer notre capacité physique, ce n'est pas : « Je veux renforcer le haut de mon corps », mais « Je veux être capable d'effectuer un enchaînement de 10 tractions », ou ce n'est pas : « Je veux courir », mais « Je veux courir X km en X min. » Le « Je veux » est aussi très important. Notre ambition doit s'exprimer en termes positifs pour orienter notre pensée, comme nous l'avons déjà évoqué (voir « La force face aux croyances limitantes et bloquantes / Ces modes de pensée qui nous limitent », page 96). « Je veux être capable d'avoir une conversation en anglais courant » et non pas « Je ne veux plus galérer en anglais. » Notre objectif s'appuie sur des chiffres, des données, une date... Il est important, dans un premier temps, qu'il soit cadré, car il nous sert de feuille de route.

Un bon objectif est un objectif qui nous concerne. Cela se joue entre nous et nous. Pas de tierce personne. Il ne s'agit pas de nous mesurer à quelqu'un (qui, la plupart du temps, s'en moque éperdument), mais de nous améliorer. Vouloir impressionner les autres peut, à un moment, être un carburant efficace, mais soit il ne nous tiendra pas sur la durée, soit il sera nocif pour notre moral. Si nous devons les prendre en considération et que c'est un moteur pour nous, pensons en termes d'inspiration. Vouloir inspirer, devenir un rôle modèle, peut être porteur, en plus de la dimension personnelle de notre engagement, bien évidemment.

Annoncer notre ambition, avoir l'audace de rendre public notre projet, va aussi nous y obliger. Si personne ne sait que nous avons l'objectif de courir un semi-marathon dans six mois, il se peut qu'après quelques semaines de pluie et une flemme colossale, nous enterrions le projet. En revanche, si nos collègues, nos amis et notre famille nous demandent où nous en sommes de notre défi, il est plus difficile d'abandonner. Nous voilà « obligées » d'être fortes et de ne rien lâcher. Alors oui, nous le faisons pour nous, mais nous sommes observées...

Verbalisons notre objectif. Notons-le, mais gardons, autour, un espace de liberté. Je vais y revenir. Puis, quel que soit l'objectif, mettons en place un plan d'action. Faisons des listes, des agendas, des croquis... Tout ce qui peut nous aider.

Notons :

– nos ressources : matérielles, financières, intellectuelles... ;

– nos soutiens et inspirations ;

– nos capacités à acquérir, sur les plans techniques, physiques et mentaux ;

– nos actions à mettre en œuvre ;

– notre calendrier des échéances ou un calendrier de rétroplanning...

Le conseil que vous ne pensiez pas lire #4 : Oubliez les objectifs précis

La question des objectifs est pour moi épineuse. Il est d'usage de recommander d'identifier un objectif fixe très précis. Je suis d'accord avec l'idée d'un objectif pour se motiver, mais la notion de ligne d'arrivée m'ennuie un peu plus. Déployer sa force dans un but, oui, mais pourquoi s'arrêter à ce but ? Je vous propose un tableau avec la méthodologie habituelle liée aux objectifs et la mienne, celle que je pratique pour chacune de mes expéditions.

LA MÉTHODE *SMART*	LA MÉTHODE *SUCCESS*
S comme Spécifique et clair	S comme Souhait sincère de réussir
M comme Mesurable (avec indicateurs chiffrés)	U comme Union de toutes ses ressources
A comme Adapté ou Attrayant (pour créer l'envie)	C comme Confiance en soi et en ses capacités
R comme Réaliste ou Réalisable	C comme Consistance dans l'effort et sur la durée
T comme Temporellement défini	E comme Encouragements, ou Être son propre coach
	S comme Surmonter les obstacles qui se présenteront
	S comme Sourire à la vie, parce qu'on est arrivée au bout et que le prochain défi sera encore plus beau

Ce que je n'aime pas dans la méthode *SMART*, c'est que l'on s'impose un carcan, qui ne laisse aucune place à l'imprévu ou au meilleur que prévu. On s'arrête net une fois l'objectif atteint. Non... Continuons sur notre lancée...

L'aspect « réaliste » est important, mais il ne doit pas devenir une excuse. Va-t-on conclure que c'est irréaliste ou irréalisable si personne encore ne l'a fait ? Si on est la première personne de sa famille à se distinguer ?

Et « Temporellement défini », c'est bien pour nous motiver, mais la temporalité n'est pas toujours quelque chose que nous maîtrisons.

Si la méthode comporte le risque de nous trouver une excuse d'abandon, je ne la valide pas à 100 %. En revanche, si vos objectifs définis avec la méthode *SMART* sont des étapes balisées, mais pas une fin en soi, alors oui.

Laissez-moi, maintenant, approfondir ma méthode *SUCCESS* :

S comme Souhait sincère de réussir	Il faut vraiment que vous le vouliez. Ce n'est pas une lubie. Vous voulez changer, évoluer, avancer, gagner, réussir… Peu importe, c'est un désir viscéral et vous allez tout mettre en œuvre pour réussir.
U comme Union de toutes ses ressources	Vous faites les choses pleinement, vous vous engagez à fond. Vous ne faites pas d'impasses. Vous ne vous économisez pas. Vous ne vous limitez pas. Vous faites le point de tout ce qui est en votre pouvoir, et vous donnez tout.
C comme Confiance en soi et en ses capacités	Vous avez repéré vos croyances négatives et limitantes. Vous avez identifié vos forces et vos succès. Vous savez que vous pouvez compter sur vous.
C comme Consistance dans l'effort et sur la durée	Vous ne lâchez rien. Vous voyez plus loin que le plaisir immédiat : vous êtes focus sur votre accomplissement futur.
E comme Encouragements, ou Être son propre coach	Vous êtes votre meilleure alliée, soutien, amie, votre *chearleader* intérieure. Vous vous encouragez, vous récitez des mantras, des phrases positives. Vous vous nourrissez de maximes inspirantes.

S comme Surmonter les obstacles qui se présenteront	Vous passez les difficultés une à une, tour à tour avec méthode, à l'intuition, comme bon vous semble. L'échec n'existe pas, l'abandon non plus : ils ne sont pas des options envisageables. Rien ne vous arrête.
S comme Sourire à la vie, parce qu'on est arrivée au bout et que le prochain défi sera encore plus beau	Vous êtes dans le succès. Vous en profitez. Vous vous en nourrissez : il est à vous, rien ne vous l'enlèvera. Vous souriez à votre réussite, et à la suite.

Dans la méthode *SUCCESS*, un objectif en amène un autre, et peut même changer en cours de route. Il n'est pas une fin en soi, mais une réussite qui ouvre vers quelque chose de plus grand. L'objectif trop précis de la méthode *SMART* me gêne aux entournures : il m'empêche de voir les opportunités extérieures. Il me bride dans mes mouvements si je dois changer de plan. Il m'oblige au détail quand je pourrais avoir une vision d'ensemble. Surtout, la méthode me restreint à l'objectif que j'ose imaginer à l'instant T.

Épisode de vie : J'ai toujours refusé les *business plans*

Dans ma vie d'aventurière comme dans ma vie professionnelle, je me suis toujours lancé des défis ambitieux, mais j'ai toujours gardé une grande marge de liberté. Pour mes entreprises, je n'ai jamais rédigé de *business plan*. Un *business plan*, pour les personnes non familières de l'entrepreneuriat, est un document qui établit, sur une période de plusieurs années, des ambitions en termes de développement. Vous remplissez des tableaux et des cases mentionnant vos hypothétiques chiffres d'affaires, marges, embauches, lancements… Vous vous donnez des objectifs précis et chiffrés, qui seront les instruments de mesure de la réussite de votre société. Eh bien, figurez-vous que j'ai toujours avancé sans ce type de supputations. On ne réussit pas sans passer par cette étape, soi-disant… Pourtant, je l'ai fait. Pourquoi ne voulais-je pas fixer d'objectifs ? Parce que je ne voulais pas me limiter. J'ai tendance à penser que se concentrer sur un chiffre peut être contreproductif. Une fois atteint, on pense être arrivé au bout du chemin. On prend le risque de se priver de faire encore mieux. On prend le risque d'avoir des œillères et de passer à côté d'opportunités ou de rencontres incroyables.

Je ne me fixe pas d'objectifs précis, et encore moins de limites. « Sky is the limit » disent certains pour se booster. Je réponds : « No way ! I have no limit ! »

Et si je veux être simplement plus forte, et que c'est mon seul but !

Peut-être avez-vous acheté ce livre sans objectif précis, et vous vous demandez : comment vais-je faire ? Je vous rassure : vous pouvez développer votre force de fond. Cela passera par l'accoutumance au risque et à la peur (faire des choses nouvelles), à la transformation de votre manière de penser, à la création de mantras personnalisés (mais généralistes). Vous n'avez pas besoin d'avoir l'ambition d'escalader une montagne ou de devenir calife à la place du calife pour développer votre force mentale ! Avoir l'envie de vivre plus intensément, d'oser davantage, d'être mieux dans son corps et et dans sa sa tête est une excellente motivation, qui se suffit à elle-même.

Nous gagnons en force quand nous sommes alignées à ce que nous faisons, quand nous sommes guidées par nos valeurs et par un projet qui nous porte autant que nous le portons. Savoir où nous voulons aller est important. La manière dont nous baliserons notre chemin, avec des repères précis et réguliers ou une trajectoire ouverte, dépend de nous autant que de la nature des étapes. *SMART* ou *SUCCESS*, les deux méthodes se complètent. Créez la vôtre ! Ou mieux, créez-en une nouvelle pour chaque projet. Tant que vous connaissez la direction à suivre et que vous savez pourquoi vous l'avez en ligne de mire, vous saurez convoquer votre force.

Être forte, oui, mais savoir être dans le plaisir

Le plaisir est d'une importance capitale dans le développement de notre force mentale. Sans plaisir, nous ne tenons pas. Sans plaisir, nous nous mettons en situation de craquer.

Les gens passionnés par leur métier disent très souvent qu'ils n'ont pas l'impression de travailler. Ils s'épanouissent, ils aiment ce qu'ils font. Ils ne perçoivent pas la contrainte. Certains grands sportifs déclarent qu'ils n'ont pas l'impression d'aller à des entraînements, car ils aiment ce qu'ils font. Ils vont jouer. Ils vont s'amuser.

Peut-être y a-t-il un peu d'exagération dans ces propos, mais ils restent intéressants, car ils montrent que là où nous pensons que la personne a une force mentale extraordinaire, elle, elle se voit dans le plaisir.

Je l'ai argumenté précédemment : développer notre force n'est pas synonyme de douleur, peine ou torture au quotidien. Nous pouvons travailler notre force mentale en passant par des activités plaisantes. Il n'est écrit nulle part que le parcours doit être pénible !

Pour ne pas nous lasser, il est aussi important d'introduire de la variété. Les sportifs varient les entraînements. Si votre projet est d'ordre intellectuel, vous pouvez varier les modalités d'apprentissage : lecture, cours en ligne, films, visites sur le terrain. Peu importe l'activité que vous ferez, même si celle-ci vous plaît, répétée à l'infini, elle perdra de son attrait. Ne lui en laissez pas l'occasion.

Enfin, garder le plaisir, c'est aussi savoir nous ménager des pauses et des échappatoires. Oui, nous avons le droit de nous reposer. Même Dieu s'est reposé le septième jour ! L'argument est imparable. Être exemplaire en permanence est impossible. Nous avons tous besoin de soupapes. Dans mes programmes de rééquilibrage alimentaire, j'aime parler de « 80 % de perfection, 20 % de délicieuses imperfections ». Cela peut s'étendre à tous les domaines...

Que reste-t-il quand notre force s'émousse ?

Pour avoir la force, il faut le désir, la motivation et... la discipline. C'est aussi ce que j'appelle l'habitude. Ne parle-t-on pas de force de l'habitude ? C'est dire si celle-ci est puissante.

Nos champions – sportifs, entrepreneurs, artistes... – ont ceci de commun qu'ils ont des routines bien huilées. Routine, discipline, habitude, rituel : nous parlons de la même chose. L'idée est de mettre un processus en place pour le jour où la volonté et l'envie viennent à se tarir, et que l'objectif paraît inatteignable.

Pour mettre en place une nouvelle habitude, il faut, selon sa nature, entre 30 et 90 jours. Ce serait le temps nécessaire pour qu'un nouveau circuit neuronal se forme, et donc pour que l'habitude devienne un automatisme. Oui, je persiste et je signe : nous pouvons changer !

Anecdotes de vie : Ces entraînements extrêmes qui entraînent la force dans la durée

Une fois de plus, je vais vous donner deux informations contradictoires, ou presque. On est plus fort quand on déploie ses forces dans une durée définie, et on gagne en force en l'exerçant sans savoir quand l'effort s'arrêtera.

Avez-vous déjà vu ces entraînements militaires où les instructeurs ordonnent un nombre indéterminé de pompes à leurs recrues ? Les recrues, pourtant surentraînées, peinent quand leurs instructeurs ne semblent pas souffrir. D'abord, ils savent ne rien montrer de leur effort, et cela, en lui-même, c'est déjà une force. Mais le vrai secret, c'est qu'ils savent quand le compte va se terminer : 50, 100, 200, peu importe, ils ont la vision de la ligne d'arrivée. Ne pas savoir quand un effort va prendre fin est déstabilisant. Et c'est un excellent entraînement. C'est ce qu'applique sur moi mon coach de l'extrême, Mike MacCastle. Il me pousse dans mes limites physiques, sans que j'en voie la fin. Il va jusqu'à m'enlever tout repère, y compris la musique, qui permet de se motiver, de compter, etc. Pour quelle raison ? Cela me donne un mental d'acier pour affronter des efforts longs et intenses : les dernières centaines de mètres d'une ascension de sommet, quand j'avance à 300 m/heure (c'est le rythme que l'on tient dans des conditions très rudes, au-dessus de 6 000 m d'altitude), la traversée d'étendues infinies de neige pour rejoindre le pôle Sud, etc.

> Nous forgeons notre force différemment en sachant combien de temps va durer une épreuve ou pas, mais inscrire notre force dans la durée, et dans l'endurance, est primordial.

LA FORCE DANS LES PIRES MOMENTS

« Un malheur n'arrive jamais seul », dit-on. Une formulation plus vulgaire, attribuée à l'ancien président français Jacques Chirac, dit : « Les merdes, ça vole toujours en escadrille. » Comment être fort dans ces moments où le ciel s'abat sur nos têtes ? Comment, alors que nous avons le sentiment de vivre un cauchemar ou les pires épreuves de notre vie, pouvons-nous convoquer et employer nos forces ?

Le cas des épreuves (très) contrariantes, mais surmontables

Il y a différentes catégories d'ennuis. Certains sont agaçants, voire très agaçants. Je pense aux aléas professionnels, matériels et autres désagréments qui nous mettent de mauvaise humeur, mais qui ne vont pas changer profondément notre existence. Dans la vie professionnelle, ce peut être une erreur de facturation couplée à l'absence d'un membre de l'équipe et à un retard de livraison. Dans la vie personnelle, ça peut être la baby-sitter qui décommande, le chien qui a vomi sur le canapé ou la réception d'une amende.

Que vient faire la force là-dedans ?

La force vient nous aider à gérer ces situations du mieux possible, c'est-à-dire :

- en ne faisant payer notre contrariété à personne ;
- en évitant de casser des choses par colère ;
- en ne compensant pas par de la malbouffe ;
- en ne nous laissant pas submerger par le désespoir ;
- en ne rajoutant pas une contrariété de plus à la liste, par manque de contrôle de nous-mêmes.

La clé ? Déstresser... Je souffle un bon coup, ou mieux, je me coordonne à ma respiration en inspirant et expirant profondément à plusieurs reprises. Puis je prends du recul et je relativise : c'est très énervant, mais ce n'est pas grave. Ensuite, je hiérarchise pour organiser mon action. L'idée est de me débarrasser des contrariétés vite et bien, donc je me consacre à ce qui est en mon pouvoir. Action/réaction. J'appelle de l'aide si besoin.

Vous ne pouvez rien faire ?

Sortez pour vous aérer. Marchez plusieurs minutes. Vous pouvez aller faire du sport et vous aimez ça ? Allez vous défouler. Faites ce qui vous fait du bien et qui est bon pour vous.

Les vraies épreuves, celles qui vous mettent mentalement en détresse

L'AVALANCHE D'ENNUIS

Un ennui, ça va. On s'en serait passé, mais c'est gérable. Deux ou trois, on a l'impression de jouer de malchance, mais on sort vite la tête de l'eau. En revanche, quand les problèmes arrivent en avalanche, on a l'impression que la malchance et les aléas du sort testent nos limites. C'est là que la force nous est utile. C'est là que nous pouvons vraiment l'éprouver.

Technique 1 : La découpe

Comme cité précédemment, on se débarrasse des problèmes un à un. Action/réaction : un problème, une solution. Pas de solution accessible pour le moment ? On traite un autre problème. Surtout, on ne laisse rien s'enliser. Si d'autres ennuis doivent arriver, ils arriveront, donc autant écoper au fur et à mesure. Surtout, ne nous laissons pas couler.

Technique 2 : Le recentrage de la responsabilité

Dans l'étape immédiate de résolution des problèmes, la question de savoir qui est responsable de ce qui se passe m'importe peu. Je ne cherche pas à me blâmer ou à blâmer une personne en particulier, car c'est contreproductif. Je ne fuis pas pour autant ma responsabilité, mais je la déplace : elle est de trouver des solutions (et non pas de ressasser le problème). Se dire : si j'avais su..., si on avait fait autrement..., si le marché..., si j'avais pris le temps..., si l'organisation... n'avance à rien à l'instant T. C'est une fois le calme revenu, sorti de la panique (ou de la colère, du stress, de l'inquiétude…) que l'on réfléchit posément à ce qui s'est passé et qu'on met en place, quand cela est possible, des stratégies pour ne pas se retrouver en crise. Ces moments peuvent devenir des temps d'apprentissage et de progrès précieux. La force, c'est de les affronter et de les transformer.

Technique 3 : L'organisation d'un plan

Gérer plusieurs problèmes en même temps, d'autant plus quand ils affectent notre moral et notre équilibre, demande de la méthode. La première chose est de se donner une vision claire de la situation. Quand cela m'arrive, je pose les problèmes par écrit, et je note, pour chacun :

- ce qui va mal ;
- ce que je peux faire ;
- sur qui/quoi je peux compter.

Je ne délègue pas la résolution de ces difficultés, je ne me repose pas sur les autres, mais je repère qui peut m'aider, sans compter outre mesure dessus. Savoir demander ou accepter de l'aide est une force. Dans une situation critique et qui tend à nous déborder, ce que les autres feront pour nous, nous n'aurons plus à le faire. Toute décharge est bonne à prendre.

Toutefois, si cela est possible, je ne me mets pas en situation de dépendance. Je garde en tête que je suis la seule personne sur qui je puisse compter et mon action est celle que je privilégie. Pourquoi est-ce que je me focalise sur moi ? Parce que si la personne que j'ai identifiée pour m'aider n'est pas disponible ou à la hauteur, je panique encore plus. D'où la technique 4 : La déconnexion.

Technique 4 : La déconnexion

La déconnexion est utile quand nous avons besoin de prendre du recul. L'idéal : faire un break loin de tout, nous vider la tête, et revenir avec plus d'énergie et, mieux encore, une vision plus claire. La déconnexion devient indispensable pour notre santé mentale quand nous attendons une réponse (d'une personne à qui on a demandé de l'aide et qui a « notre destin » en main, d'un organisme, d'une société) et que celle-ci n'arrive pas. C'est le type de situation qui peut nous faire vriller et devenir, certes temporairement, harceleuses. Tant qu'on ne revient pas vers nous, la pression augmente. Quand nous nous déconnectons, nous sortons de l'attente-vérification permanente, de la tentation de recontacter trop vite, et nous reprenons le pouvoir sur notre temps et notre attention.

La déconnexion peut aussi être courte : aller marcher une heure. La marche permet de nous détacher, de laisser nos pensées vagabonder. Les bonnes idées m'arrivent souvent en marchant seule !

Technique 5 : Le rebond

Parfois, nous ne trouvons pas de solution au problème tel qu'il se pose. Essayer de changer de point de vue peut aider : prendre le problème à l'envers, nous dire « C'est une opportunité, mais je ne sais pas encore comment… Et si je résolvais cette énigme ? », en parler à des personnes qui ont un regard neuf et non engagé. Reformuler le problème peut déjà l'éclairer différemment.

Technique 6 : La croyance qui fait du bien

Cela n'a rien de scientifique, mais ce qui me console, quand beaucoup de problèmes arrivent ensemble, c'est de me dire qu'ils sont passés et que je n'aurai plus à les subir. C'est l'esprit : « Une bonne chose de faite ! » Je me dis aussi que si tout tombe ensemble, au moins, je serai débarrassée pour un bon moment.

Technique 7 : Regarder ce qui va bien

Dans le cas d'une avalanche d'ennuis, nous sommes tellement focalisées sur ce qui va mal que nous en oublions que toute notre vie n'est pas catastrophique. Il s'est forcément passé des choses positives, mais nous ne les avons même pas remarquées. C'est le moment d'enlever nos lunettes déformantes qui nous font voir tout en noir pour chausser les roses (ou celles de notre couleur préférée) et de chercher ce qui va bien, ce qui a été agréable. Pour marquer le coup, listez-les par écrit. Notez tout ce qui a été agréable, tout ce qui s'est bien passé ces derniers temps, tout ce qui vous a fait sourire… Vous allez voir : il y en a bien plus que vous ne l'imaginiez !

L'ÉPREUVE QUI VOUS ÉBRANLE AU PLUS PROFOND DE VOUS-MÊME

Cette partie n'est pas très joyeuse. J'en suis désolée. Il y a des situations où notre monde s'écroule : annonce d'une maladie grave, décès d'une personne aimée, rupture, accident...

Ici, notre force, dans mon expérience et à mon avis, sera de nous concentrer sur ce qui est bon pour nous. Sur ce que nous sentirons bon pour nous à l'instant T, sans réfléchir à ce que quiconque pensera. Savoir dire non si c'est nécessaire. Savoir penser à nous.

Nous n'avons pas tous les mêmes réactions face aux drames : besoin de nous entourer ou de nous isoler, expression sans filtre de notre douleur ou enfouissement en nous, énergie dans l'ouverture et le soutien des autres ou énergie concentrée sur nous et nos émotions...

On nous dit : « Sois forte », mais nous avons le droit de ne pas l'être. Mettons notre force, là : dans cette autorisation que nous nous donnons de vivre les choses à notre manière, sur l'instant. Entrons dans le moule si c'est un cadre qui nous apaise et nous décharge, ruons dans les brancards si la case dans laquelle on nous met ne nous convient pas. Concentrons-nous sur les autres, si c'est ce qui nous permet d'avancer, mais concentrons-nous sur nous-mêmes si c'est de cela que nous avons besoin.

Aidons-nous en nous écoutant, en nous préservant. Donnons-nous l'autorisation de vivre les événements comme nous l'entendons. Mettons notre force à notre service : la force d'affirmer nos besoins, la force de vivre le drame à notre manière, la force de ne pas nous imposer de violence supplémentaire. Personne ne nous oblige à faire bonne figure. Nous avons le droit de ne pas faire bonne figure ! Nous avons le droit de glisser sur le toboggan du désespoir, de nous laisser aller quelques jours : le tout sera, au moment voulu, de reprendre pied.

En agissant comme nous l'entendons, en nous écoutant et en nous mettant au premier plan, nous pourrions découvrir que cette épreuve que nous traversons n'est pas un moment où nous sommes au plus bas : elle devient un moment où notre force est à son maximum.

Le conseil que vous ne pensiez peut-être pas lire #5 : Vous n'avez pas à être forte tout le temps

Être forte, ce n'est pas être forte tout le temps, 24 heures sur 24, 7 jours sur 7, 365 jours par an, mais c'est être forte quand il le faut, quand nous le décidons, et au moment opportun. Tout le monde, nous compris, a le droit de craquer. Nous pouvons nous effondrer. Nous pouvons compter sur la force des autres. Personne n'est parfait. Personne n'est fort en permanence.

Est-ce que ce qui ne nous tue pas nous rend plus fortes ? Je n'ai pas de réponse tranchée. La seule chose dont je sois certaine, c'est que ce qui ne nous tue pas... ne nous tue pas. Cela peut nous affaiblir un moment, voire un long moment, et nous laisser des cicatrices, avec lesquelles il nous incombera de nous reconstruire. Ce qui ne nous tue pas est aussi une épreuve que nous avons su passer, même si c'était à notre corps défendant, et une preuve à laquelle nous avons été capables de survivre à l'inverse de ce que nous craignions ou à ce qui nous semblait impensable.

LES PIRES ÉPREUVES SONT-ELLES DES ACCÉLÉRATEURS DE VIE?

Vous avez sans doute déjà entendu cette phrase attribuée à Confucius : « Nous avons deux vies. La seconde commence quand nous comprenons que nous n'en avons qu'une. » Le déclencheur de cette prise de conscience est, très souvent, une épreuve grave, liée de près ou de loin à la mort. Ce peut être un accident, la maladie, la perte d'un être cher. Ces temps forts sont autant d'épreuves qui viennent bouleverser quelque chose en nous et créer un déclic : le temps nous est compté, notre existence sur cette terre a une fin.

Nombre de personnes ayant survécu à des drames impressionnent par leur force morale et la manière dont elles prennent leur vie en main. Elles ont transformé le coup d'arrêt qu'elles ont vécu en accélérateur, en rampe de lancement vers une autre modalité d'existence. L'épreuve peut ainsi permettre de faire le tri entre ce qui nous importe vraiment et ce qui nous importe peu, d'établir nos priorités, de redéfinir un sens à notre vie. La pause forcée qu'elle nous oblige à prendre, la rupture dans notre quotidien, la déconnexion de notre rythme habituel sont aussi des moments où, le temps s'écoulant autrement, nous ouvrons d'autres perspectives… et des portes que nous ne pensions même pas entrebâiller. En pensant autrement pour sortir de la situation, nous créons d'autres possibles. Tout cela mêlé contribue à modifier nos perspectives et à nous donner d'autres cartes, ou une autre vision des règles du jeu.

L'épreuve qui a manqué de nous tuer agit comme un électrochoc : elle nous montre d'un côté la vulnérabilité de la vie et de l'autre sa puissance.

Devons-nous attendre un choc ou un drame pour prendre cette voie ? Heureusement que non ! Mais si ces chocs arrivent (et quand ils arriveront, ce sera bien malgré nous), prenons-les alors comme de potentiels révélateurs, accélérateurs, déclics… Faute d'avoir le choix de subir un drame, donnons-nous la possibilité d'en faire un outil de notre force. Cela ne sera pas immédiat, mais c'est une option que nous avons tout à gagner à prendre à moyen et long termes.

L'ATTENTE DANS L'ÉPREUVE, OU CE TEMPS SUSPENDU QUI NOUS FIGE

On l'entend souvent dire : l'attente, c'est le pire. Ce moment où nous savons que l'épreuve est devant nous, que la mauvaise nouvelle va tomber, ou, plus largement, le délai avant un entretien stressant, avant la délivrance d'une décision importante qui aura un impact sur notre vie, peuvent être des tortures mentales. Nous nous sentons bloquées et impuissantes dans un entre-deux. Le cercle vicieux se met en place très vite : nous attendons donc nous sommes passives, notre passivité et notre stress nous font oublier que nous pouvons aussi être actives, nous n'avons pas d'échappatoire, nous ruminons et nous nous rongeons de l'intérieur, nos pensées tournent en rond, etc.

Quand je vis ce type de situation, je me dis que ce temps d'attente est un temps exactement comme un autre. Je peux l'utiliser et le mettre à profit pour moi, dans l'action. Il s'écoulera de la même manière que je reste prostrée dans le canapé ou que je décide de sortir, de voir des amis, d'agir sur ce qui est en mon pouvoir, etc. Qui plus est, sortir de l'attente passive me rend à nouveau actrice de mon existence. Nous avons toujours quelque chose à faire, et si ce n'est pas quelque chose qui résout la situation parce qu'elle n'est pas de notre fait, c'est quelque chose pour nous.

1. Apprendre à gérer l'attente en la mettant à profit

Face à un événement stressant, l'attente peut être mise à profit pour mieux faire face à la situation le moment venu. Elle nous offre un temps pour identifier nos peurs et mettre en place des stratagèmes pour les résoudre. Je vous propose ce tableau, à vous approprier. J'y intègre quelques exemples, pour plus de clarté.

Exemple de situation : Attente de réponse suite à un entretien d'embauche

MES PEURS	POURQUOI ? D'OÙ ÇA VIENT ? (ANALYSE)	QUELLES SOLUTIONS ?
Peur de ne pas être retenue. Je veux ce poste, donc je serai déçue de ne pas l'avoir.	C'est un domaine qui me passionne dans lequel je rêve de travailler. Si je n'y arrive pas, je ne sais pas quand j'aurai une autre chance. Peut-être jamais !	D'autres entreprises existent dans le même domaine, je postulerai. Si j'échoue, je demanderai ce qui m'a manqué pour le travailler et me donner une seconde chance dès que possible.
Peur de ne pas retrouver une nouvelle opportunité.	J'entends toujours dire que ce secteur est bouché et que les places sont chères.	S'il y a peu d'annonces, cela ne signifie pas qu'il n'y a pas de besoins. Je serai proactive dans mes démarches, en allant me présenter dans les entreprises qui m'intéressent.

Peur de ne pas être à la hauteur, même si je suis prise.	C'est le complexe de l'imposteur qui parle. J'ai tendance à douter de moi et à ne pas me juger légitime.	Je sors de ce mode de pensée en me rappelant mes réussites passées (voir page 191). Je me rappelle que si une entreprise fait appel à moi, ce n'est pas pour se saborder, mais parce qu'elle a décelé en moi les talents qu'elle recherchait.

2. Nous accoutumer à l'attente pour ne plus la craindre

Notre vie est jalonnée de moments d'attente, qui se transforment bien souvent en moments d'ennui et de contrariété. Les temps d'attente deviennent des temps morts. C'est comme si, parce qu'ils n'étaient pas prévus au programme ou parce qu'ils n'étaient pas consentis, ces temps-là nous échappaient. En l'occurrence, c'est ce qui arrive, car nous n'en faisons rien. J'ai rarement des temps morts que je n'ai pas décidés. J'ai des temps où je décide de ne rien faire, ce qui est différent.

Entraînons-nous à nous réapproprier nos temps « perdus ». C'est un très bon exercice pour redevenir actives sur les moments d'attente. Ce type d'habileté se met en place d'abord sur de petites choses, pour créer l'habitude, puis elle se déploie naturellement dans des situations plus tendues.

Exemples d'attentes imprévues et de moments perdus : retard de bus (train, métro...) ou bus raté, chez le médecin, embouteillage, queue à la cafétéria, appel à une administration, rendez-vous en retard...

Exemples d'activité, à adapter selon le degré d'attention nécessaire et la situation : écrire (sa liste de courses, sa *to-do list*, un mot doux à un proche, les bribes de son futur roman, un plan d'action, répondre à un mail simple...), méditer, réciter un mantra, lire (livre, presse...), discuter avec un inconnu, écouter un *podcast*, faire des exercices de renforcement musculaire... Vous pouvez aussi, et cela rejoint la méditation, apprendre à ne pas combler ce temps creux, mais vous détendre, vous concentrer sur vous et sur l'instant présent, en faisant abstraction du reste.

Force et résilience : cette aptitude à sortir grandies d'une épreuve

Vous vous êtes sans doute étonnées que je n'aie pas (ou peu) parlé de résilience. Cela fait quelques années que le mot est devenu courant et qu'il est utilisé dans de nombreux contextes : en psychologie, en sociologie, en politique, en écologie… Pourtant, au départ, ce mot appartenait (et appartient toujours) au domaine de la physique. La première définition qu'en donne le dictionnaire (Larousse[34]) est : « Caractéristique mécanique définissant la résistance aux chocs d'un matériau. »

La résilience, en psychologie, désigne l'aptitude à se reconstruire après un traumatisme. Le même dictionnaire la définit ainsi : « Aptitude d'un individu à se construire et à vivre de manière satisfaisante en dépit de circonstances traumatiques. » La résilience s'organise en trois temps : d'abord, nous résistons au problème ou à la situation de crise, puis nous allons nous y adapter, pour, dans un troisième temps, en sortir tête haute, en ayant grandi, ou changé (en bien) ou appris. En France, cette notion a été démocratisée par Boris Cyrulnik[35]. Si elle plaît tant, c'est parce qu'elle conforte dans un double espoir : celui d'une réparation possible et la conviction que l'on va vers du meilleur. Quand l'événement n'était pas de notre fait et que nous n'avons pas eu d'autre possibilité que de le subir, nous gardons un pouvoir : celui de nous reconstruire, et mieux encore, celui de nous reconstruire plus fortes, de nous réinventer.

Les personnes résilientes ont ceci de commun qu'elles refusent de s'apitoyer sur leur sort, aussi tragique et insoutenable soit-il. Elles incarnent au contraire un désir de vivre très puissant.

La notion de résilience, vous l'aurez sans doute remarqué, est, sans être nécessairement nommée, en filigrane dans ce livre : rester actives, nous concentrer sur ce qui est à notre portée, changer de point de vue… Nous allons y revenir.

34. www.larousse.fr
35. Dans le livre *Un merveilleux malheur*, aux éditions Odile Jacob.

SAVOIR ABANDONNER OU DIRE STOP EST AUSSI UNE FORCE !

Abandonner ou dire stop peut être une force. Dans certains cas... J'ai tendance à vous dire : *Never give up!* (N'abandonnez jamais). J'ai quelques mantras en réserve dans cette veine. Pourtant, dans certaines situations, notre force s'exprime par notre capacité à arrêter, à dire stop, à lâcher quelque chose.

Vous vous rappelez que, dans sa description, la force est corrélée à la résistance à une pression, à un mouvement, à un flux...

L'humain est paresseux de nature, alors si abandonner ou arrêter l'engrenage lui demande plus d'efforts que de suivre le mouvement, il va suivre, même s'il sent que ce n'est pas ce qu'il lui faut. Dire stop demande beaucoup de force. Renoncer, quand on s'est investi, peut être plus coûteux en énergie que de continuer.

C'est même sociologiquement et psychologiquement étudié[36].

L'escalade de l'engagement

Est-ce que vous connaissez l'**escalade de l'engagement**? On l'appelle aussi biais de l'engagement. C'est cette tendance que nous avons tous, quand nous nous sommes lancés dans un projet, de vouloir continuer. Les commerciaux l'utilisent très bien... C'est ce phénomène qui fait que nous avons du mal à dire non à un produit ou à une prestation après avoir acquiescé à un discours, fait une visite, eu un rendez-vous pour découvrir une offre... Comme nous avons déjà engagé du temps et/ou de l'argent et/ou de l'attention et/ou des ressources (intellectuelles, physiques), nous sommes sur une lancée. Même si la démarche nous demande des efforts, l'engrenage est en marche. Il devient alors plus coûteux pour notre cerveau de stopper, alors même que nous voyons que ça ne va pas. La fuite en avant, portées par l'inertie, plutôt que piler net.

36. Expériences et études menées par Barry M. Staw, à partir de 1976.

Pourquoi faut-il parfois plus de force pour abandonner que pour rester ?

Abandonner un projet déjà lancé, mais visiblement sur le déclin ou voué à l'échec, est plus compliqué qu'il n'y paraît. Tout d'abord, personne n'aime renoncer. Ce n'est jamais agréable de faire demi-tour et de constater que nous avons perdu du temps, de l'argent, de l'énergie, de la crédibilité, et j'en passe. Ensuite, nous avons rarement la totale certitude que le projet ou la direction prise ne mène à rien. Nous y avons cru de toutes nos forces, et comme nous n'aimons pas nous tromper, nous préférons y croire. À cela s'ajoute que nous aimons la cohérence : revenir sur nos paroles, avouer nous être trompées, changer d'avis, tout cela peut être spontanément difficile à assumer.

Savoir abandonner au bon moment est une force. C'est une lutte contre notre ego. Reconnaître une erreur est une manière de prendre notre responsabilité absolue et d'affirmer notre force morale. C'est ce que l'on attend d'un leader. C'est ce que l'on attend d'une personne forte. Personne n'est à l'abri d'une erreur : la vraie force est de la reconnaître et d'agir en conséquence.

QUELQUES QUESTIONS CLÉS POUR IDENTIFIER LE MOMENT OÙ ABANDONNER

Savoir si on abandonne pour de bonnes ou mauvaises raisons implique de se poser les bonnes questions et d'y répondre avec le plus d'honnêteté possible. Je vous propose 7 questions clés qui devraient vous permettre d'y voir plus clair :

– Si c'était un ami et que je voyais cette situation de l'extérieur, est-ce que je lui conseillerais d'abandonner ?

– Est-ce que mes efforts ou quelque chose en mon pouvoir peut remettre la situation sur de bons rails ?

– Est-ce que la situation peut s'améliorer et tenir ses promesses initiales ?

– Est-ce que je reste par fierté et pour ne pas avoir tort ?

– Est-ce que les arguments auxquels j'ai cru sont bien valides et vérifiés ?

– Est-ce que je vais donner bien plus que prévu (temps, énergie, argent…) sans garantie de réussite ?

– Est-ce que je continue pour les autres ? Est-ce que je me suis oubliée (moi, mes intérêts) dans cette affaire ?

« Bien » abandonner implique de bien nous connaître et de bien mesurer nos forces. Abandonner au bon moment et pour les bonnes raisons est une force. Tirer les leçons de cet épisode apporte une expérience supplémentaire qui vient nous construire : comme les erreurs, comme les échecs, l'abandon fait partie du chemin.

LA FORCE DANS L'AFFIRMATION

Avoir la force, c'est, souvent, savoir dire « non ». Ou « zut ». Ou « merde ». C'est oser nous affirmer quand nous ne sommes pas d'accord ou quand nous voyons les choses autrement. C'est placer notre intérêt au premier plan. Ne pas céder à une pression ambiante est une vraie force.

Savoir dire non, tout simplement

Dire non est difficile pour beaucoup d'entre nous. Nous ne savons pas dire non. La plupart du temps, c'est le fruit de notre éducation. On nous a appris à être gentilles et serviables. Nous avons aussi tendance à dire oui pour être appréciées, aimées. Sans même nous en rendre compte, nous sommes en quête d'approbation.

Savoir dire non est un sujet clé. Il suffit de taper la recherche sur Google pour s'en apercevoir : plus de 25 livres sur le sujet apparaissent, en plus des millions de pages.[37]

POURQUOI AVONS-NOUS PEUR DE DIRE NON?

Voici les raisons qui reviennent le plus souvent pour justifier la peur de dire non :

- J'ai peur de décevoir.
- J'ai peur de vexer.
- J'ai peur d'être vue comme égoïste.

37. Recherche effectuée le 08/11/2022.

– J'ai peur des conflits.
– J'ai peur de ne plus être aimée.

Le mot qui revient le plus ? La peur, évidemment. Il va falloir nous en débarrasser, et pour cela, la rationaliser et relativiser.

Allons-nous vraiment perdre l'amour ou l'affection de quelqu'un si nous lui disons non ? Non, évidemment (sauf peut-être en cas de demande en mariage, mais c'est une autre histoire). Si une personne nous délaisse parce que nous lui avons dit non, aussi douloureux cela soit-il, nous pouvons être convaincues que c'est une bonne chose. Cette personne ne nous appréciait pas pour nous, mais pour les services que nous lui rendions ou tant que nous rentrions dans la case qu'elle nous avait attribuée.

Où est l'égoïsme entre nous qui pensons à nous ou notre interlocuteur qui pense à lui et nous demande, en plus, de nous aussi penser à lui... ? J'aime beaucoup cette formule ironique : « Une personne égoïste, c'est une personne qui ne pense pas à moi. »

Enfin, pour ce qui est de vexer ou de décevoir, le non peut ne pas être sec. Un non peut toujours être accompagné d'une alternative ou d'une contre-proposition : non, je ne viendrai pas pour ton déménagement, mais je t'invite à dîner quelques jours plus tard pour te sortir la tête des cartons ; non, je ne peux pas venir dîner à telle date, mais je suis libre à tel moment, etc.

POURQUOI DIRE NON VA-T-IL NOUS FAIRE DU BIEN?

Quand nous disons oui malgré nous, nous faisons passer les besoins des autres avant les nôtres. Nous nous mettons en situation délicate, et si nous n'avons pas déçu notre entourage, nous nous décevons nous, ce qui est pire. Cela creuse notre manque de confiance et d'estime de soi. Pas terrible quand on aspire à cultiver sa force !

Dire non est une force, et nourrit notre force. Quand nous disons non, nous nous remettons en priorité dans notre vie. Nous nous affirmons, nous nous donnons plus de chance d'atteindre nos objectifs, nous priorisons notre santé (physique et psychique).

MÉTHODES DOUCES POUR DIRE NON

Le sandwich : une phrase sympa + non + une phrase sympa.

Exemple : Ton bœuf bourguignon est excellent. Non, je n'en reprendrai pas, mais je veux bien que tu me donnes la recette, car j'aimerais le refaire.

L'alternative : un non, avec une contreproposition. C'est l'astuce que je vous ai donnée plus haut pour ne pas vexer ou décevoir.

Exemple : Non, je ne peux pas me libérer ce midi, mais nous pouvons déjeuner ensemble vendredi prochain.

Le report : une réponse différée, quand on est pris au dépourvu.

Exemple : Je ne sais pas, il faut que je regarde mon agenda. Ou : Il faut que je voie avec mon partenaire si nous sommes libres.

Les petits non : des non sans conséquences, dans la vie quotidienne, avec des inconnus, sans qu'il y ait d'enjeu. Vous trouverez la juste formule, courtoise et efficace.

Exemple : Dire non à un démarcheur téléphonique. En plus, vous faites d'un dérangement un entraînement.

Le conseil que vous ne pensiez pas lire #6 : Inspirez-vous des grincheux

Vous en avez certainement dans votre entourage… Ce sont ces personnes, soit qui disent toujours non par principe, soit à qui on ne peut rien demander. Observez ce qui se passe pour elles. Sont-elles rejetées ? Rarement. Les laisse-t-on tranquilles dès qu'il y a un imprévu ou une corvée ? Oui, fort probablement. Que dit-on d'elles ? Qu'elles ont un caractère entier, mais qu'elles ne sont pas méchantes, au fond.

Dire non n'est pas une catastrophe sociale. C'est un puissant moyen d'émancipation, et même de prise de pouvoir. Étonnamment peut-être, on vous respectera d'autant plus si vous savez imposer vos non.

On se lève et on part

Quand nous vivons une scène qui met nos nerfs à rude épreuve, nous pensons que nous n'avons que deux options : nous taire le temps que ça passe ou faire un scandale. Il y a pourtant une troisième solution : nous lever et partir.[38]

38. Cette attitude a fait l'objet d'une médiatisation importante en 2020. C'est le désormais célèbre « On se lève et on se barre », développé par Virginie Despentes dans sa Tribune à *Libération*, à la suite de la cérémonie des Césars. https://www.liberation.fr/debats/2020/03/01/cesars-desormais-on-se-leve-et-on-se-barre_1780212/

Cette attitude génère une onde de choc puissante, mais non violente. Elle est une autre voie possible à la colère et au désaccord.

Partir, quitter une pièce, demande de la force. Si vous l'avez déjà expérimentée, vous savez tout ce qui vous passe par la tête : vous vous demandez si vous n'exagérez pas, vous tremblez en vous levant, puis, une fois dehors, vous ressentez un soulagement profond et puissant. C'est un moment (et un mouvement) qui a beaucoup d'impact, tant pour vous que pour les personnes qui restent.

C'est aussi une manière de réagir qui ne nous met pas en danger d'être blessée : nous mettre en colère, argumenter, ruer dans les brancards peut hélas être contreproductif. Surtout quand on est une femme, allez savoir pourquoi... Un homme qui le ferait serait fougueux et passionné, avec un tempérament entier. Une femme est une hystérique qui a certainement ses règles. Et si elle ne se prononce pas, elle est soumise et complice. Bonjour le choix !

Mettons votre force en action : partons, nous en avons le droit ! Et droit ou pas, donnons-nous-le !

Les combats où mettre notre force

Développer notre force et nous affirmer ne signifie pas être de tous les combats. Nous avons le droit de ne pas être 100 % du temps une guerrière. Savoir refuser certaines batailles, ou les reporter à un moment plus propice, est une force. Nous ne portons pas le monde sur nos épaules.

FAKE IT TILL YOU'LL MAKE IT

Et si nous programmions notre cerveau pour réussir ? Et si nous anticipions la réussite pour la faire advenir. C'est le principe du « Fake it till you'll make it » appliqué, entre autres, par les start-ups. L'idée : faire semblant jusqu'à l'avoir fait vraiment.

C'est une manière de programmer notre cerveau dans l'unique sens du succès. Une manière de le hacker, grâce à une série de petits mensonges organisés.

Nous mettre dans une attitude gagnante (physique et mentale)

Ici, je vous propose de hacker votre cerveau en l'orientant vers le succès. Nous avons déjà parlé du fait de penser en affirmatif et positif, j'y reviendrai, mais rapidement. D'autres méthodes existent aussi. Programmons notre cerveau pour réussir !

1. JE PENSE EN POSITIF

Le cerveau étant binaire, si nous entretenons des messages du type : « Je peux le faire », « Je vais réussir », « Je suis forte », « Je suis capable d'y arriver », « Je vais gagner », « Je suis une championne », nous le boostons. Cela devient sa réalité. Cela devient l'univers mental dans lequel nous évoluons. Et comme personne n'aime être contredit ou se contredire, nous allons naturellement nous donner raison et agir sur la base de la véracité de ce que nous affirmons.

Penser en positif est une chance supplémentaire de faire advenir le positif.

Mise en garde :
Attention à la pensée magique!

Pensée positive et pensée magique sont deux choses différentes. Je tiens à être très claire là-dessus, même si j'aurais préféré vous donner une formule infaillible : penser à la réussite n'est pas une technique miracle pour réussir, imaginer que ce que l'on souhaite se réalise non plus. Vous pouvez vous dire tous les jours : « Brad Pitt va débouler dans mon salon », cela ne le fera pas venir.

Il y a une nuance très importante. Clé, même. Voir notre succès, le faire exister dans notre esprit est une manière de nous orienter pour l'atteindre, mais pas une garantie de l'atteindre. La pensée magique, la loi de l'attraction et les demandes à l'univers sont issues des croyances New Age et n'ont pas de fondement.

La pensée positive est une aide, pas une solution en soi. Quand vous réussissez, c'est pour de nombreuses raisons, dont le bon mental. Quand vous échouez, ce n'est pas parce que vous n'avez pas assez bien pensé. Je lis régulièrement des choses très culpabilisantes, sur le mode : vous n'avez pas réussi parce que vous ne le vouliez pas vraiment, vous n'avez pas réussi parce que vous n'y avez pas assez cru... Ou des propos déresponsabilisants : il suffit de le vouloir profondément pour qu'un chemin se mette en place, il faut le vouloir, mais en ayant la patience de laisser les choses venir naturellement...

La pensée et le souhait magiques n'existent pas. Je suis désolée de vous le dire.

2. JE ME POSITIONNE PHYSIQUEMENT EN GAGNANTE

Connaissez-vous le langage du corps ? Par nos attitudes physiques, nous transmettons des messages : aux autres comme à nous-mêmes. Postures et émotions sont liées. Quand nous sommes tristes, nous nous voûtons. Quand nous sommes mal à l'aise, nous nous recroquevillons et nous nous faisons toutes petites. Quand nous sommes fatiguées, nous nous avachissons. Inversement, quand nous sommes fières de nous, nous nous tenons droites. Quand nous sommes heureuses, nous sourions. Quand nous sommes en forme, nous nous montrons dynamiques.

Depuis plusieurs années, les psychologues débattent pour savoir si se forcer à sourire peut rendre plus heureux. Les études tendent à montrer que oui, un sourire met dans de meilleures dispositions, même s'il n'est pas naturel ou spontané. Il donnerait l'information à notre cerveau que nous sommes contents, et cela contribuerait à le faire advenir.

Je vous propose cet exercice pour sentir votre force. Mettez-vous debout, gonflez vos poumons en respirant puissamment, relevez vos épaules, souriez et marchez d'un pas décidé. Ne vous sentez-vous pas l'énergie de conquérir le monde ?

Si vous n'êtes pas convaincue, songez à ce que vous penseriez si vous croisiez, dans la rue :

– une femme d'affaires, droite, fière, marchant d'un pas affirmé et regardant droit devant elle ;

– une femme d'affaires les épaules basses, l'œil au sol, marchant sans entrain.

À laquelle avez-vous envie de confier un projet ? Laquelle vous inspire un état d'esprit de gagnante ?

3. JE M'HABILLE SELON CE QUE JE VEUX ÊTRE

Prendre soin de notre apparence pour accroître notre force peut sembler anecdotique, mais cela fonctionne. Laissez-moi vous en parler en prenant l'exemple du sport et de l'entreprise.

Quand une personne se met au sport pour sculpter sa silhouette, elle a tendance à négliger sa tenue. Celle-ci est le cadet de ses soucis. Pourtant, j'aime dire que nous ne sommes pas des parachutes en sueur. Comment nous donner à fond si, rien que dans notre tenue, nous ne nous sentons pas au top ? Pensons à ce que nous ressentons quand nous sommes bien habillées, dans un look qui nous valorise : nous nous sentons fortes. Eh bien, pourquoi ne pas l'appliquer à la salle de sport ? Quand nous choisissons une tenue de fond de placard, nous nous cachons et nous nous déconnectons de nous-mêmes. Au contraire, avec une tenue qui nous valorise :

– Nous retrouvons une connexion avec notre corps.

– Nous prenons conscience de notre corps (y compris de ses défauts) et nous nous motivons.

– Nous avons tendance à mieux nous tenir, donc à adopter de meilleures postures.

Nous sentir belles n'est pas anecdotique : cela joue comme un vrai booster, et cela augmente notre envie de nous appliquer.

Voir de beaux corps motive aussi : ils sont la preuve que les entraînements sont efficaces. Quand vous allez dans une salle de sport, regardez les autres comme des sources d'inspiration. Et sachez une chose : personne n'est là pour se moquer de vous.

Dans la vie professionnelle, l'habit fait le moine. Je sais que l'expression dit le contraire, mais dans la réalité, nous jugeons selon ce qui nous est immédiatement accessible, et c'est, dans la majeure partie des cas, l'apparence.

Les Américains ont cette formule : « Don't dress for the job you have, dress for the job you want » (Ne vous habillez pas selon le poste que vous occupez, mais selon celui que vous voulez, pour la traduction française). Elle est souvent mentionnée dans les conseils de réussite. J'ai bien envie d'ajouter ma touche personnelle : « Je m'habille comme je veux, car mon job, je le crée ! »

Porter une tenue dans laquelle nous nous sentons puissantes nous permettra de nous affirmer. C'est ce que nous faisons naturellement quand nous veillons à bien nous habiller pour une présentation, un rendez-vous important. Eh bien, appliquons-le à notre quotidien. Chaque jour est un rendez-vous important !

4. J'AFFIRME MA CONFIANCE

Arrêtons les modalités qui nuancent ou tempèrent une volonté.

Cessons de dire : « Je vais essayer de/tenter de », mais « Je vais ». Imaginez le pilote d'un avion vous dire : « Nous allons essayer d'atterrir. » Non. Il vous dit : « Nous allons atterrir », même si ça n'est pas encore fait. L'échec n'est pas une option.

De même, comme je vous l'ai déjà écrit, on remplace les « si » par des « quand ».

Regardez les champions... Quel est leur discours : « Nous venons ici pour gagner », « La première place ou rien », etc.

La meilleure stratégie est toujours de partir avec l'ambition de gagner.

Ces mensonges qui peuvent transformer la réalité

Quand nous nous disons : « Je vais réussir », nous l'affirmons à la seule force de notre conviction, sans preuve, et c'est OK. C'est un petit mensonge qui nous pousse.

Des petits mensonges inoffensifs peuvent opérer de grands changements. L'effet placebo en est une preuve flagrante : on nous dit qu'on nous donne un médicament efficace alors qu'on nous donne du sucre et de l'eau et, rassurées et confiantes, nous nous sentons mieux.

Nous visualiser dans la réussite et nous convaincre que nous allons l'atteindre générera, selon les personnes, l'état d'esprit et les efforts adéquats.

Quand nous redoutons quelque chose, nous pouvons aussi nous convaincre que c'est une bonne chose, pour, si elle advient, l'aborder avec sérénité. Trouver les arguments en ce sens nous mettra dans le bon état d'esprit. Et si ce que nous redoutions, finalement, n'arrive pas, nous serons aussi gagnantes. *Win win.*

Mensonges de coach :
Un secret qui n'en est plus un

En tant que coach, il peut arriver que nous mentions à nos coachés pour leur bien. C'est un pieux mensonge. Imaginez une situation. Vous devez travailler la prise de parole, sans notes, pour un discours. Le fait de vous passer de vos notes vous semble insurmontable, car c'est votre bouée de sauvetage.

Si je vous dis : « Essayez sans notes », vous risquez de paniquer.

Si je vous dis : « J'ai remarqué que les moments où vous ne regardiez plus vos notes, vous gagniez en confiance et étiez plus clair et intelligible. Vous devriez continuer dans ce sens », alors vous oserez.

Que ce ne soit pas encore vrai au moment où je le dis n'est pas grave, puisque cela va le devenir.

Ainsi, si je vous dis que vous réussissez déjà, vous réussirez. Ce n'est pas vraiment un mensonge, c'est une anticipation !

Ma force est en moi, et en moi seule. Cela tombe bien : c'est sur moi que j'ai le contrôle. C'est sur moi que je peux agir.

NOTRE VIE N'EST PAS COMPARTIMENTÉE

Tous les éléments de notre vie sont liés. Nous sommes une seule et même personne, et nous avons une personnalité, avec de nombreuses facettes.

Être différentes dans les différents aspects de nos vies

Même si, pour certaines d'entre nous, nous avons la capacité de cloisonner vie privée et vie professionnelle, il n'en reste pas moins que notre vie n'est pas compartimentée en éléments étanches. Nous avons beau faire la part des choses, nous sommes des humains, pas des robots. Nous ressentons des émotions que nous pouvons rarement nier sur la durée. Nous sommes un tout, qui peut s'équilibrer, mais qui a tout intérêt à se renforcer.

Peut-on exceller dans un domaine et se ficher totalement du reste ? Probablement.

Peut-on être vertueuse dans certaines situations et une ordure dans d'autres ? Cela se voit souvent.

Peut-on être rigoureuse sur un point et se laisser aller ailleurs ? Sans aucun doute.

Nous pouvons compartimenter, mais dans une certaine mesure. Quand la faille devient visible, quand elle se révèle, c'est tout le bâtiment qui est remis en question. Comme une pomme pourrie dans un panier contamine les autres fruits, l'absence de cohérence nuit à notre crédibilité et à notre force.

C'est aussi jouer un rôle dans un domaine de notre vie, et ça peut être épuisant. On se fatigue non seulement à faire semblant, mais aussi à maintenir le masque, sans compter la crainte de se trahir. Pourquoi gaspiller nos forces à ce petit jeu ?

Pensées, mots, actions : tout est lié

Nos croyances conditionnent nos pensées, qui conditionnent nos paroles, qui conditionnent nos actions, qui conditionnent notre réussite. Si nous nous croyons nulles, nous ne pouvons pas agir en pleine possession de notre force. Si nous nous traitons de nulles, il est difficile d'attendre des autres qu'ils nous traitent autrement. Nos croyances, pensées, paroles, actions, désirs, ambitions ne sont pas compartimentés : notre esprit et notre corps fonctionnent en vases communicants. Nos expériences, nos réactions, l'histoire que nous voulons écrire s'ajoutent en ingrédients supplémentaires. Quand nous créons une cohérence, nous sommes plus fortes. Au contraire, quand nous essayons d'avancer avec des dissonances, nous partons avec une réserve d'énergie déjà entamée.

4
LA FORCE DANS LA VIE, QUE L'ON VEUILLE ACCOMPLIR DES RECORDS OU SEULEMENT (ET C'EST DÉJÀ BEAUCOUP) VIVRE BIEN

La force touche tous les aspects de nos vies, des plus importants à ceux qui semblent les plus insignifiants. Elle concerne tous les âges, toutes les périodes de l'existence. Comme une vague, elle a ses hauts et ses bas. Toute vie est jalonnée de difficultés : c'est dans les épreuves que la force que l'on a nourrie est précieuse. Et bonne nouvelle : même si on ne l'a pas nourrie, même si on l'a toujours ignorée, elle existe. Il suffit, comme une flamme, de la ranimer.

Dans cette partie, je vais vous parler un peu plus de ma vie. Ma force face aux maladies et à mes problèmes de santé. Ma force quand j'ai dû affronter un harcèlement au travail. Ma force quand mes projets professionnels se sont effondrés à plusieurs reprises.

Ce que je veux vous montrer, à travers ces épisodes, c'est que, quoi qu'il se passe, on peut toujours refaire surface. La force, c'est de savoir se reconstruire à chaque fois. La force, c'est de refuser de rester à terre.

Eh bien sûr, déformation professionnelle de coach, je partage avec vous les outils qui m'ont permis de relever la tête et d'avancer, envers et contre tout.

Je vais aussi explorer des situations communes, largement partagées, que j'ai aussi, pour la plupart, vécues moi aussi, et que j'ai pu approfondir grâce à ma communauté, qui me challenge toujours avec des questions et des situations.

FORCE ET SANTÉ : LE POUVOIR DE NOTRE FORCE MORALE

AVERTISSEMENT

Les exemples et conseils que je vais vous donner sont partagés pour être inspirants, mais en aucun cas pour vous éloigner d'une consultation et/ou d'un traitement médical. Pour tout problème de santé, physique ou psychique, je vous enjoins de consulter un professionnel, et même, si nécessaire, plusieurs professionnels détenteurs d'un diplôme de médecine.
Mes recommandations à déployer votre force ont leurs limites, dont celles de troubles relevant de la psychiatrie :
– dépression et troubles de l'humeur ;
– troubles de l'anxiété ;
– troubles du comportement alimentaire ;
– addictions…
Je vous le dis tout net : dans ces situations, mes conseils ne sauraient suffire. Ils pourront vous apporter une aide en complément d'un suivi médical et thérapeutique.

J'entends souvent dire que c'est facile pour moi d'être forte, parce que je suis en bonne santé. Je ne me vois pas nier qu'être valide est un atout, mais je ne me vois pas non plus laisser entendre qu'on ne peut pas être fortes dans la maladie, dans le handicap ou dans n'importe quelle situation qui apporterait son lot de difficultés. Et puis, être forte hors des difficultés, c'est comme avoir un marteau sans clous à enfoncer : ça ne sert pas à grand-chose… Les personnes les plus fortes sont rarement celles qui auraient tout pour l'être. Ce sont celles qui avancent, malgré les aléas et relèvent leurs défis personnels.

La maladie, pour des raisons physiologiques comme psychologiques, puise dans nos forces. Nous ne pouvons pas agir sur tout, mais nous pouvons les maintenir et les nourrir. Elles peuvent nous lâcher un moment, cela arrive à tout le monde, mais elles sont en nous et il ne tient qu'à nous de les convoquer.

Anecdote de vie : On m'a annoncé une sclérose en plaques et ma vie s'est arrêtée

Nous sommes fin 2018. Je le sens depuis quelques jours : quelque chose ne va pas dans mon corps. Je suis très prise par le tournage d'une émission TV sur ma vie de coach à San Francisco, mais je ne crois pas au surmenage. Ce que je vis est différent : mes jambes se dérobent sous moi, j'ai des maux de tête, une fatigue inhabituelle et, le symptôme qui me pousse à consulter : je vois blanc de l'œil gauche. À midi, je m'éclipse pour un rendez-vous avec mon médecin généraliste en urgence. Celui-ci s'alarme aussitôt et m'envoie faire une batterie de tests approfondis. Les examens sont tous plus inquiétants les uns que les autres. Bien sûr, on ne m'explique rien. Puis le neurologue de service débarque et déclare, d'une voix neutre étrangement détachée et sûr de lui, un peu comme s'il m'annonçait le gagnant du Tour de France ou la météo du lendemain :
– Vous avez une sclérose en plaques.
Je m'effondre et je bondis en même temps. Je panique :
– Comment ça ? C'est sûr ? Comment pouvez-vous en être sûr ? Ce n'est pas possible !
– 90 % de certitude. Certains signes et résultats ne trompent pas. Il va falloir mettre en place...
Je n'écoute plus. Je suis terrassée. Ma vie défile devant mes yeux. Ce que j'ai commencé à construire et qui va s'écrouler. Mes envies que je ne concrétiserai pas...
Il conclut par :
– Nous ferons une IRM de contrôle dans trois semaines.
C'est tout ce dont je me souviens de sa longue tirade.

Le lendemain, après une nuit blanche passée à tergiverser, à essayer de m'expliquer l'inexplicable, à tenter de visualiser un futur dont le tracé disparaît, je chausse mes baskets et vais courir. Ne vous méprenez pas : ce n'est pas une bonne résolution ! En fait, j'ai horreur de ça... Je n'y vais pas pour me défouler, j'y vais comme si je voulais punir mon corps.
Je pleure en courant. Je crie dans les rues de San Francisco : pourquoi moi ?! Pourquoi ?! Merde, je ne suis pas prête ! Mais qui l'est jamais vraiment... ?

Je cours de désespoir. Je suis découragée. J'ai baissé les bras. Oui moi, coach, je me dis que ce combat est celui de trop. Je n'en peux plus. Je n'ai pas envie de me battre, plus envie. C'est bon, *game over.* Je n'en ai même pas honte. Je me sens déconnectée de ce corps qui trottine péniblement, et de la vie. Je suis intérieurement détruite par ce que je vis comme une injustice totale. Je vais être franche : je ne pense ni à ma famille ni à mes amis ! Je ne pense à rien. Un vide intersidéral s'est installé dans ma zone de motivation. Ma joie de vivre, ma niaque ? Même plus un souvenir. Il est étrange à quelle vitesse le goût de la vie peut disparaître. Je continue seulement à courir. Je me pousse avec des sprints de plus en plus rapides. J'ai envie de me faire mal, d'achever moi-même ce corps qui me trahit, « on my terms » comme on dit en anglais.

45 minutes d'efforts, 45 minutes à me faire volontairement mal… 45 minutes à avoir l'impression que mon cerveau est anesthésié… mais il ne l'est pas totalement. D'un coup, je ne sais pas comment, une idée s'impose comme une évidence : je vais partir loin. Oui, je vais partir au Mexique pour deux semaines. Je vais me couper du monde et prendre soin de moi. J'ai l'impression inexplicable que ce séjour représente la clé d'un futur plus radieux que celui que l'on vient de me dépeindre. Je n'ai que ça pour me raccrocher, alors j'y crois.

Je rentre chez moi. Je n'ai encore rien dit à personne. Il va bien falloir que je le fasse.

J'ai toujours en tête cette phrase d'un de mes livres fétiches *La Pourpre et l'Olivier*[39] : « Du mot non dit tu es le maître, de celui exprimé tu es l'esclave. » Je ne veux pas de pitié, je ne veux pas des larmes des autres et surtout pas de commentaires sur ma façon de gérer.

Je craque et balance à la cantonade, en brandissant l'ordonnance du médecin : « Regardez ce que j'ai ! » Je ne peux même pas prononcer les mots fatidiques. Les dire serait donner vie à ce tueur, l'accepter. Je ne m'y résous pas, mais s'il faut le nommer, ce sera à l'image de ce qu'il m'inspire. Je décide de l'appeler « Khonas ».

39. *La Pourpre et l'Olivier, Calixte Ier, le pape oublié*, Gilbert Sinoué.

Dans la foulée, sans laisser à personne le temps de réaliser, j'annonce mon départ pour le Mexique et ma volonté d'être déconnectée du monde. Je veux me recentrer sur moi-même. C'est égoïste ? Je m'en fous ! C'est moi qui traverse une épreuve. C'est mon corps qui est touché. Alors qu'on me laisse au moins cette décision !
Je dis toujours aux gens qu'il n'y a pas une seule manière d'agir. Je l'ai fait à ma manière, une autre personne aurait sans doute une autre approche. Ce qui compte, c'est l'action !

Quelques heures plus tard, je m'envole pour la Baja California, Terre de Feu et d'eau, isolée du reste du continent. Je supprime une à une toutes les applications de mon téléphone pour ne pas être tentée.
À peine installée dans le désert, j'entame une longue séance de méditation transcendantale, puis de méditation guidée. À la question « Quel est votre plus grand regret ? », ma réponse, non censurée, fuse : « Ne jamais avoir gravi les 7 sommets. » Les 7 sommets regroupent les montagnes les plus hautes de chaque continent (l'Elbrouz pour l'Europe, le Kilimandjaro pour l'Afrique, l'Aconcagua pour l'Amérique du Sud, le Denali pour l'Amérique du Nord, le Wilhelm pour la Papouasie-Nouvelle-Guinée, le Vinson pour l'Antarctique, et l'Everest[40] pour l'Asie). Je n'en ai qu'un à mon actif : le Kilimandjaro.
Ce regret se mue en désir. Et il impulse celui de revenir à la vie. Je veux apprivoiser ces montagnes avec humilité, énergie et amour.

C'est là que je me lance un défi colossal : revenir en force, guérir et réussir l'ascension du sommet le plus haut de chaque continent. Je me dis que personne ne m'en empêchera : même pas moi, même pas Khonas à travers moi.

Me revoilà à San Francisco. Trois semaines se sont écoulées depuis l'annonce. Je refais une batterie de tests, puis je rentre chez moi. Un médecin m'appellera… Dans combien de temps ?

---

40. J'ai finalement décidé de ne pas gravir l'Everest, car c'est un sommet très fréquenté, peu technique, et qui génère un tourisme, à mon avis, problématique. Je ne souhaite pas ajouter ma part à cette pollution du « toit du monde ».

Aucune idée. Quand il appelle enfin, il est étonné. Ses paroles resteront gravées à jamais dans mon esprit.
– Vous n'avez rien. Aucune trace, rien. Je ne comprends pas. En 40 ans de carrière, je n'ai eu que deux situations comme celle-ci.
Bonjour, Khonas ! Au revoir, Khonas !
Je ne saurai jamais ce qui s'est passé. Certains spécialistes suggèrent une erreur de diagnostic, et d'autres suggèrent que la manière dont j'ai pris les choses en main a fait une différence. Dans les deux cas, tant mieux pour moi.
Face à cela, qu'ai-je fait ?

J'ai fait ce qui me faisait du bien.
J'ai fait ce qui cultivait ma force, ce qui l'inspirait.
J'ai fait ce qui était bon pour moi.
J'ai décidé de valider l'hypothèse que la force que j'avais puisée au plus profond de moi-même avait fait un miracle.
J'aurais pu avoir honte, en mode « J'ai fait beaucoup de bruit pour rien », « J'ai fait flipper tout le monde sur une erreur », « Il ne s'est rien passé et j'en fais tout un plat », « J'invente un miracle en lieu et place d'une erreur de diagnostic »... Peut-être, mais... Est-ce que ça aurait été bon pour moi ?
Non. Ce serait comme avoir perdu dix jours à pisser dans un violon. Absurde.
Ce que je vois, à travers cette expérience, c'est que j'ai peut-être eu quinze jours *off* pour reprendre pied, mais que j'ai repris pied.
J'ai su me relever de cette nouvelle qui m'avait écrasée, avant même de savoir qu'elle était fausse.
J'ai su prendre le taureau par les cornes.
J'ai su me projeter pour transcender l'épreuve et avancer malgré elle.
Et ce que j'ai su faire, pendant ces jours éprouvants, a nourri ma force.
Si j'avais été malade ou si j'étais restée malade, j'aurais eu cette force avec moi. Cette force que j'avais su faire surgir du plus profond de mes tripes.

Notre force fait de nous des phœnix

Ce que j'ai goûté de ma force lors de cette période a été intense. En quelques jours, j'ai senti ma force totalement asséchée, annihilée, avant à nouveau de la redécouvrir plus puissante que jamais. Je suis convaincue que nous pouvons décider que les épreuves nourriront notre force.

La maladie ne devrait jamais l'emporter sur notre force intérieure. Ce que j'ai expérimenté, lors de cette épreuve, c'est que même quand j'ai cru qu'il n'y avait plus rien à faire, j'avais encore des marges de manœuvre. J'ai décidé de prendre du temps pour moi. J'ai trouvé un objectif à atteindre pour me redonner le goût de l'existence. À travers cet objectif, j'ai vu un plan à mettre en place, puis des actions à mener. J'ai compris que ce n'était pas parce que ma vie ne se déroulait pas comme prévu que je n'avais plus de prise sur elle.

Cela fonctionne dans tous les domaines de l'existence, y compris dans le domaine de la forme et de la santé.

Voici mes conseils pour réveiller votre force au quotidien quand le corps ne veut pas ou ne peut pas...

La force, au quotidien, malgré les douleurs

Le diagnostic éclair de sclérose en plaques n'a pas été ma seule tuile de santé. Sachez-le : mon corps ne me fait pas de cadeaux !

Je ne suis pas née « forte », bien au contraire.

Les personnes qui me rencontrent aujourd'hui voient mes exploits ou simplement ma condition physique et ont toutes cet *a priori* : c'est facile pour moi d'être forte. Elles me perçoivent comme hyperactive, sportive, dynamique (à raison) et, par-dessus tout, en bonne santé. Ce dernier point est tout à fait relatif...

Anecdote de vie : Le CV de mes galères de santé

En effet, à la loterie de la naissance, je n'ai pas vraiment tiré les cartes maîtresses de la force. Je n'ai pas de testostérone. Cela

signifie des efforts musculaires plus douloureux pour moi que pour la moyenne. Je suis sujette depuis l'enfance à des rhumatismes articulaires. Mes articulations m'ont donc toujours fait souffrir. Je suis aussi née avec deux os en trop dans la cheville droite, ce qui a signifié des opérations très douloureuses. J'ai encore des excroissances invisibles sur les pieds, qui me valent d'être mal à l'aise dans quasiment toutes les paires de chaussures. Deux pneumonies à l'âge tendre m'ont causé des séquelles irrémédiables aux poumons, qui ne fonctionnent qu'à 70 %. Et tant que nous sommes dans les pourcentages, je suis à 50 % sourde (ou 100 % sourde de l'oreille gauche). Je continue ? Parce que je peux, j'ai une liste longue comme un roman de problèmes de santé, récurrents ou résolus. J'ai eu une dégénérescence de la cornée à 25 ans qui aurait pu me rendre aveugle : c'est un chirurgien qui a sauvé ma vue. J'ai eu une tumeur au cerveau. J'ai eu des grosseurs suspectes dans la poitrine.
Je suis sujette aux névralgies du trijumeau depuis mon plus jeune âge. Je suis allergique à tous les narcotiques, donc pas de médicaments antidouleur forts, et à tellement d'aliments que je peux en faire une liste de six pages (véridique !).
Non, je n'ai pas été obligée d'être forte. J'ai fait avec. Ce que je veux dire, c'est qu'être forte, physiquement et moralement, ne m'a pas été donné. C'est un chemin que j'ai pris. C'est un chemin que j'ai fait le choix de prendre. Et c'est un chemin que je partage avec vous, grâce à ce livre.

Pour n'expliciter qu'un seul exemple, mes problèmes articulaires très douloureux m'interdisent certains mouvements. Cela vous fera sans doute sourire de savoir que, jusqu'en 2022 et un entraînement avec un coach d'exception[41], je n'avais jamais pu faire une « vraie » pompe. Impossible avec mes poignets fragiles et la douleur insoutenable qui irradiait. Parfois, des crises se réveillent, et je me retrouve limitée dans tous mes mouvements. Parfois aussi, ce sont les courbatures d'une séance de sport très intense.

---

41. Merci, Mike McCastle ! Découvrez cet homme extraordinaire et force de la nature sur son site : https://www.mikemccastle.com/ et sur Instagram @mikemccastle.

Est-ce que cela m'arrête ? Non !

Je revois mon entraînement : j'ai mal aux poignets, mais je peux travailler mes cuisses, j'ai les cuisses meurtries, mais je peux faire des abdos, j'ai mal au dos, mais je peux aller renforcer mes mollets... Tant que mon activité n'aggrave pas le mal, mais qu'elle bénéficie à ma santé et à mon équilibre, je bouge ou j'agis.

Être active est ma manière d'être forte

Être actives, physiquement ou mentalement, quand nous sommes en proie à la fatigue ou à des douleurs, est une manière puissante de garder le pouvoir. Pour moi, et je sais que je ne suis pas la seule, me sentir impuissante, empêchée, réduite ou limitée, est insupportable. C'est, d'ailleurs, l'une des raisons pour lesquelles nous nous sentons déprimées quand nous sommes malades. Une grippe, un rhume, une angine – ces désagréments relativement bénins de l'hiver – nous ramènent à notre condition de mortelles, avec une fin annoncée. Notre corps rappelle à notre cerveau que tout peut basculer. Nous n'allons pas jusque-là dans nos pensées conscientisées, mais c'est bien la source de notre baisse de moral.

Alors, pour remédier à cela, je prends toujours le parti d'être active. Je contourne, j'adapte. Toujours, je cherche ce qui est en mon pouvoir.

Anecdote de vie : Un ostéopathe a accidentellement chuté sur moi

Pendant l'été 2022, j'ai consulté un ostéopathe à Paris pour des douleurs au milieu du dos légères, mais agaçantes. Je venais de gravir 20 sommets de plus de 4 000 m[42] : je faisais donc d'autant plus attention à moi ! Je n'aime pas laisser un problème s'aggraver quand je peux le prendre à la source. Mais c'était sans compter que le praticien allait me tomber dessus. Littéralement. Il a fait un faux mouvement, et il s'est écroulé sur moi. Le résultat ? Une

42. Voir mon « anecdote de vie » page 98. La force face à l'imprévu et aux crises / Et si l'imprévu était une opportunité.

> douleur à l'épaule intense pour laquelle il n'a rien pu faire. Il a même nié totalement que c'était de sa faute.
> Deux mois plus tard, je n'avais toujours pas résolu ce problème, mais j'ai continué à m'entraîner.
> Sept mois plus tard, je ne lâche rien ! Avoir mal à l'épaule, même intensément par moments, ne doit pas m'empêcher de faire mes entraînements. Je change les exercices. Je diminue les charges.
> À côté de cela, je prends le problème à bras-le-corps (sans jeu de mots). Je cherche le ou les spécialistes qui me soulageront. Je n'attends pas que ça passe tout seul. J'agis.

Prendre notre situation en main nous redonne un pouvoir, nous remet au cœur de notre vie. Il peut y avoir errance médicale, mais je ne m'abandonne pas. Et j'agis sur tous les plans. Je considère que personne mieux que moi ne connaît mon corps et que je suis la meilleure personne pour m'aider.

Nous bouger, même un tout petit peu, fait augmenter la production des endorphines, ces hormones du bonheur qui participent à la réduction de la douleur. Le panel des possibilités pour nous dépenser est quasiment infini : privilégier un groupe musculaire, marcher plutôt que courir, marcher moins, mais marcher quand même, fractionner ses exercices, adapter la difficulté...

Nous stimuler, en gardant une activité intellectuelle, est motivant et distrait de la douleur (ou de la fatigue). C'est pour cela que, même malade, je continue mes *lives* sur les réseaux sociaux avec ma communauté.

Donner, nous donner à fond, est plus efficace que nous morfondre sur notre canapé en ne pensant qu'à une chose : la douleur. Dans tous les cas, ce sera quelques heures ou quelques jours à passer de manière désagréable : il faudra les traverser heure après heure, et il n'y a pas d'alternative à ça. Donc autant ne pas ajouter au désagrément en nous arrêtant de vivre et en nous pénalisant pour la suite !

Vous avez besoin d'une motivation ou de parer une excuse liée à la fatigue ? C'est ici !

SITUATION	QUESTION	RÉPONSE	RÉACTION
J'ai des courbatures.	Est-ce que ça représente un danger pour mon corps de continuer à m'entraîner ?	Non. Que je bouge ou que je ne bouge pas, les courbatures seront là, ou ne passeront pas plus vite.	Je continue à m'entraîner. Au bout de quelques minutes, les courbatures seront oubliées.
J'ai peu ou mal dormi. Je suis fatiguée.	Est-ce que cela m'empêche de bouger ?	Non. Cependant, je dois être plus attentive pour ne pas me blesser.	Si je peux, j'intègre une sieste à mon emploi du temps. Je fais une activité qui me demande une concentration modérée.
Je me suis blessée.	Est-ce que tout mon corps est bloqué ?	Non. Seulement un bras, un pied, une jambe...	J'adapte mon activité, et je continue à bouger autrement.
Je suis malade (maladie bénigne).	Est-ce que je suis clouée au lit ?	Non, ou du moins, pas toute la journée.	Je prends l'air. Je vais marcher, même peu de temps, au grand air.

Rester actives nous empêche d'ajouter de la peine à la peine et de prolonger les effets désagréables de notre « pause forcée ».

Surtout, jamais, ô grand jamais, je n'agis sur le principe délétère du « Foutu pour foutu » ! Non, je refuse d'aggraver la situation. Non, je refuse la pente glissante. Non, je ne me sabote pas. Je veille à agir toujours au mieux, pour moi. **Je ne m'enfonce pas, je m'aide!**

Eh, ma force ! Si on trouvait un arrangement ?

QUAND MA MOTIVATION ME LÂCHE SANS PRÉVENIR

Parfois nous partons hyper motivées pour une séance de sport ou dans une activité quand soudain, sans prévenir, l'entrain et la motivation ne sont plus là. Vous alliez marcher 1 heure, et puis, franchement, vous avez envie de rentrer. Vous vouliez prendre tous vos rendez-vous de la semaine et, au bout du deuxième, vous ne pensez qu'à lâcher votre téléphone. Quand ça m'arrive, je pense en trois étapes :

1. Personne ne le fera à ma place/C'est pour moi que je le fais.
2. Je découpe la tâche en pourcentages ou en parts, pour mieux voir mon avancée.
3. Je m'autorise des pauses et coupures à des échéances données (point 2).

La perspective de l'aménagement évite l'abandon, car il rassure. Le fait de nous être écoutées, d'avoir un plan B et des options « de sécurité » nous rassure et nous rebooste. Il est même fort probable que nous ne prenions pas l'option que nous nous étions autorisée.

QUAND LA JOURNÉE A ÉTÉ ÉPUISANTE

Quand nous nous sentons l'énergie d'un loukoum, ne nous engageons pas sur la pente glissante du laisser-aller. Demandons-nous toujours : « Que puis-je encore faire ? » ou « Qu'est-ce qui va bien chez moi ? » « Comment puis-je être active ? » Vous avez mal à la tête, peut-être qu'aller marcher 1 heure peut vous permettre de rester active et vous soulager par la même occasion ? Vous êtes immobilisée : et si vous en profitiez pour lire ces livres que vous aviez toujours voulu lire ? Dans tous les cas, tentons de faire quelque chose qui nous nourrisse. Renforçons notre intellect, notre créativité, notre corps, nos relations avec les êtres que nous aimons...

Cultiver notre force, c'est aussi cela : trouver des voies détournées pour mettre à profit tout événement ou contrariété qui nous tombe dessus. C'est redevenir maîtresses de la situation, et cela, même quand elle ne nous plaît pas. Il y a des états de fait que nous ne pouvons pas changer, mais nous pouvons toujours décider de nous engouffrer dans les brèches qu'il nous reste pour prendre soin de nous.

Sur ce sujet, voir aussi les paragraphes sur l'attente dans l'épreuve (« La force dans les pires moments », page 154).

FORCE ET TRAVAIL : LA FORCE DE NOUS ÉPANOUIR

La force quand le travail est pénible

Le travail occupe une majeure partie de notre vie. Il peut être une source de force comme une source d'épuisement, ou encore, pour certaines personnes, un sujet très accessoire : une obligation alimentaire qui occupe une partie de leur journée, avant qu'elles s'adonnent à ce qui compte vraiment pour elles.

Nous pouvons passer d'une situation à l'autre, selon les aléas de notre vie. Passer, et, quand la situation est négative, choisir de ne pas rester.

LA FORCE, OUI, MAIS À BON ESCIENT

Quand tout va bien au travail, il n'y a pas grand-chose à dire. Quand les choses se compliquent, nous pouvons nous retrouver soit à voir nos forces s'amenuiser, soit à devoir choisir où les placer :

- mettre ma force au service de ma tâche ;
- mettre ma force à mon service.

Les deux possibilités peuvent être liées : un important projet qui nous permettra d'accéder à un meilleur poste ou nous ouvrira un autre projet qui nous passionne. En revanche, quand nous hypothéquons notre santé physique et mentale dans un déséquilibre qui joue en notre défaveur, alors rien ne va plus. Quand nous pensons à la force au travail, nous pensons à la force de continuer. Or, la force, quand ça ne va pas, ce sera de dire stop.

Intégrons-le : nous avons le droit de craquer. **Nous avons le droit de nous recentrer sur nous-mêmes.** Nous avons le droit de quitter un emploi qui ne nous correspond pas ou plus. Quand nous sommes malheureuses, quand nous ne sommes pas ou plus stimulées, quand nous nous ennuyons, quand nous nous sentons en permanence débordées, quand nous ne nous sentons pas reconnues à notre juste valeur, nous avons le droit (et le devoir envers nous-mêmes) d'agir. Prendre soin de soi est une force : **quitter une situation où l'on se nuit à soi-même demande cran et détermination.**

À nous de mettre en place la solution adéquate pour nous : résoudre les problèmes en interne en les mettant sur la table, faire le point sur nos évolutions et formations possibles pour entreprendre le changement, nous lancer dans une nouvelle carrière.

Vous avez besoin d'un coup de pouce pour oser enfin quitter ce travail qui vous pèse ? Voici trois arguments et manières de penser différentes pour enfin oser vous lancer :

Changer de point de vue #1 : Vous avez le choix

Imaginez que votre travail soit un petit-ami : vous auriez vite fait le point sur la situation et l'auriez quitté en vous disant « Un de perdu, dix de retrouvés ». J'exagère à peine. Adoptez ce point de vue pour le marché de l'emploi : quittez votre job, virez votre patron ! Nous avons trop tendance à penser que nous avons de la chance qu'une entreprise, un patron, nous ait choisie : vous l'avez choisi aussi, à un moment ou à un autre. Vous pouvez décider qu'il ne vous convient plus et le quitter, ou réajuster votre relation.

Aux États-Unis, la fluidité de l'emploi facilite les licenciements, certes, mais elle facilite aussi les départs quand les conditions de travail ne sont pas à la hauteur des attentes, les rebonds, les changements de carrière.

Avoir la force, c'est considérer et appliquer l'idée que nous méritons mieux qu'une situation qui ne nous rend pas heureuse.

Changer de point de vue #2 : Le risque, c'est de ne pas en prendre

Quitter un emploi ou ruer dans les brancards fait peur. Nous sommes attachées à une certaine sécurité et c'est bien normal : factures à payer, prêts en cours, charge d'âmes, projets à financer… Alors oui, vu comme cela, partir ou dire stop est un risque. Cependant, cette vision est biaisée, car elle part du principe que notre situation actuelle est totalement sécurisée. Or, **le risque, c'est de ne pas prendre de risque**. Et si le travail de vos rêves était en train de vous passer sous le nez ? Et si vous manquiez une opportunité professionnelle géniale parce que vous restez coincée dans une situation qui ne vous convient pas ? Et si votre entreprise fermait du jour au lendemain ? Il n'y a pas que vous : le monde change constamment.

Changer de point de vue #3 : Soyez inspirante

Dire non ou stop inspire le respect et l'admiration. **Soyez cette personne de qui on dit : elle a eu le cran de partir**, elle a osé, elle a vraiment du courage, j'aimerais avoir sa force. Quand vous bougez, quand vous osez, vous faites peur d'abord, puis vous inspirez. Vous devenez un exemple : pour vos amis, pour vos collègues, pour vos enfants.

Un travail qui ne nous épanouit pas, c'est un travail qui ne nous mérite pas. Nous méritons mieux, un point c'est tout. **Mettons notre force dans le changement, elle nous le rendra au centuple.**

CE QU'IL SE PASSE POUR NOTRE FORCE QUAND NOUS OSONS CHANGER

Quand nous osons agir, notre force s'étire. Souvent, le plus difficile est de nous lancer. Pourtant, ce qui nous marquera, pour le reste de notre vie, c'est que ce jour-là nous avons pris notre vie en main. Cela nourrit notre force, car si la situation se représente, nous saurons que nous avons déjà su faire face une fois, et donc que nous pourrons le refaire.

Notre force nous aura donné une liberté supplémentaire. Elle nous aura montré qu'on peut sortir des impasses. Et comme la vie n'est pas compartimentée (voir page 174), la force que nous avons mise au service de cette situation en particulier pourra nous servir dans d'autres domaines de notre vie. Elle est actée. Elle est à nous. En nous.

Ces complexes et syndromes qui sapent nos carrières

Dans le monde du travail, deux grands complexes peuvent étouffer notre force : le complexe de l'imposteur et le syndrome du grand coquelicot. Tous les deux nous empêchent de déployer nos talents comme nous le pourrions.

LE COMPLEXE DE L'IMPOSTEUR

Un élément important pour commencer : on parle, autour de ce sujet de l'imposture, de syndrome de l'imposteur (ou de l'imposture) ou de complexe. Je préfère le mot « complexe », moins proche du vocabulaire de la maladie et moins pathologisant, ou même « expérience », qui montre que c'est un passage et qu'il est possible de s'en débarrasser.

Explications et histoire

La notion de complexe de l'imposture fut identifiée par deux psychologues cliniques américaines de l'université de Georgia State : Pauline Rose Clance et Suzanne A. Imes en 1978. Elles le rendent public dans leur ouvrage, *Phénomène*, sous ce terme : « phénomène d'imposture ».[43] Leur étude se fonde sur un échantillon de femmes entrepreneures à la carrière brillante. Hormis leur excellence, elles partagent un autre point commun : elles ne vivent pas leur réussite comme on pourrait l'attendre. Elles ne se pensent pas si intelligentes ou si talentueuses, elles relativisent leurs réussites et elles ont cette peur ancrée en elles : que leur incompétence et leur imposture soient dévoilées au grand jour. Pourtant, il n'y a ni incompétence ni imposture, seulement le doute et son poison.

Le complexe de l'imposture désigne une imposture imaginée par la personne qui la vit, et absolument pas une imposture réelle, une arnaque, une usurpation ou une quelconque escroquerie intellectuelle.

Qui sont ces imposteurs autoproclamés?

Quel est le point commun des personnes sujettes au complexe de l'imposteur ? Ce sont des personnes qui, en règle générale, refusent d'accepter leurs accomplissements personnels ou les diminuent. Vous avez réussi un projet ? Tout le monde en parle en bien et vous félicite personnellement ? L'imposteur pense que cela n'est pas de son fait, mais que si son projet est une réussite c'est grâce :

- à des circonstances extérieures indépendantes de son pouvoir ;
- à un coup de chance ;
- à ses bonnes relations ;
- à des circonstances particulières...

C'est amusant : cela a réussi grâce à tout ce qui n'était pas de son fait, à tout ce qu'il ne contrôlait pas. Après tout ce que nous avons dit sur la force, la responsabilité, c'est difficile de lire ça. Mais je n'ai pas fini !

Certaines personnes vont encore plus loin dans leur croyance : elles se considèrent comme des dupeuses du premier jour, qui abusent toutes les personnes qui ont de l'estime pour elles. Collègues, amis, fans, *followers*, supérieurs... Elles vivent avec le couperet au-dessus de leur tête qu'un jour quelqu'un démasquera leur imposture. C'est une vraie torture au quotidien !

43. https://www.capital.fr/votre-carriere/syndrome-de-limposteur-aux-origines-du-trouble-1437011

Ce que fait le complexe de l'imposteur

Je ne sais pas si c'est une bonne nouvelle, mais le complexe de l'imposteur est très répandu. Si vous vous êtes reconnues (même en partie) dans ce que j'écrivais, rassurez-vous, vous n'êtes pas seules. Bienvenues au club !

Et si ça ne vous parle pas, félicitations ! C'est une entrave en moins pour vous élever.

Pour la vaste majorité des personnes concernées, ce complexe est lié à la peur de réussir (eh oui !) et empêche le développement d'un plein potentiel. Clairement, il est un poids mort qui sape notre force. Convaincus que leur réputation est usurpée (consciemment ou moins consciemment), ces individus fuient toute possibilité qui leur permettrait d'aller encore plus loin. Ils attendent le moment où leur chance tournera et ils se font discrets.

Revenons-en à vous, à nous.

Avez-vous déjà pensé que vous n'étiez pas à la hauteur ? Que vous alliez vous planter ? Que, très bientôt, votre chef, vos collègues, votre famille, vos fans ou vos *followers*, votre équipe allaient réaliser combien vous êtes nulle ? Avez-vous déjà eu cette sensation que vous n'aviez pas toutes les compétences requises pour gérer un projet et qu'on n'aurait pas dû vous le confier ? Que vous n'étiez pas à la hauteur ? Que vous n'aviez pas le bon diplôme, la bonne formation, ou simplement pas les bonnes connaissances ? Que vous étiez trop jeune ou trop âgée ? Tout cela, bien sûr, malgré les encouragements de votre entourage, y compris de votre supérieur, qui vous trouve tout à fait capable de mener à bien votre mission ?

Si vous vous retrouvez dans certaines de ces situations, vous faites partie de cette majorité qui doute régulièrement. 60 à 70 % des personnes douteraient, à un moment ou à un autre de leur carrière, de la réalité ou de la légitimité de leurs succès.

Ce complexe peut clairement nous nuire, mais nous pouvons aussi l'utiliser et en faire un atout.

Faire de notre complexe de l'imposteur un atout

Le complexe de l'imposteur, vous l'aurez compris, est lié à une propension disproportionnée à douter et d'un problème de confiance en soi. Le doute s'empare de nous. Mais est-on obligé de voir ce doute à 100 % comme un problème ? Ne pourrait-on pas passer le curseur d'excessif/

hors de propos à sécurisant/sain ? Et si nous envisagions le doute comme salutaire. Changeons de point de vue... La crainte d'être démasqué pousse le pseudo-imposteur à mettre en œuvre des stratégies pour masquer l'escroquerie dont il se sent coupable. Il va donc ne rien laisser au hasard, se dépasser, aller plus loin et tout faire pour que son projet soit parfait (ou optimal). Attention cependant à deux excès :

– l'*overdoing*, ou « vouloir trop en faire », qui mène à un perfectionnisme excessif et contreproductif ;

– l'*underdoing*, où « en faire moins que nécessaire », pour cultiver l'échec, qu'il considère comme sa destinée. Je vais y revenir dans quelques pages.

Grâce à ces deux dérives éloignées, remercions ce doute : il nous a fait relire ce mail et éviter une coquille embarrassante, il nous a poussées à lire un livre de plus sur le sujet que nous étudions et dans lequel nous avons trouvé un exemple inspirant, il nous a évité une erreur de commande, il nous permet de rester modeste... En ne nous percevant pas comme « au sommet » ou imbattable, nous restons vigilant, et nous ne tombons pas dans le piège des vainqueurs : baisser leur garde et se reposer sur leurs lauriers.

VOUS NE VOUS CROYEZ PAS AU TOP? TANT MIEUX!

C'est un conseil que partagent les champions et les grands sportifs : même quand nous avons gagné, même quand nous sommes reconnues comme les meilleures, continuons d'avancer. Même au plus haut, pensons que nous devons toujours, constamment, faire nos preuves. Une victoire ou un succès est acté. On ne nous l'enlèvera pas. En revanche, être au top est un travail quotidien, sans relâche. Au sommet, nous restons en compétition, ne serait-ce qu'avec nous-mêmes. Imaginons que nous nous disions : c'est bon, je suis au top, c'est fini, *game over*. Quelle tristesse ! C'est comme si nous renoncions au reste de notre vie, placées sur une pente décroissante, jusqu'à la fin. Quelle angoisse ! Alors que si nous ne nous voyons pas au top, nous ne lâchons rien : nous continuons d'avancer.

De même, si nous ne nous voyons pas au top, nous sommes toujours à même d'identifier de nouveaux progrès, de repousser encore nos limites.

Nous croire au top, c'est penser que le chemin est fini. C'est aussi nous rendre vulnérables : mieux vaut se battre pour réussir que pour conserver un *statu quo*, non ?

Ne jamais voir le top, mais toujours repousser notre marge de progression, c'est avancer toute notre vie.

EXERCICE PRATIQUE
Méthode pour nous aider quand le complexe de l'imposteur nous paralyse

Vous le savez maintenant, j'aime les listes, et en particulier les listes écrites à la main, plutôt que sur un ordinateur. En ce qui me concerne, c'est comme si ça m'impliquait et m'impactait plus.

Tracez deux colonnes sur votre feuille :

10 DERNIERS PROJETS	COMMENT ÇA S'EST PASSÉ
Listez les 10 derniers projets et réussites personnels, grands ou petits, que vous avez gérés. Il s'agit de projets ou réussites importants pour vous, pas nécessairement pour le reste du monde. Ils peuvent être personnels comme professionnels, peu importe. – – – – – – – – – –	*Décrivez comment ces projets et réussites se sont déroulés et ont abouti. Notez ce que vous avez fait pour que ça marche.*

Je vous garantis que vous allez être surprises du résultat. *Spoiler alert* : vous devriez réaliser que vous êtes pour beaucoup dans vos succès !

Aux États-Unis, à l'école, les professeurs encouragent les enfants à tenir ces listes, afin de garder à l'esprit le fait qu'ils sont meilleurs qu'ils pourraient le penser. Nous pouvons d'ailleurs prendre l'habitude de travailler sur notre liste des réussites de manière hebdomadaire pour rester au top de notre moral.

Variante de l'imposture : cette croyance que la réussite n'est pas pour nous

J'ai abordé cette variante du complexe de l'imposture en évoquant l'*underdoing*. Elle est encore plus enfouie que ce que nous avons décrit. Souvent les personnes et leur entourage ne la décèlent même pas. Et pour cause : le travail de sabotage est très bien mené. Une personne sujette au complexe de l'imposture et à l'*underdoing* entretient l'échec, car elle pense que c'est son dû, sa destinée et ce qu'elle mérite. Vous voyez, ces personnes qui :

– remettent toujours au lendemain ce qu'elles pourraient faire le jour même (procrastination) ;
– bâclent ce qu'elles font comme si rien ne valait la peine ;
– ont toujours des excuses pour ne pas travailler.

En fait, hors cas de paresse avérée[44], elles font tout cela pour justifier ce qu'elles pensent, à savoir qu'elles ne sont pas à la hauteur.

Ce sont aussi ces personnes qui vont acheter tous les livres de développement personnel en pensant qu'il leur manque quelque chose : une formule magique, une attitude face à la vie… Les vraies questions, qui peuvent aider ces personnes (peut-être vous), c'est : De quoi avez-vous peur ? Que va-t-il vous arriver, au pire, si vous essayez ?

Alors, prêtes à faire du doute votre meilleur allié ? Prêtes à vous poser les bonnes questions pour avancer ?

44. Il y a de vrais paresseux, je ne cherche pas à le nier.

LE SYNDROME DU GRAND COQUELICOT

Le syndrome du grand coquelicot a plusieurs noms : syndrome du grand pavot ou syndrome d'exposition élevée. Il concerne les sociétés, mais a un impact direct sur les individus.

Explications et histoire

Le syndrome du grand coquelicot est cette propension qu'ont les groupes ou les décideurs à couper la tête de ceux qui dépassent. Il désigne ce qui se passe en entreprise quand une personne s'élève trop et qu'elle est rejetée par ses collègues. Elle désigne aussi l'attitude qui va en résulter de la part des personnes : elles vont rester à leur place, discrètes, sans se faire remarquer, par peur des représailles du groupe.[45]

C'est inconscient, bien sûr, ce n'est pas dit. C'est même encore plus vicieux : le discours invite à se démarquer, mais les faits montrent qu'il vaut mieux éviter.

Beaucoup d'entreprises ont ce problème : les personnes qui se démarquent sont mal vues. Elles sont jalousées. Elles sont jugées sévèrement, au point même que le groupe frissonne de plaisir quand elles se plantent. Cela va aussi se traduire par des remarques désobligeantes, de la méfiance, de l'exclusion sociale, du discrédit, du rejet…

Ce que le syndrome du grand coquelicot fait à notre force

Le syndrome du grand coquelicot étouffe notre force, sans même que nous ayons conscience qu'il est à l'œuvre. Nous l'avons intégré tout petit : les bons en classe qui sont humiliés, les rappels à l'ordre dans la cour de récréation, les petites phrases comme « C'est bien fait, ça l'a remise à sa place » ou « Elle s'est prise pour qui, celle-là ? »

Le syndrome du grand coquelicot met un plafond de verre à notre force. Il nous enferme dans une case, avec des marges de manœuvre potentiellement limitées. Si cette case est assez large et confortable pour nous permettre de nous épanouir et qu'elle nous plaît, je n'ai aucune objection. En revanche, quand nous avons l'impression d'en heurter sans cesse les parois et de nous abîmer, sortons-en. Déployons nos ailes (ou nos pétales)…

---

45. https://nospensees.fr/le-syndrome-dexposition-elevee-etre-deteste-du-fait-de-se-demarquer/

Le syndrome du grand coquelicot n'agit pas partout. Nous pourrions même tomber sur des employeurs et des équipes qui n'attendent que ça : que nous sortions des cases et du lot.

L'intellect ou le physique : il faut choisir (ou pas !)

Est-ce que cela peut être pris pour une variante du syndrome du grand coquelicot ? Je ne sais pas. Cependant, cela entre dans le même esprit. Si se distinguer par son intelligence peut passer, si se distinguer par son physique peut être valorisé, vouloir les deux devient inapproprié. Une femme peut être intelligente et belle, tant qu'elle ne s'apprête pas de manière à vraiment valoriser son corps. Ou tant qu'elle ne le montre pas. De même pour les hommes : si tant est qu'il affiche une superbe musculature, il sera perçu comme idiot. Vous avez sûrement déjà entendu (ou prononcé) ce type de sentence : son QI est proportionnel à la taille de sa jupe, ou inversement proportionnel à celle de ses talons ou de son décolleté. Le cliché de la ravissante idiote a la peau dure. Pour les hommes, la corrélation gros biscoteaux/petit cerveau est une « évidence » même pas remise en question. En France, les sportifs sont vus comme des idiots, et difficile pour eux de sortir de cette case. Là où la situation se complique, c'est que cette moquerie coexiste avec l'injonction à prendre soin de soi et de son image. Les concours de beauté, type Miss France, en sont une bonne illustration : on demande à ces jeunes femmes d'être sublimes, tout en les attendant au tournant d'un test de culture générale couplée à une aisance dans leur prise de parole publique, mais cela, pour, au final, ne jamais vraiment les prendre au sérieux comme personnalités pensantes. Je me confronte à des situations similaires en France : j'ai obtenu des récompenses prestigieuses aux États-Unis, comme être nommée la personnalité française de l'année par *Les Échos*, obtenir le prix de la femme entrepreneure de l'année, me retrouver sur le *Hall of Fame* de l'université de Hartford, faire la une de médias comme CBS, ABC ou CNN, mais je ne suis pas reconnue dans mon pays d'origine. Pourquoi ? Parce que je pose en bikini sur Instagram. On me l'a même déjà dit : « Tu n'auras jamais de récompense prestigieuse en France, comme la Médaille du Mérite ou autre, car tu t'habilles trop sexy. Tu n'es pas assez *corporate*. »

Eh bien, j'ai un scoop : nous pouvons faire les deux.

Ces injonctions contraires, ces incohérences et ces jugements peuvent nous épuiser. Si j'en reviens au grand coquelicot, je réalise que nous sommes en plein dedans : être une belle plante, qui a bien poussé, mais qui ne dépasse pas.

Je n'ai pas de solution face à cela, si ce n'est de nous enjoindre d'avoir la force de nous affirmer, d'incarner notre corps de la manière qui nous épanouit le plus, et de nous habiller comme nous le souhaitons.

Arrêtons de nous brider ! Osons ! Brillons !

Nous sentir bien dans notre corps et dans notre tête, en pleine possession de nos moyens est, à mon sens, une voie à suivre. Pour nous. Pour notre force morale.

La force du débutant : croyez en vous !

Quand nous commençons un nouveau travail, nous avons tendance à nous sentir en situation de faiblesse. Dommage... car c'est une force ! C'est ce que nous enseigne le « shoshin »[46]. Ce mot est emprunté à la tradition bouddhiste : le shoshin, c'est l'esprit, ou la force, du débutant. Le shoshin est cette aptitude mentale à être dans la découverte, dans l'appréhension de la nouveauté, dans une réceptivité totale, dénuée de présupposés et de certitudes, dans un enthousiasme sincère et candide. Quand nous sommes débutantes, nous sommes d'autant plus attentives à bien faire, alors qu'avec le temps, la confiance et les habitudes aidant, nous pouvons laisser passer des erreurs.

Ce que je trouve intéressant avec le shoshin, c'est qu'il transforme ce qui peut nous sembler un état de faiblesse et d'inconfort en force. En ne prenant rien pour acquis ou évident, le débutant est toujours en mouvement. Il est aussi plus créatif, plus alerte et plus à même de s'adapter.

Toutes les situations sont l'occasion de développer une force. **Toutes les difficultés et faiblesses, en opérant un léger changement de point de vue, deviennent une force.**

Ayons confiance dans le fait que nous sommes, toujours, une valeur ajoutée !

46. https://www.welcometothejungle.com/fr/articles/japon-shoshin-pouvoir-des-eternels-debutants-vie-professionnelle

FORCE ET HARCÈLEMENT : LA FORCE DE TENIR ENVERS ET CONTRE TOUS

La notion de harcèlement, avec les réalités qu'il recouvre aujourd'hui, est récente, mais le phénomène est ancien. Sans doute remonte-t-il à la nuit des temps, comme le syndrome du grand coquelicot. Il est devenu, à raison, un sujet d'actualité et de santé psychique. Le harcèlement fait des ravages. Il éradique et annihile nos forces.

Celles qui l'ont vécu le savent : un harcèlement met à terre. Il est sournois, il nous fait douter de tout, en particulier de nous-mêmes, et nous fait nous sentir moins que rien, sans que rationnellement nous puissions identifier pourquoi nous souffrons autant.

Il faut beaucoup de force pour en sortir et, bonne nouvelle : on s'en sort. Pas à pas.

Le harcèlement : ce fléau insidieux qui nous fait nous autodétruire

L'histoire de mon entreprise – et de ma réussite – commence par une sombre histoire de harcèlement au travail. Et un joyeux exemple de rebond !

Anecdote de vie : On a tout fait pour m'anéantir, mais je me suis relevée

Voyageons dans le passé, un peu avant les années 2000.
Je mène une vie rêvée de femme d'affaires au top, dans un grand groupe international de l'industrie automobile. J'adore les voitures, j'adore mon job. Je voyage dans le monde entier. Je suis mariée. Je suis aussi jeune maman d'un garçon de 2 ans. Et « détail » agréable pour mon ego (je l'assume totalement) : je suis une belle femme.
Tout ce qui m'arrive de bon n'est pas tombé du ciel. J'ai bossé dur pour ça, sur tous les plans.
Les rumeurs de promotion canapé, jusqu'à cette année 1999, je les avais évitées. Il faut dire qu'en affaires, depuis toujours, je sais ce que je veux et ce que je ne veux pas. Ce que je veux : être la

meilleure, par moi-même. Ce que je ne veux pas : me manquer de respect, de quelque manière que ce soit. Alors, passer dans une chambre d'hôtel d'un client parce que « ce qui se passe à Detroit (ou à Sidney, Moscou, Seattle, Londres, Madrid, ou Sao Paulo...) reste à Detroit », ce n'est pas pour moi, et mes collègues masculins le savent, sans l'ombre d'une ambiguïté. L'idée même d'un vague fantasme est incongrue. Le soir, en déplacement, j'appelle mon mari. J'ai envie d'entendre les gazouillis de mon bébé, pas les blagues de mes clients ou collègues au bar de l'hôtel.
Pourtant, je ne passe pas à côté du harcèlement.
Personne ne parle encore de harcèlement moral. C'est une notion qui n'existe pas, mais une réalité bien concrète... et courante. Nulle n'échappe à ce jeu. Alors moi – jolie brunette, fine et sportive, seule femme dans un monde d'hommes, ambitieuse et grande gueule – non plus. Il suffit d'un rien pour entrer dans la ligne de mire d'un harceleur.
Cela a été insidieux, comme tout harcèlement.
Ça a commencé sans en avoir l'air. Sans que je sache d'où ça venait.
C'est un billet d'avion de retour depuis Detroit inexplicablement décommandé, qui s'ajoute à des rendez-vous annulés sans que j'en aie été informée. Me voilà obligée de rester seule à l'autre bout du monde alors que je n'attendais qu'une chose : rentrer auprès de mon mari et de mon fils. Je passe une nuit de plus, à l'hôtel, triste, seule, à me traiter de gourde.
Ce sont des dessins « humoristiques » montrant mon corps moulé dans un tailleur sexy et accentuant vulgairement mes traits placardés dans une usine, alors que je viens pour une réunion. Je me demande alors si je ne suis pas trop provocante.
C'est un rendez-vous décommandé dont je n'ai malencontreusement pas été prévenue. Je me dis que j'ai peut-être été distraite ou que je dois être plus attentive.
Ce sont des rumeurs, dont je surprends çà et là quelques bribes. Je ne montre rien, mais ça me mine.
J'ai le sentiment que ce que j'ai construit m'échappe, que je ne sais plus mener ma barque.

Au bout de quelques mois, je repère mon bourreau, mais rien n'y fait.

Mon bourreau, contrairement à ce que j'avais imaginé, n'est pas un homme. Mon bourreau est une femme. **Une chose est sûre, c'est que ma persécutrice n'a pas fait vœu de solidarité féminine et encore moins de sororité.** Plutôt vœu d'incarner le cliché sur gambette de la secrétaire vénale. Devenue la maîtresse du grand patron, elle voit en moi une rivale à abattre. Et elle est bien décidée à avoir ma peau.

Cela dure neuf mois. Que la garce soit démasquée ne change rien, mon boss ne se donne pas la peine d'arrondir les angles. Sans doute est-il flatté de cette marque d'intérêt de sa maîtresse, sans doute aussi est-il tenu par les couilles.

Moi, je compense.

La malbouffe, à coups d'un bon kilo par mois. Mes vieux démons reviennent, mes habitudes d'ancienne « grosse ». Et les pensées destructrices, parasites, avec.

Je n'ai jamais eu une super confiance en moi, alors je remets tout en question : mes compétences, ma force mentale dans un univers de requins. Je commence à penser que si cela m'arrive, c'est parce que je suis mauvaise. En effet, si j'étais meilleure, ça ne m'arriverait pas ! CQFD. Il devient évident, à mes yeux, que je suis nulle, que je l'ai toujours été, et que la vérité sur mon incompétence va éclater au grand jour. J'imagine mes collègues commenter : « Elle cachait bien son jeu, Valérie. On pensait qu'elle savait ce qu'elle faisait… » Je prends, en pleine face, mon complexe de l'imposteur : tout le monde va savoir que je suis arrivée là sur un coup de chance, ou pire, sur un malentendu. C'est comme cela que je me vois, comme une grosse nullarde qui va être bientôt découverte. Aujourd'hui, le phénomène psychologique est bien connu, mais quand je le vis, même s'il a déjà été étudié et nommé, il n'est pas commun d'en parler.

Je retourne les attaques contre moi, comme si elles étaient un juste retour de ma supercherie. J'ai honte. Je doute aussi d'être une bonne mère : quand je reste coincée une nuit de plus à l'étranger, quand je fais un déplacement pour rien parce que la réunion a été décalée, je ne suis pas avec mon fils. Pendant ce temps, il grandit seul. Et il me voit malheureuse : il le sent, c'est sûr, et quelle mère cela fait de moi si je lui transmets mon mal-être ?

Peu à peu, j'endosse la responsabilité de ce qui m'arrive, et ma peine grossit. Moi aussi. Et c'est loin d'être anecdotique pour moi, ex-adolescente obèse, qui ai consacré de longs mois à me dessiner un corps tonique et à trouver un mode de vie sain.

En neuf mois, j'ai l'impression que l'édifice de ma vie s'est effrité. **Je me sentais une superwoman, je me sens désormais moins que rien.**
J'ai eu envie de me laisser totalement aller. Me noyer dans les sodas et les burgers. Ne plus sortir de chez moi. Lâcher l'affaire, totalement. J'aurais pu. Mais je m'y suis refusée. La force, que j'avais appris à cultiver depuis tant d'années, m'a fait résister.
J'ai décidé de m'en sortir. Je ne savais pas encore comment, mais non, je n'allais pas sombrer. Non, on ne m'aurait pas comme cela. J'ai relevé la tête. J'ai affirmé haut et fort pour moi que l'arrivée de l'an 2000, d'ici quelques mois, mettrait un point final à cette période de sape. « L'enfer, c'est les autres », écrivait Sartre. Cette citation n'a jamais autant résonné dans ma tête. Elle aura d'autres occasions de résonner, hélas, mais restons sur cette première histoire de harcèlement. Mais si l'enfer, c'était effectivement les autres, ou cette autre, le retour en grâce, l'accès à une vie meilleure ne tenait qu'à moi. De cela, j'étais convaincue. Et c'est comme cela que je me suis autorisée à rouvrir mes horizons, à croire à nouveau en moi.
Une opportunité s'est présentée. Une opportunité pour mon mari, pas pour moi, mais j'ai décidé de la faire mienne. On lui avait fait une proposition aussi risquée que tentante.
Notre discussion avait dû donner quelque chose comme ça :
– C'est potentiellement un super job, oui, mais ça implique de tout abandonner ici et de changer totalement de vie !
– Je veux tout changer ! avais-je affirmé.
– C'est une start-up. Ça comporte des risques, tu sais.
– On prend le risque !
– Et tu ne pourras pas bosser...
– Quoi ?!
– Il te faudrait un visa. Moi j'ai le H1B, mais toi, tu seras « legal alien ».
Là, si j'étais restée au 36e dessous, ça m'aurait achevée, mais en mode « kangourou de la vie » et super positive, je décidais de voir les choses du bon côté. J'avais de toute façon décidé que j'allais aller vers du meilleur.

– « Legal alien » ou ce que tu veux, on verra... Je m'occuperai de notre fils, et puis je trouverai bien ! Je suis plutôt bonne pour me faire un réseau.

Ce que je vois, c'est que j'adore depuis toujours les États-Unis, un pays où tout est possible et où je peux faire mes preuves même sans sacro-saint diplôme d'ingénieur ou d'école de commerce cotée. Et faire mes preuves, c'est ma spécialité. Oui, je suis reboostée.

La soirée n'est pas finie, la discussion à peine close que j'ai pris ma décision : je m'en vais ! La Corse coule dans mon sang et je n'ai qu'une hâte : annoncer, tête haute, que je pars, et brûler les ponts derrière moi, comme Napoléon.

Est-ce que, si je n'avais pas décidé de me reprendre, j'aurais accueilli la proposition de mon mari comme une opportunité géniale ? Ou est-ce que je l'aurais vue comme le coup de massue : la réussite de mon mari *versus* mon échec ? Est-ce que j'en aurais fait une chance pour ma carrière ? Ou est-ce que je me serais plainte de la charge que représentait une expatriation sans boulot à la clé, dans un pays étranger ?

Convoquer la force m'a permis de sortir tête haute de ce harcèlement. Je n'ai pas dépensé d'énergie superflue à punir mon bourreau. J'aurais pu, et je comprends qu'on veuille le faire, mais j'ai décidé de concentrer mes pensées et mes actions vers une nouvelle vie.

Convoquer ma force m'a autorisée à voir que des portes s'ouvraient, plutôt que se fermaient.

Ce que ça m'a apporté de convoquer ma force ? Rien de moins qu'un nouveau départ et la conviction que j'allais faire de grandes choses.

Comprendre ce qui se passe quand nous vivons un harcèlement

Le harcèlement, la violence psychologique, la malveillance, les comportements toxiques : tous ont en commun qu'ils nous font douter. Douter de nos qualités humaines. Douter de nos compétences. Douter de notre manière d'être. Douter de nos actions et de nos paroles. Parce qu'il y a une fragilité ou une faille en nous – et nous en avons toutes –, nous tombons dans le piège. Pour cette raison, et simplement parce qu'un harcèlement n'arrive pas avec des gyrophares ou des gros sabots : il ne prévient pas. Il nous prend par surprise, au dépourvu. Le plus vicieux est qu'il nous fait penser que nous sommes coupables, ou *a minima* responsables. Non. Un grand NON.

CELA N'ENGAGE QUE MOI, MAIS…
JE REFUSE QU'ON DEMANDE AUX VICTIMES D'ASSUMER « LEUR PART DE RESPONSABILITÉ »

J'entends parfois dire : il faut une victime pour qu'il y ait un bourreau. Oui, il faut que le bourreau trouve une victime, mais celle-ci n'est pas consentante, et ce n'est pas parce qu'elle n'a pas vu les choses venir, qu'elle est tétanisée, qu'elle ne sait pas comment réagir qu'elle devient complice. Ses éventuelles bizarreries, différences ou inadaptations sociales ne sont pas, non plus, des raisons. Il n'y a jamais aucune raison valable au harcèlement, et la victime n'a pas sa part de responsabilité à porter. Elle subit des agressions qu'elle n'a ni demandées ni voulues, et auxquelles elle se retrouve à devoir faire face. Alors oui, il lui appartient d'en sortir, elle en a la responsabilité, mais cela n'a rien à voir avec un partage de la culpabilité. Une souris attrapée par un chat pourra tout faire pour échapper à sa torture, il ne fait aucun sens de l'accuser d'amuser le chat ou, si elle s'y prend mal ou tardivement pour se libérer, de lui reprocher de ne pas se prendre en main (ou en patte) comme il le faudrait.

Le fait de blâmer les victimes est un autre sujet très intéressant, que je ne pourrai pas pleinement développer ici. Toutefois, si cela titille votre curiosité, je vous recommande de vous pencher sur la notion de « croyance en un monde juste ». Celle-ci consiste à croire que les événements positifs arrivent aux gens bien, et les négatifs aux gens mauvais, que chacun obtient ce qu'il mérite et que, d'une manière ou d'une autre, la victime est en faute. En effet, quand nous sommes impuissants, quand une situation est injuste, notre monde vacille. Ce qui se passe nous terrifie : si c'est injuste, si cela n'a pas de sens, alors ça pourrait nous arriver à nous aussi. Il faut donc qu'il y en ait un, qu'il y ait une logique, une responsabilité, quelque part, de la victime. Nous aspirons à vivre dans un monde ordonné, nous avons besoin d'y croire, alors plutôt que de voir notre croyance s'effondrer, nous la renforçons avec cette idée : la victime l'a forcément cherché, elle est forcément, quelque part, un peu responsable.[47]

Le harcèlement dit beaucoup plus sur le harceleur que sur le harcelé.

Dans mon cas, il disait de mon bourreau :

– qu'elle me jalousait ;

– qu'elle se sentait menacée par moi ;

– qu'elle avait intériorisé des préceptes sexistes sur la manière d'être et de se présenter d'une femme dans la société ;

– qu'elle doutait tellement d'elle qu'elle avait besoin d'écraser pour exister ;

– qu'elle n'avait pas la force de briller pour ce qu'elle était, elle.

Je pourrais continuer longtemps la liste.

Si vous êtes (ou avez été) victime ou témoin d'un harcèlement, je vous invite à faire cet exercice de l'inversion. Ne vous concentrez pas sur le « problème » de la victime ou sur les reproches qui lui sont faits, mais sur le bourreau. Demandez-vous quel est son problème à lui (ou elle), pourquoi il/elle s'acharne, ce qu'il/elle reproche à la personne réellement…

Puis rétablissez les vérités qui s'imposent…

De mon côté, le harcèlement a appuyé là où ça faisait mal :

– Suis-je vraiment une bonne professionnelle qui mérite sa place ? (Oui !)

– Puis-je vraiment être femme, femme d'affaires et mère ? Ai-je le droit de vouloir les trois ? (Oui !)

---

47. En lire plus : « *La Croyance en un monde du travail juste et sa valorisation sociale perçue* », Bernard Gangloff, Coralie Duchon, Dans *Humanisme et Entreprise* 2010/3 (n° 298), pages 45 à 64. Ici : https://cutt.ly/uMAYINW. Je vous recommande aussi cette excellente conférence « Bien fait !!! La croyance en un monde juste », par Chayka Hackso, sur la chaîne YouTube « Hacking Social » : https://www.hacking-social.com/2022/10/26/bien-fait-la-croyance-en-un-monde-juste/

– Suis-je considérée pour mes qualités professionnelles ou pour mon physique ? (Je peux avoir les deux, et ceux qui ne voient que mon physique sont des idiots finis !)

Harcèlement : où trouver de l'aide ?

Si vous êtes victime ou témoin de harcèlement, demandez de l'aide.
En cas de harcèlement sexuel ou sexiste (physique, moral, en ligne...), vous pouvez contacter la ligne Violences Femmes Info au 3919.
En cas de harcèlement scolaire, le 3020 est à disposition des élèves, comme des parents et des professionnels. *Idem* pour le 3018 (appel ou application) qui permet de dénoncer le cyberharcèlement.
En cas de harcèlement au travail, le numéro d'aide aux victimes est le 116006.
Ces différents numéros de téléphone sont gratuits.
Tout type de harcèlement est puni par la loi. En cas d'urgence, contactez la Police ou la Gendarmerie (17).

Exercices pour convoquer notre force et sortir du doute

Le harcèlement sape notre confiance en nous. Je vous propose donc de la rebooster, avec deux exercices simples, à comprendre aussi souvent que vous le voudrez.

EXERCICE 1 : POUSSER MON SABOTEUR INTÉRIEUR DANS SES RETRANCHEMENTS

Voilà un exercice simple qui m'aide quand j'entends des mots malveillants à mon égard – harcèlement ou médisances occasionnels – et que ça me blesse, parce que je me dis, quelque part, qu'ils sont la vérité. *Spoiler alert :* ce n'est pas le cas !
Je prends un papier et un crayon. Je partage la feuille en deux colonnes. Dans la première, je note ce pour quoi je suis douée ou ce dont je suis fière. Ce peut être tout et n'importe quoi : des petits comme des grands talents. Je peux noter, par exemple, que je suis douée pour réaliser des dossiers attractifs, pour cuisiner, pour faire des squats... Tout peut être cité ! Lâchez-vous !
Puis, de l'autre côté du trait, sur l'autre colonne, je note ce sur quoi je me sens moyenne, mauvaise, bof, nulle. J'écris : Je ne pense pas être douée pour, je pense que je suis égoïste, je pense que je ne suis pas une bonne professionnelle.

Choses pour lesquelles je suis douée et dont je suis fière	Choses pour lesquelles je ne suis pas douée, voire nulle

C'est dur à écrire... Et c'est fait pour. L'idée est de pousser votre saboteur intérieur dans ses retranchements et de le mettre face à sa bêtise. C'est un peu comme quand quelqu'un vous fait une blague sexiste, raciste ou déplacée, et que vous répondez : Je n'ai pas compris pourquoi c'était drôle, tu peux m'expliquer ? Vous verrez qu'il ou elle n'est plus du tout sûr de sa blague, d'un coup.
J'en reviens au saboteur intérieur et aux mots durs. Pourquoi est-ce si dur à écrire ?
Est-ce vraiment parce que c'est vrai ? Ou est-ce vraiment parce qu'au fond de moi, je ne crois pas ce que j'écris. Je trouve ça trop, injuste, exagéré.
Vous allez vous dire, en peinant à écrire : « Non, je ne suis pas vraiment comme ça... » Pas par déni, mais par objectivité. Vous allez comprendre que cette accusation envers vous-même, liée à une phrase qui vous a blessée, vous touche, mais qu'elle est fausse. Sans fondement.
Elle est une sorte de couche supérieure de pensée, comme une pelure d'oignon, qu'il suffit d'enlever, pour retrouver ce que vous êtes réellement. Barrez l'affirmation négative écrite, si cela vous soulage.

Cette prise de conscience se transforme alors en positif, et ça, je m'en imprègne. Ça, ça nourrit ma force. Je note mentalement que je suis douée, que je mérite le respect, etc.
Cela ne s'arrête pas là.
Cet exercice vous mettra sans doute en colère. C'est sain !
Vous ressentirez de la colère de vous être laissée impacter par des paroles malveillantes ou d'avoir été influencée par des personnes hostiles. C'est OK, ça arrive. Ce qui vous agace, à ce moment-là, c'est de comprendre que vous avez ouvert votre porte et donné du pouvoir à quelqu'un qui vous a attaquée.

EXERCICE 2 : METTRE EN PLACE UN BOUCLIER MENTAL ANTI-ATTAQUES

Quelqu'un vous a dit ou rapporté des paroles désobligeantes. Vous aimeriez que ça ne vous touche pas, mais le venin est là. Vous le sentez qui pénètre votre esprit. Stop !
Là, c'est un mantra qui peut vous aider. Une phrase à vous qui vous permet de vous détacher de la situation, de la personne et de passer à autre chose, avec le bénéfice d'apprendre, en plus, à vous protéger.
Par exemple : « Je mérite le respect. » « Je suis quelqu'un de bien. » « Je m'aime et je me protège. »
Répétez-le en boucle. Plusieurs fois par jour. Tous les jours.
Et répétez-le aussi en situation de crise, comme un bouclier face à une attaque.

EXERCICE 3 : LISTER DES RÉUSSITES OU DES FAITS DONT VOUS ÊTES FIÈRE

Célébrez vos réussites. Félicitez-vous. Encensez-vous. Vous avez le droit. Quand je passe dans une phase où je doute de tout, et en particulier de moi, je m'arrête et je liste. Je couche par écrit, à la main, des faits, petits ou grands, dont je suis fière. Puis je les relis, et je me dis que c'est bien moi qui aie réalisé tout cela. Moi et personne d'autre.

Nous rappeler notre valeur est clé dans les épisodes de harcèlement ou de dénigrement. La parole de l'autre, surtout quand c'est un agresseur, n'est pas à prendre pour argent comptant. Il n'est pas neutre : il est contre nous. Son opinion n'a pas valeur de vérité.

FORCE ET STRESS : LA FORCE DE LE MAÎTRISER

Le stress est partout dans nos vies. C'est un sujet constant : dans la vie quotidienne, dans la vie professionnelle, en famille, en vacances... Il nous lâche rarement. Le stress a d'ailleurs été nommé « maladie » au XXe siècle, et il est sans doute la grande maladie du XXIe siècle.

Comprendre ce qu'est le stress

Côté étymologie

Le mot « stress » vient du vieux français *detresse* (détresse). C'est assez logique, mais je vous avoue humblement n'avoir jamais fait le lien entre détresse et stress...

En 1160, on trouve une mention du mot *destrece* qui signifie « situation désespérée, angoisse ». Ce mot évolue ensuite en détresse.

Nous pouvons remonter plus loin. L'origine première du mot est latine. « Détresse » vient du terme *districtia*, participe passé du verbe *distringere* qui veut dire « serrer ». D'ailleurs, dans le mot *districtia*, nous reconnaissons la racine de « contracter », ce qui fait sens aussi avec le stress, puisque nous disons souvent que nous avons la gorge ou le ventre serré.

La notion de stress est donc ancienne, et remonte réellement à la nuit des temps.

Côté biologie

En biologie, le stress désigne l'ensemble des réponses d'un corps subissant des pressions ou contraintes de son environnement. La chair de poule, qui nous arrive quand nous avons froid, est, du point de vue biologique, la résultante d'un stress : notre peau subit un désagrément extérieur lié à une température inconfortable. Le phénomène lié au stress se déclenche selon notre perception : deux personnes n'auront pas la chair de poule en même temps, dans les mêmes conditions de température.

La notion de stress, plus proche de ce que nous désignons comme tel dans le langage courant, a été introduite par l'endocrinologue Hans

Selye, en 1956, à travers son livre *The Stress of life* (*Le Stress de la vie*). Il parle de syndrome d'adaptation, c'est-à-dire de toutes les modifications que met en place l'organisme pour s'adapter.

Différencier stress et anxiété

On a tendance à confondre stress et anxiété. On les utilise à tort comme des synonymes. Or la nuance est de taille. L'anxiété est une émotion (et peut aussi être un trouble), tandis que le stress est un mécanisme de réponse physiologique. Là où ça se complique, c'est que le stress peut générer des émotions, comme l'anxiété. Vous me suivez toujours ?

Deux types de stress : le bon et le mauvais

La langue anglaise distingue, à l'instar des scientifiques, deux types de stress : le stress positif, ou *eustress*, ce que nous appelons le « bon stress », et le stress négatif ou toxique, ou *distress*, ce que nous appelons le « mauvais stress ».

On ne peut pas couper au stress. En fait, nous ne pouvons pas vivre sans stress. Sans lui, nous ne resterions même pas vivants !

Faut-il penser que le stress est notre ami ? Oui ! Le stress positif génère ce réflexe que nous avons de nous écarter de la trajectoire d'une voiture qui nous arriverait dessus, de mettre nos bras devant nous quand nous tombons en avant, de nous faire courir très vite si nous nous sentons en danger...

Ce stress est indispensable et, en général, nous ne réalisons pas à quel point il fait partie de notre vie.

Quant au stress qui nous ennuie, c'est une autre affaire.

Ces éléments de stress qui grignotent notre force

Le mauvais stress, ou stress toxique, peut être généré par de nombreuses situations telles que :

– arriver en retard à un rendez-vous ;

– être coincées dans des embouteillages ;

– être harcelées par des collègues au travail ou par un supérieur libidineux ;

– souffrir d'insomnies ;

– avoir des problèmes d'argent et ne pas réussir à joindre les deux bouts ;

– ne pas arriver à tout gérer dans sa vie ;

– enchaîner rendez-vous sur rendez-vous ou voyage sur voyage...

Un autre facteur de stress très actuel est la connexion à outrance et les notifications permanentes (soit autant de dérangements) : Facebook, Messenger, Instagram, Snapchat, WhatsApp, Signal, Slack, nos boîtes mails, nos applications diverses et variées...

Nous ne nous en rendons même plus compte, mais c'est un brouhaha permanent dans nos vies.

Imaginez un réservoir d'énergie et de disponibilité. Prenons une bouteille de 1 litre. Même si les notifications vous en pompent 10 % ou seulement 5 %, cela joue... Cumulé à une petite nuit, à un dossier à rendre, à un rendez-vous décommandé à recaler dans le planning de la semaine... On parle de la fameuse goutte d'eau qui fait déborder le vase : c'est là que ces 5 ou 10 % invisibles peuvent faire la différence.

Outils pour faire retomber la pression : cohérence cardiaque et méditation

La cohérence cardiaque consiste à prendre le contrôle de sa respiration. Inspirez durant cinq secondes, expirez durant cinq secondes, et ainsi de suite pendant au moins trois minutes. Des applications dédiées (comme RespiRelax) peuvent vous y aider.

La méditation accompagne la vie de plus en plus de personnes. Elle est accessible et efficace pour une grande majorité des individus. La méditation vous permet de vous recentrer sur vous et sur le moment présent. Même 5 minutes peuvent avoir un impact positif. Jamais médité ? Testez une application comme Petit Bambou, Calm ou Headspace.

Retrouvez, à la fin de ce livre : le yoga respiratoire (voir page 278) et le mode d'emploi pour méditer (bonus).

Ce « mauvais » stress, stress inutile, stress destructeur ou encore stress oxydatif est celui qui nous fatigue, qui peut nous rendre malades et qui nous fait vieillir avant l'heure. Mais bonne nouvelle (si, si !), c'est celui dont nous pouvons nous occuper. Nous pouvons apprendre à le gérer, à supprimer certaines de ses sources, à le transformer, etc., pour que nos forces n'en soient pas amoindries.

J'ai appris à le faire, tant et si bien que, désormais, on me dit régulièrement : « Comment fais-tu ? À ta place, je serais morte de stress... J'aurais craqué depuis longtemps. » Avoir des habitudes antistress est une force au quotidien.

Épisode de vie : Une semaine infernale pour me mettre à terre

Cette semaine infernale s'est écoulée péniblement en juin 2017. Pendant cinq jours consécutifs, j'ai été :
- harcelée sur les réseaux sociaux ;
- assignée en justice par un escroc pour un premier sujet ;
- assignée en justice par le même escroc pour un deuxième sujet ;
- assignée en justice par (encore) le même escroc pour un troisième sujet ;
- informée d'un contrôle fiscal en cours sur ma société américaine.

À ces gros pavés dans la petite mare de ma vie se sont ajoutés les nombreux petits cailloux du quotidien, car bien sûr, le monde ne s'est pas arrêté de tourner.

Le harcèlement sur les réseaux sociaux engendrait des dizaines de messages allant de désagréables à odieux, avec un objectif clairement affiché : me détruire. Je ne l'avais pas vu venir. Je n'avais pas fait de publication polémique. J'ai vu arriver des rumeurs mensongères, des on-dit immondes, des propos faux et méchants... Certains amis y ont cru et se sont détournés de moi. Cela a été brutal et violent. L'escroc, quant à lui, avait beau être connu pour sa malhonnêteté, cela ne l'empêchait pas de tenter sa chance. Vous connaissez l'expression : « Les cons, ça ose tout » ou le conseil « La meilleure défense, c'est l'attaque » ? Eh bien, il a cumulé les deux, et il a répété l'opération sur trois sujets différents. Même en sachant que je n'avais strictement rien à me reprocher, ces attaques signifiaient du temps, de l'énergie, des fonds... Enfin, le contrôle fiscal, vous en conviendrez, reste une source de stress, même quand vous respectez la loi. Pas besoin de souffrir de phobie administrative ou d'avoir joué avec le feu pour avoir un coup de chaud à l'annonce de ce genre de vérifications. Et puis, être dans les règles, c'est

bien, mais il faut le prouver, et on a toujours ce doute de bien avoir tout conservé, de n'avoir pas manqué une information...
Sur le moment, je me suis peu exprimée. Parler aide certaines personnes. Moi, dans un premier temps, j'ai besoin de me taire. Ne rien dire est ma manière de contenir le problème, de ne pas le laisser me déborder. Je n'en parle pas, mais j'agis. Vite et bien. Action, réaction. J'entre tant et si bien dans l'action que je ne laisse pas de place au stress. C'est d'ailleurs ce que j'ai répondu, plus tard, quand j'ai raconté ce qui m'était arrivé et qu'on m'a demandé : « Comment fais-tu pour résister à autant de stress et garder le sourire ? » ou « On dirait que rien ne te touche. » Oh que si, je suis touchée, mais je ne le montre pas ! Ni aux autres ni à moi-même. Je ne laisse pas le temps à mon énergie de ficher le camp, je l'agrippe et je la nourris de ma volonté farouche de ne pas me laisser détruire. Comme j'aime le dire : « Je me bats. Je n'ai pas le temps d'être stressée. »

Cet épisode illustre bien mon mécanisme de défense :

– Ne pas laisser de place au stress en l'ignorant purement et simplement,

– Passer en mode « Action » immédiatement pour garder la maîtrise de ce qui m'arrive.

Cela fonctionne pour beaucoup de choses, dont certaines que j'ai citées précédemment. Je vais être en retard ? J'appelle ou j'envoie un message pour prévenir, plutôt que de regarder les minutes défiler avec agacement. Je suis coincée dans un embouteillage ? C'est l'occasion d'écouter un *podcast* ou de chanter à tue-tête dans la voiture.

Pour les stress liés à des situations installées, je les regarde en me demandant comment je peux reprendre le contrôle.

Mon système antistress

Suite à cet épisode de 2017 et aux échanges que j'avais régulièrement avec des amis et au sein de ma communauté, j'ai compris que j'avais mis en place, au fil des années, de mes apprentissages et de mes expériences, des outils de gestion, voire d'éradication de mon stress. Cette méthode me permet de faire face aux tracas quotidiens, au stress d'une vie toujours plus trépidante, aux trahisons inhérentes à mon style de vie connectée, aux problèmes liés à ma société et aux médias.

Je parle de système, car, lorsque nous sommes stressées, en désarroi devant des situations qui nous échappent, nous avons besoin, pour nous protéger, d'une mécanique de réponse bien rodée, d'une mécanique répétée devenue un réflexe acquis. L'idée est de ne plus réfléchir à nous protéger du stress parce que ce sera devenu une chose tout à fait banale, une partie intégrante de votre vie.

Voilà mon mode d'emploi :

1. DE LA ZÉNITUDE (5-10 MINUTES) TOUS LES MATINS

Au réveil, j'aime faire mon rituel zen. Cela commence par un bâton d'encens que j'allume et avec lequel je parfume les pièces de mon appartement, comme pour les nettoyer et partir sur une bonne base. Puis, après un grand verre d'eau ou un thé vert, j'étire mon corps avec un yoga doux. L'idée est de réveiller mes muscles et mes articulations. Cela peut être très court : 5 minutes, c'est déjà très bien. Vous pouvez vous inspirer de mouvements de yoga, notamment des salutations au soleil. Cet enchaînement, à répéter (deux, trois, cinq fois ou plus...), vous assouplit, vous étire et vous réveille en douceur. Effet collatéral positif : ça stimule votre production d'endorphines.

Voir, dans les bonus, ma séquence de yoga du matin.

Pourquoi ça marche? Ces 5-10 minutes consacrées à notre corps, au réveil, nous donnent le signal que c'est nous d'abord, et le top départ pour nous lancer dans la folle *to-do list* de notre journée. Ces minutes hors du temps nous permettent de nous centrer sur nous-mêmes. Elles ont un réel effet sur notre humeur générale et sur notre motivation.

2. UN *BULLET JOURNAL* POUR SE VIDER LA TÊTE

Un *bullet journal* est un livre de bord qui permet de noter tout ce que nous avons à faire, les idées qui nous passent par la tête, des listes de courses, des projets... Pas besoin de rédiger : vous listez. Vous pouvez reporter de page à page, selon les tâches qui restent à faire. Il existe de beaux *bullet journals* vendus dans le commerce, mais vous pouvez aussi faire le vôtre à partir d'un simple cahier.

Pourquoi ça marche? Une fois les choses notées, elles n'occupent plus notre cerveau. Inutile de craindre d'oublier ! C'est de l'espace mental libéré. Autre bénéfice : quel plaisir de barrer une tâche et de voir une liste arriver à la fin ! Dans la situation d'une avalanche de problèmes, c'est la méthode parfaite pour tout mettre à plat et organiser notre riposte. Nous nous concentrons sur l'action : que d'énergie gagnée !

Pense-malin : Notez votre nom et vos coordonnées sur votre *bullet journal*. Ainsi, si vous le perdez, vous avez une chance supplémentaire de le retrouver.

3. LE MASSAGE DU HOKU

Si je vous disais qu'il y avait un interrupteur du stress sur le corps ? C'est presque ça... Je ne vous promets pas de miracle, mais sachez que masser le hoku, à savoir la zone située entre le pouce et l'index, peut aider. Selon la médecine traditionnelle chinoise, appuyer fermement de 30 secondes à 2 minutes sur cette zone peut réduire les tensions dans la partie supérieure du corps, l'excitation trop intense et le stress. L'idéal est de s'isoler, au calme, et de fermer les yeux, mais cela fonctionne très bien dans un avion avec des turbulences !

Pourquoi ça marche? Nous prenons un temps pour nous dans une situation de stress. Nous nous concentrons sur quelque chose que nous pouvons contrôler. Nous nous accordons une pause hors du temps.

4. LE CHANT À TUE-TÊTE

Chantez, même faux. Chanter à tue-tête libère les énergies et rend heureux. Choisissez un titre qui vous transporte, qui vous rappelle de bons souvenirs, bref, qui vous rend heureux. Apprenez les paroles par cœur, et, en voiture, sous la douche, quand bon vous semble, laissez-vous aller. Mes deux chansons fétiches sont *I will survive*, de Gloria Gaynor, et *Être une femme* (Femmes des années 80), de Michel Sardou.

Pourquoi ça marche? Une étude très sérieuse menée en 2004 par l'Institut Musical de l'Université de Francfort a démontré l'impact du chant sur la réduction du stress. En effet, l'action de chanter entraîne la sécrétion d'endorphines par nos glandes endocrines. Leur effet se prolonge sur plusieurs heures.

5. LE SOURIRE, MÊME DANS LES MAUVAIS MOMENTS

Souriez, tout simplement. Même si vous n'en avez pas envie, même si tout vous paraît noir, souriez, quitte à vous forcer. Non, cela n'est pas hypocrite : vous amorcez simplement la pompe à sourires. Ce qui pourrait vous paraître une grimace très loin du naturel va très vite progresser vers un sourire vrai. Je vous assure ! Vous pouvez aussi vous donner un coup de pouce : regardez une vidéo de chiots qui batifolent, ça marche à tous les coups, ou bien des sketchs qui vous font rire. Sourire retrouvé !

Pourquoi ça marche? Le sourire activerait la production des neurotransmetteurs comme la dopamine et la sérotonine ainsi que les endorphines, ces fameuses hormones du bonheur. De plus, une personne souriante projette le bonheur et attire le regard bienveillant de son entourage qui la perçoit comme plus agréable et attractive. Qui plus est, sourire et recevoir un sourire sincère en retour, d'un proche ou d'un inconnu, est toujours un cadeau qui réchauffe le cœur.

6. LE RETOURNEMENT POSITIF DE SITUATION NÉGATIVE

Renversons la perception de ce qui nous arrive : que cela soit un métro manqué ou bien une connexion internet qui ne fonctionne pas, l'examen raté du petit dernier, voire la grippe qui nous met à terre. Oui, je relève le défi de rendre tout cela positif !

– Métro raté : mettez ces 5 minutes à profit pour faire des contractions de fessiers, vos exercices des yeux, répondre à un message, envoyer un mot doux ou simplement pour moins courir dans votre vie déjà intense.

– Connexion internet qui ne fonctionne pas : s'il y a des urgences, passez un coup de téléphone pour avertir de la situation, puis sortez marcher, allez discuter avec des collègues, lisez...

– Examen raté du petit dernier : notre espérance de vie est tellement longue, qu'est-ce qu'une année soi-disant perdue ? Il va gagner en maturité, passer un peu plus de temps avec vous, et il finira bien par l'avoir. Et si ce n'est pas le cas, il pourra prendre une autre voie où il se réalisera pleinement.

– La grippe : personne n'aime être malade, mais être chouchoutée par son mari, ne plus être prise dans le tumulte des obligations quotidiennes, dormir plus, passer du temps au lit... Et si on le prenait, ce repos forcé !

Apprenons aussi à reconnaître quand un événement se passe bien. Notez qu'aujourd'hui, vous aviez une place assise dans le métro, que vous aviez pile-poil la monnaie à la boulangerie, qu'il a fait beau et que vous avez pu vous balader pendant votre pause déjeuner, que tel client était à l'heure...

Pourquoi ça marche? Le cerveau fonctionne comme un muscle. Imaginons que notre cerveau puisse se renforcer comme nos quadriceps… Plus nous ferons des squats, plus il nous sera facile de faire des squats. De même, plus nous chercherons le positif dans les situations, plus il nous sera facile de le trouver. Et comme le cerveau est binaire, quand il se concentre sur le positif, il ne voit plus le négatif. Tchao le stress !

EXERCICE PRATIQUE

Prenez une feuille de papier et listez :

– 5 situations négatives qui vous ont touchée ces derniers jours ;

– Comment vous auriez pu les voir en 100 % négatif ;

– Comment vous pourriez les voir en 100 % positif ;

– Barrez (raturez-les rageusement !) les perceptions négatives pour ne laisser en visuel que les positives.

Répétez cet exercice aussi souvent que nécessaire : quotidiennement, hebdomadairement…

Exemple :

SITUATIONS	VISION NÉGATIVE	VISION POSITIVE
Je voulais faire une recette et il me manquait un ingrédient.	Je perds encore du temps à aller faire des courses.	C'est l'occasion de prendre l'air et de faire le complément de courses dont j'avais besoin. Ça me fera gagner du temps pour le reste de la semaine. Ou alors, cela me pousse à être créative et ma recette est encore meilleure !

Ce client m'a posé un lapin. J'ai attendu pour rien.	J'ai perdu une heure alors que je n'avais pas que ça à faire.	Pendant cette heure, j'ai fait du tri dans mes mails et dans les photos de mon smartphone. Depuis le temps que je devais le faire !
J'ai commandé un bon morceau de viande ce midi, et la moitié était immangeable.	J'ai payé pour rien et j'ai mal mangé.	C'est une occasion parfaite de m'affirmer et d'oser demander que l'on change mon plat.
Je dois emmener ma voiture au contrôle technique.	Je vais perdre au moins une ou deux heures.	Je vais avoir le temps de lire un roman, une BD ou une revue qui me fait plaisir.
J'ai dû rester une heure de plus au travail ce soir.	Ça me fait rentrer tard chez moi et je déteste ça.	Les transports en commun n'étaient pas bondés, et j'ai pu marcher tranquillement sans bousculades et sans tensions.
Il pleut. Je suis rentrée trempée.	Moi qui voulais me balader, c'est foutu. En plus, mes cheveux frisottent.	C'est bien qu'il pleuve : la nature en a besoin. Le jardin n'en sera que plus beau.

7. LA MARCHE, TOUT SIMPLEMENT

Marchons 30 minutes tous les jours pour nous oxygéner et nous changer les idées. 30 minutes ou plus, si nous en trouvons le temps ! Sortons sans notre téléphone portable (ou rangeons-le), sans musique, sans rien qui nous empêche de nous connecter au monde qui nous entoure, de sourire aux gens que nous croisons et de prendre le temps d'admirer les arbres, les monuments, le ciel, etc. Profitons-en pour découvrir de nouveaux coins de notre quartier, prendre des petites rues jamais explorées, ou les rues dans le sens contraire duquel nous les prenons d'habitude. En clair, secouons nos habitudes ! Quand nous en avons la possibilité, marchons dans un espace de verdure (parc, campagne, forêt), c'est encore mieux.

Pourquoi ça marche? La marche nous met en état méditatif, et, dans un espace vert, elle réduit notre niveau de stress. Le simple changement d'activité, le fait de décrocher le nez de notre ordinateur, va mettre notre cerveau sur un autre mode. Les tâches qui nous occupent vont continuer à « processer » en arrière-plan, et au bout d'une dizaine de minutes, nous voyons plus clair dans ce qui nous travaille.

8. LA REPROGRAMMATION DE CERVEAU

Nous sommes programmées à penser en négatif, et comme c'est une tendance naturelle, nous allons, sans nous en apercevoir, de nous-mêmes, dans ce sens. Ce formatage de nos émotions nous entraîne dans un cercle vicieux de pensées négatives qui nous enfoncent chaque jour un peu plus dans une mer de stress.

Combien de pensées avons-nous par jour ?

Des chercheurs se sont penchés sur la question du nombre de pensées qui nous traversaient l'esprit dans une journée. Les chiffres varient très largement : selon certains, ce serait environ 6 000, selon d'autres, nous arriverions à 60 000. C'est dire si notre cerveau travaille en permanence ! Ce qui est le plus intéressant, c'est que peu importent les 6 000 ou 60 000 pensées, 80 % d'entre elles sont négatives. Un autre chiffre édifiant est que 95 % seraient identiques à celles de la veille[48]. En clair, nous broyons du noir et nous tournons en boucle sur les mêmes idées sombres. L'explication de ce phénomène tient au stress qui, depuis la nuit des temps, nous tient en vie : notre cerveau est programmé à chercher

48. https://www.rtl.fr/actu/bien-etre/4-conseils-pour-chasser-les-pensees-negatives-7777074871 et https://sciencepost.fr/combien-de-pensees-vous-avez-par-jour/

tous les dangers possibles pour mieux les parer. Retenir le négatif est une question de survie : cela nous évite de retomber dans un même piège. Notre cerveau est donc codé pour se protéger, même contre des dangers imaginaires, alors que nous aimerions le reformater pour être heureuses, vivre pleinement, exprimer notre liberté, etc. Sommes-nous pour autant condamnées à avoir des idées négatives ? Eh bien non, car comme nous l'avons vu, nous pouvons changer. Nous pouvons nous changer. Notre cerveau peut créer d'autres cheminements. Nous pouvons aussi, plus vite, passer de la pensée négative à la pensée positive. Nous pouvons également prendre sur nous de régler les problèmes dès qu'ils se présentent pour ne pas nous empoisonner avec.

À nous de nous reprogrammer en positif :

APPROCHE FLIPPÉE ET NÉGATIVE	APPROCHE OUVERTE ET POSITIVE
Je n'ai jamais fait ça !	Quelle belle opportunité pour apprendre quelque chose de nouveau !
C'est trop compliqué !	Je vais attaquer le problème par un autre angle.
Ça ne rentrera jamais dans mon planning, je suis toujours débordée !	Je vais mettre mes priorités à plat et me débrouiller pour faire rentrer ce projet dans mon calendrier.
C'est impossible, ça ne marchera jamais !	Je vais tout faire pour que cela marche !
Je suis loin d'être une experte dans ce domaine !	Puisqu'on vient me chercher, c'est que je dois être la mieux formée.

Différencions bien la pensée positive de l'astuce 6 (il pleut, je ne râle pas, mais pense aux plantes qui n'attendaient que ça) et le reformatage positif où nous sommes des personnages actifs dans la transformation du message. Les deux techniques sont complémentaires.

À vous de faire votre tableau !

Pourquoi ça marche? Penser différemment et changer notre logiciel s'apprend, mais prend du temps. Plus nous nous efforcerons d'aborder les événements ou difficultés avec confiance, plus ce sera naturel. Le stress disparaîtra de lui-même, car il n'aura plus lieu d'être. Rappelons-nous ce principe inspiré de la philosophie stoïcienne : la vie, c'est 10 % ce qui nous arrive et 90 % notre manière de réagir aux événements.

Si le stress épuise nos forces, le combattre les accroît. Notre force se mesurera à notre résistance au stress, et se déploiera d'autant plus que celui-ci sera réduit à peau de chagrin.

Les TOP : la méthode en vogue pour gérer son stress

Les TOP[49], ou Techniques d'Optimisation du Potentiel, ont le vent en poupe. Utilisées dans le milieu militaire, elles se sont étendues à l'entreprise et au développement personnel. Objectif : mieux gérer son stress pour être toujours au top. Plus précisément, c'est une méthode qui vise à révéler le potentiel de chacun, donner confiance et agir au mieux dans des situations de tension. Elle a été créée par le Dr Édith Perreaut-Pierre, médecin militaire, pour aider les forces armées à gérer le stress opérationnel. Elle s'est, depuis, étendue largement au monde civil.

La méthode des TOP se donne l'objectif de permettre à une personne d'être en pleine possession de ses ressources et capacités, même en situation de stress (surtout en situation de stress !).

Elle s'appuie sur 4 piliers :

– des exercices de **respiration**, qui permettent de se détendre, de se recentrer sur soi et de gagner en concentration ;

– des exercices de **visualisation** et d'**imagerie mentale**, fondés sur le fait qu'un scénario imaginaire permet de familiariser le cerveau à des situations inquiétantes, de le préparer et donc d'être opérationnel même

49. À ne pas confondre avec les « taupes » qui se planquent sous terre…

dans une situation jamais vécue dans le réel, ou encore la visualisation de la réussite, d'une situation de succès, pour mieux se projeter et agir dans ce sens ;

– la **relaxation**, avec des exercices inspirés de la sophrologie, de l'hypnose et de la méditation, pour faire le vide dans son esprit ;

– le **dialogue interne positif** et constructif, pour comprendre ce qui se passe en soi, réagir de manière intelligente et posée, mieux se connaître, progresser...

Les TOP sont une méthode complète, avec ses outils spécifiques. Ils sont théorisés dans des ouvrages et formations.[50]

Si je n'applique pas personnellement cette méthode, je ne passe pas à côté de certains de ses aspects. Pour la relaxation et la respiration, rendez-vous page 278 avec le yoga respiratoire et dans les bonus avec le mode d'emploi pour méditer. Je vous fais un point sur la visualisation page 141. Cultiver la force par la pensée. Quant au dialogue interne positif, vous le retrouvez abordé sous différents aspects dans plusieurs parties de ce livre, dont les « Exercices quotidiens », pages 274-276.

FORCE ET GALÈRES : LA FORCE DE REPARTIR DE ZÉRO

Il y a la force des petits rebonds et des petites galères, et la force des gros rebonds et des grosses galères. C'est ce sujet que je vous propose d'explorer désormais.

Rebondir après un *game over*

Ce n'est pas parce que je suis arrivée aux États-Unis pour commencer une nouvelle vie que tout m'a toujours souri. J'ai galéré. Je me suis accrochée. J'ai frappé aux portes. Je me suis battue comme une lionne. J'ai été débarquée de projets. Je me suis écroulée. Je suis repartie de plus belle. Ma force, même bien amochée, a toujours été là pour moi.

50. Le livre de la créatrice des TOP : *Comprendre et pratiquer les techniques d'optimisation de potentiel : Une méthode personnalisée pour mobiliser ses ressources et rester au TOP*, Édith Perreault-Pierre, InterEditions.

Anecdote de vie :
Je me suis fait licencier deux fois d'affilée

2 janvier 2000, j'atterris à San Francisco, avec mon mari, mon fils, mon père et onze valises. J'ai toute ma vie avec moi. Et tout à recommencer.

Je me sens d'attaque comme une hyène[51] qui viendrait de dévorer une girafe entière. C'est le double effet de convoquer sa force : elle vous remet sur les rails, avec un coup d'accélérateur en prime. Comme les étoiles dans Mario Kart.

J'ai retrouvé ma sérénité et ma confiance. J'ai survécu, et le soleil est plus radieux ici. En plus, je donne une chance incroyable à mon fils. Mon mari s'éclate dans son job. Et moi, je suis au début d'une nouvelle vie, où tout est à écrire.

Je prends rapidement mes marques. Je découvre une association de Corses expatriés, qui me permet de faire de belles rencontres. C'est d'ailleurs ma corsitude chevillée au corps qui m'oriente vers mon premier job et le décrochage du visa-Graal qui m'autorise à travailler. Mon expérience et mon dynamisme parlent pour moi : me voilà en rendez-vous dans une start-up israélienne. Entre accents étrangers, nous nous comprenons facilement et le courant passe. J'expose des idées, donne des conseils. Le PDG, qui observait mon manège, me convoque. Je le convaincs. Il me propose un job. Je m'attends à une place de cadre, au mieux. C'est ce que j'étais dans mon précédent poste et je débarque à peine aux États-Unis : ce serait déjà top. Il me parle de devenir sa directrice exécutive. En suis-je seulement capable ? Pour lui, la réponse ne fait aucun doute. La seule question qui demeure : combien est-ce que je veux. Sous le coup de la pression, ou de la précipitation, l'un des deux sans doute, je demande un salaire exorbitant et des vacances. Le coup de bluff, certes pas totalement maîtrisé, fonctionne : il me veut, j'obtiens les deux.

La force est avec moi. La vie me sourit.

Je bosse pendant trois ans dans la boîte, à un rythme qui n'a rien à voir avec ce que je connaissais en France. Les horaires et les week-ends ne sont que des indications qui ne font pas sens en termes de temps de travail. Trois ans intenses, pendant lesquels

51. Rappelez-vous : l'hyène est l'un des animaux les plus forts au monde !

je donne tout à la boîte. Enfin, me revoilà en position forte... ! Au sommet !
Sauf que les cartes vont être rebattues.
Gros krach économique de 2001 avec explosion de la bulle internet, rachat de la boîte.
On me laisse le choix : rester et repartir en bas de l'échelle avec un salaire divisé par 5, ou quitter mes collègues. J'aime mon équipe, je suis persuadée que je remonterai rapidement les échelons, alors, contre l'assurance que je suis gardée, je donne mon accord pour rester. C'est un vendredi matin. L'après-midi, une boîte qui m'avait repérée m'appelle pour me proposer un super job : je ne change pas d'avis. Ma confiance, ma fidélité à mes engagements et ma force de caractère vont dans le même sens : c'est une pente à remonter, et je peux le faire. Pas question de porte de sortie quand les choses se corsent. Je vais au combat, avec ma *team !*
Le lundi, quand j'arrive dans les bureaux, on me conduit auprès d'un directeur. De but en blanc, celui-ci m'annonce qu'il y a eu des remaniements et changements d'avis, et que je ne suis plus de la partie. Je suis purement et simplement invitée à rentrer chez moi. **J'avais tout donné, j'étais prête à soulever des montagnes, mais c'est fini pour moi. *Game over.***
Peut-être est-ce cette force, convoquée pour ma boîte, que je me suis appropriée ? Dans tous les cas, sur ce coup-là, je ne me suis pas écroulée.
Le chômage, aux États-Unis, ça n'existe pas. Je n'ai pas le temps de réfléchir ou de m'apitoyer sur moi-même, je dois retrouver du boulot. C'est vital. L'oisiveté me tue.
Alors, je cherche, je postule. La chance sourit aux audacieux, et j'ai de l'audace à revendre. Mon profil et mon dynamisme séduisent une start-up. Le job en question ? Vice-présidente du développement du business. Si j'ai appris quelque chose de mes expériences passées, c'est que je suis capable du meilleur (oui, j'ose le dire !), et que quand un PDG fait confiance, ce n'est pas en l'air. Il n'est pas là pour couler sa boîte ! Bien au contraire, nos dynamismes et ambitions s'accordent à merveille. Je m'éclate.
Pendant un an et demi, je contribue à développer la boîte et crois à fond au projet. Hélas, même sur de bons rails, une société peut dérailler. Cela tient à peu de chose. Là, c'est un problème de cash.

Je ne suis pas au courant de cet aspect du business. C'est un 1er octobre. Je m'en souviens comme si c'était hier. **Je sors du cabinet du médecin, qui vient de m'annoncer un problème de santé inquiétant. Pour ne pas sombrer, je me raccroche aux branches : j'ai un job que j'adore. À 13 heures, j'apprends que je n'ai plus de boulot.**

Là, c'est trop. Les galères en France, le premier licenciement aux États-Unis et là, un second… Pourquoi le sort s'acharne-t-il sur moi ?

Désespérée, j'appelle une amie. Nous pleurons toutes les deux à chaudes larmes. Elle est au trente-sixième dessous, elle aussi : son mari la trompe, et elle est enceinte. Nous noyons nos chagrins dans des burgers, sodas, frites et sundays au McDo.

Repues, effondrées, mal dans nos têtes et dans nos corps, nous restons là, à nous regarder. À nous observer. À nous prendre à témoin de nos réactions. OK, nous avons craqué, mais c'est fini, nous ne craquerons plus. « Après tout, demain est un autre jour » : la phrase de Scarlett O'Hara est un de mes *leitmotive* et, ce jour-là, elle résonne fort en moi. En nous.

C'est à ce moment que l'idée de ce qui deviendra le bootcamp est née. D'un craquage, d'un gavage, d'un moment où rien n'allait plus.

Paradoxalement, parce qu'il ne semblait plus y avoir d'issue, tout devenait possible. Et une chose en particulier : prendre le contrôle de mon existence.

Un échec. Deux échecs. Trois échecs. Peut-être pas des échecs, mais un départ lié à des circonstances indésirables et deux licenciements. Ça a de quoi vous plomber. Ça m'a plombée… mais un temps.

Le temps de toucher le fond ou plutôt la toile du trampoline sur laquelle j'allais rebondir.

La force, un tissu émotionnel qui s'étend à l'infini

Là encore, la force est au rendez-vous. Là où j'aurais pu me laisser abattre et choisir, par défaut, une vie de femme au foyer, je n'ai rien lâché. (NB : Chacune choisit la vie qui lui convient, c'est le « par défaut » qui est problématique, et non la décision qui, bien sûr, appartient à chacune.) Je me suis appuyée sur mon expérience du premier job aux États-Unis pour en trouver un second. **L'avantage de la force, c'est qu'une fois sollicitée sur une situation difficile, quand la même galère se représente, elle revient avec toute sa puissance.** Et c'est aussi ce qui s'est passé avec le second licenciement, avec, c'est vrai, un retardement. Parce que oui, parfois, je craque, et que c'est OK de craquer. Tant que nous nous reprenons en main.

La citation qui inspire :
« Échouer, c'est avoir la possibilité de recommencer de manière plus intelligente. » (Henry Ford)

Est-ce qu'il y a une fin au rebond ou est-ce un mouvement perpétuel ? J'ai envie de croire que c'est un mouvement que l'on peut rendre infini, et croissant. Des rebonds de plus en plus hauts, nourris d'une force de plus en plus grande. Parce que chaque difficulté surmontée, chaque épreuve, par l'enseignement qu'elle nous apporte, par le simple fait d'y avoir survécu, nous montrent que la vie continue, et qu'il nous appartient de reprendre la main.

FORCE ET ATTITUDES : NOUS RESPONSABILISER POUR AVANCER

Il y a des vérités qui sont difficiles à entendre. Cette partie va les aborder. Pour cultiver vraiment notre force, nous allons devoir perdre quelques mauvaises habitudes et comportements délétères. Je vous rassure d'emblée : mon but, pour cette partie, est de faire monter en vous la motivation et la détermination. Ça va peut-être piquer au départ, mais je suis sûre que vous retiendrez une chose :

C'est à ma portée. Je vais y arriver.

Ces attitudes contreproductives et antinomiques de la force

Aux antipodes de la force, il y a : l'apitoiement, la procrastination, l'inaction, la paresse, la déresponsabilisation et l'égocentrisme. Des défauts ou tendances que vous n'avez évidemment pas (!), mais que nous allons tout de même regarder de près. Surtout, observons en quoi ils nuisent au développement de notre force.

OUBLIONS L'APITOIEMENT SUR NOUS-MÊMES : REPRENONS LE POUVOIR

Les personnes fortes refusent de s'apitoyer sur leur sort. Elles font la part des choses sur ce qui est sous leur contrôle et sur ce qui n'est pas de leur fait. Elles se concentrent sur leurs possibilités d'action et ne s'attardent pas sur ce qui n'est pas, ou n'est plus, de leur ressort.

Personne d'autre que nous n'est maître de notre vie

Nous victimiser ne nous aide pas à nous rendre plus fortes, car nous nous déresponsabilisons. Nous donnons à différents éléments que nous ne contrôlons pas ou à des personnes extérieures le pouvoir de décider de nos vies et de nos destins.

Si je m'étais apitoyée sur mon sort en pensant qu'avec un poumon abîmé, je ne pourrais pas faire de sport, alors je ne serais pas la personne que je suis aujourd'hui.

Ne laissons personne, pas même nous, nous décourager en nous faisant penser que nous n'avons pas la main sur notre vie.

Regardez les jeux Paralympiques et admirez ce que ces athlètes exceptionnels font, qu'ils soient nés avec un handicap ou qu'ils aient perdu un (ou des) membre(s) au cours de leur vie. Ils incarnent à la perfection la mainmise que nous avons sur notre destinée.

Je ne dis pas que les injustices n'existent pas. Je ne dis pas non plus que nous avons tous les mêmes chances à la naissance. Je ne dis pas non plus que le système n'opprime pas certains groupes de personnes pour en favoriser d'autres. Je ne dis pas non plus que le système est bien fait. Ne me faites pas dire tout cela.

Ce que je dis, en revanche, c'est que nous avons tout à gagner à prendre le pouvoir sur ce qui nous appartient, et cela en toutes occasions. Personne ne lèvera les bras pour nous ou ne nous aidera à les garder levés : si nous les baissons, parce que nous nous apitoyons sur nous-mêmes, c'est nous que nous punissons. Personne d'autre.

Refuser de s'apitoyer sur nous-mêmes, c'est reprendre le pouvoir sur notre vie quand une situation est en notre défaveur. C'est refuser la fatalité ou la sanction. C'est la rendre non définitive.

Dépensons nos ressources à bon escient

Dans une phase difficile, la pensée que le monde entier est contre nous peut nous traverser l'esprit. Ne rêvons pas : nous ne sommes pas le centre du monde. Plus sérieusement, penser que tout est contre nous, que nous n'avons pas de chance ou que les dieux (ou l'univers) ne sont pas avec nous va saper notre force. Une réflexion en amenant une autre, nous allons arriver à cette conclusion délétère : ça ne sert à rien d'essayer, puisque ça rate à chaque fois.

De même, nous plaindre ne nous aidera pas davantage, et, comme pour le reste, c'est contreproductif : nous donnerions l'impression d'être passives et de manquer de ressources. L'énergie que nous mettrons à nous plaindre, le temps que nous déroberons à nos interlocuteurs est un temps que nous n'aurons pas utilisé pour chercher une autre solution, « brainstormé » sur notre projet, défriché de nouveaux chemins…

Donc ne nous apitoyons pas sur notre sort : agissons !

ARRÊTONS LA PROCRASTINATION INFINIE : AGISSONS AUJOURD'HUI

Les citations qui inspirent :
« À force de remettre à plus tard, la vie nous dépasse. » (Sénèque)

« En suivant le chemin qui s'appelle plus tard, nous arrivons sur la place qui s'appelle jamais. » (Sénèque)

Beaucoup de projets échouent faute d'avoir été initiés. Beaucoup d'ambitions ne s'accomplissent pas faute d'une première pierre posée. Des rêves, des buts, restent à l'état de fantasme ou sur des *to-do lists* de vie faute d'un bon moment pour être concrétisés. Parce que, bien souvent (pour ne pas dire tout le temps), le bon moment n'existe pas.

Combien de personnes se disent qu'un jour elles écriront un livre et ne le font jamais ? Les vacances sont trop courtes, les soirées et week-ends sont trop chargés, les obligations diverses sont trop chronophages... On attend un congé sabbatique qu'on ne prend jamais, on attend la retraite. Combien de mes coachées ont reporté leur rééquilibrage alimentaire parce que ce n'était jamais le bon moment ? Combien de personnes repoussent leur droit au bonheur en disant qu'elles prendront du temps pour elles plus tard ? Oui, mais quand ?

Vous êtes-vous déjà demandé pourquoi vous procrastiniez autant ? J'en parle dans la partie 4... Oui, c'est par peur. Aussi fou que ce soit, peut-être (certainement) avez-vous peur de votre projet.

Vous avez peur (le choix multiple est possible) :

- d'échouer ;
- de ce que vont penser les autres ;
- de ce que ça va changer dans votre vie ;
- d'être décevante ou pas à la hauteur ;
- autre choix : ...

Concentrez-vous sur vos émotions et sentiments quant à votre projet. Étudiez-le sous le prisme de la peur. Puis mettez en place un plan d'action. De quelles ressources avez-vous besoin ? Que pouvez-vous faire maintenant, là, dès à présent ?

N'attendons plus, faisons ! Organisons le voyage de nos rêves. Ouvrons un fichier sur notre ordinateur ou un cahier et posons les premiers mots de notre roman. Inscrivons-nous dans cette école de chant qui nous attire depuis tant d'années. Entamons les démarches d'un bilan de compétences.

LE PERFECTIONNISME EST UN GROS DÉFAUT, VRAIMENT!

Vous connaissez cette question dans les entretiens d'embauche : Quel est votre plus gros défaut ? Les petits malins aiment répondre : « Le perfectionnisme ». Eh bien, sachez-le, c'est un vrai défaut. Un défaut qui nous empêche non seulement de nous lancer dans un projet, mais en plus d'en venir à bout. Le perfectionnisme est le pendant de la procrastination. Dans un cas, ce ne sera jamais le bon moment, et dans l'autre, ce ne sera jamais assez parfait. Le résultat est le même : l'inaction.

La citation qui inspire :
« À force d'aller au fond des choses, on y reste. » (Jean Cocteau)

Je vais vous révéler un scoop : la perfection n'existe pas. Voilà, c'est dit. Cela n'est pas un blanc-seing pour ne pas faire les choses du mieux possible. Au perfectionnisme, préférez « l'optimalisme ». Le mot n'existe pas, et c'est bien dommage. En choisissant l'optimalisme, nous cherchons les meilleures solutions, voies, actions, etc., selon notre objectif, c'est-à-dire des solutions adaptées, contextualisées, efficientes, pas parfaites, mais ancrées dans le réel.

Sortons-nous la perfection de la tête. Elle est une excuse pour ne pas agir.

Un jour, le PDG d'un grand groupe m'a dit : « Si vous lancez un produit que vous estimez absolument parfait, c'est que vous avez attendu trop longtemps. »

Et si vous avez des doutes, regardez autour de vous : existe-t-il des bâtiments parfaits ? Des logiciels parfaits ? Des hôtels parfaits ? Des restaurants parfaits ? Des magasins parfaits ? Des entreprises parfaites ?

Cette réflexion est aussi valable pour les personnes sujettes au complexe de l'imposture (voir page 191).

Enlevons tout ce poids de nos épaules, soufflons un bon coup : tout ce qu'il nous faut, c'est faire de notre mieux !

EN FAIRE LE MOINS POSSIBLE, OU COMMENT GASPILLER NOTRE ÉNERGIE À NE RIEN FAIRE

Vous serez certainement d'accord pour dire que la paresse est antinomique de la force : pas besoin d'épiloguer sur le sujet. En revanche, il existe une autre forme de paresse qui pompe énormément de force et brasse beaucoup d'air. C'est cette propension qu'ont certaines personnes (on en connaît toutes !) qui passent un temps fou à déterminer comment elles peuvent faire les choses en se fatiguant le moins possible.

C'est, quand nous déménageons, ceux qui restent statiques devant le camion en réfléchissant à une stratégie pendant que les autres ont commencé à porter les cartons. Ils sont malins, car pendant ce temps-là, ils ne se fatiguent pas. C'est plus généralement ceux qui, pour une action pénible, mais relativement simple, étudient longuement toutes leurs possibilités. Ce temps et cette énergie mentale pour arriver au moindre effort ne sont pas l'apanage des personnes dites fortes. Action/réaction, avec discernement, évidemment : voilà ce que je prône.

LES EXCUSES, C'EST FINI : VOUS DÉCIDEZ, VOUS AGISSEZ

L'un de mes hashtags et mantras préférés est : #NoExcuse. J'en ai même fait un tee-shirt pour ma marque LiliWarrior. Je le répète à tout bout de champ : pour moi quand je grimpe une montagne ou quand je m'entraîne, comme pour mes coachées.

La foire aux excuses

En tant que coach, je ne veux pas voir d'excuses : je veux voir de la motivation et des résultats. Et en tant que coach aussi, j'ai entendu et lu tellement d'excuses pour ne pas prendre soin de soi que j'ai pu les compiler en un livre. Ce n'est pas une blague... Et pour que ce livre soit utile, j'ai trouvé des solutions et des réponses à chacune.

5 excuses courantes pour ne pas faire de sport et leur débunkage

Dans les excuses préférées entendues chez mes coachées, je vous propose :

« Je sors de chez le coiffeur, je ne vais pas bousiller mon brushing. »

À cela, je réponds : Faire du sport ne veut pas nécessairement dire sauter dans tous les sens jusqu'à ce que transpiration et teint écarlate s'ensuivent. Nous pouvons également privilégier une séance de stretching qui va mobiliser de manière intensive chaque muscle de notre corps pour l'étirer et allonger la fibre musculaire. C'est également un bon moyen de récupérer lorsque nous avons des courbatures ou quand nous voulons améliorer nos performances.

« Il pleut. »

Comme nous n'avons pas été génétiquement conçues en sucre et qu'il existe de superbes vêtements de pluie spécialement élaborés pour l'activité physique, pas d'excuses pour ne pas bouger. Profitons-en pour faire de la pensée positive : même si nous préférons le soleil, il est vital de prendre conscience que la pluie est nécessaire aux plantes par exemple et à notre écosystème. Sans eau, pas de vie !

« J'ai mal au ventre, car j'ai trop mangé. »
C'est certain qu'après un gros repas, nous n'allons pas joyeusement enchaîner les séries de crunchs[52] comme si de rien n'était ou sauter dans tous les sens au risque de tout régurgiter. Cependant, aller marcher à bon pas après le repas (la fameuse balade digestive) va nous permettre d'échapper à l'effet de somnolence que les agapes auront durant votre digestion. Cette marche active permettra également de masser nos intestins et estomac pour booster la digestion et diminuer les sensations de mal-être.
« Il y a des gens trop bizarres à la salle de sport. »
Nous sommes tous et toutes la personne bizarre de quelqu'un d'autre ! Ignorons le regard des gens comme ils ignoreront le vôtre et concentrons-nous sur notre objectif et notre séance. À force de régularité, nous ferons partie du décor et plus personne ne fera attention à personne. Venez avec une amie si nécessaire et si vraiment le lieu ne vous convient pas, changez pour une autre salle où l'atmosphère sera davantage en adéquation avec vos attentes.
« Je suis génétiquement programmée pour être molle, rien ne marche sur moi. »
Une fibre musculaire est une fibre musculaire. Il n'y a pas génétiquement deux types de muscles : ceux des personnes toniques et ceux des personnes dites molles. Ce qui peut nous démotiver en revanche, c'est la graisse qui entoure nos muscles. Plus nous en avons et moins nous voyons les résultats sur nos muscles vu qu'ils sont cachés en dessous. Pour éliminer la graisse, il nous faut associer une alimentation saine, une combinaison d'exercices cardio et de renforcement musculaire (pour brûler et renforcer à la fois) ainsi que des habitudes de vie saines (sommeil, stress...). Si un de ces paramètres est manquant, nos efforts n'aboutissent pas. Mais la bonne nouvelle, c'est qu'il suffit de les corriger pour inverser la tendance.[53]

La bonne excuse du moment : le lâcher-prise

Lâcher-prise : c'est la grande expression à la mode. C'en est même devenu une injonction. On n'arrive pas à faire quelque chose ? Il faut lâcher prise. Les choses ne se passent pas comme prévu ? *Idem*. Lâcher prise sur ce que nous ne contrôlons pas : oui, bien sûr. Mais accrochons-nous à ce que nous contrôlons ! Toute situation ne se prête pas au lâcher-prise, d'autant plus quand nous sommes dans la démarche

52. Je ne parle pas du chocolat !
53. Je propose une cinquantaine d'autres excuses dans mon e-book « Excuses Fitness ».

de cultiver notre force. Il arrive même, plus fréquemment que nous le pensons, que le lâcher-prise soit une excuse déguisée, une fainéantise justifiée.

Pour savoir ce qu'il en est vraiment dans notre situation, prenons le temps d'une réflexion posée et honnête : ce sujet mérite-t-il que je lâche prise ou bien une prise de conscience que je vais devoir me retrousser les manches, mais que c'est à ma portée, parce que je suis forte ?

Épisode de vie :
Moi, lâcher prise ? Certainement pas !

Il y a plusieurs années, lorsque je gravissais ma première montagne avec des attelles à cause de mes problèmes osseux de naissance et que j'insistais en proclamant : « Je ferai l'Everest un jour et les 7 sommets aussi », on me répondait que c'était impossible pour moi. Je le disais haut et fort : je refusais d'accepter cette impossibilité, j'allais me battre. La phrase couperet tombait toujours : « Lâche prise ».
Résultat ? Je n'ai pas lâché prise. Je me suis battue, j'ai trouvé des traitements, des techniques et une alimentation anti-inflammatoire qui a fait ses preuves. J'en ai même fait un programme, que j'ai bâti à force de recherches et de tests, et que j'ai baptisé Keto Smart. Il est maintenant recommandé par de nombreux médecins en France. Et vous le savez, j'ai gravi des montagnes, et quelques-uns des plus hauts sommets du monde. J'ai aussi rallié le pôle Sud à ski.

Nous ne sommes pas le centre du monde

NE PRENONS RIEN PERSONNELLEMENT

Voilà une mauvaise habitude largement partagée : prendre les choses personnellement. C'est ce qu'il se passe quand nous pensons que notre collègue qui ne nous a pas souri ce matin nous en veut. Nous surinterprétons et sur-réagissons émotionnellement à quelque chose qui, la plupart du temps, ne nous concerne pas. Et ça, ce n'est pas bon pour notre force.

Reprenons l'exemple du collègue qui ne sourit pas. Qui sera le mieux dans sa tête ? Celui qui dresse un état des lieux complet des échanges de ces derniers jours pour identifier le moment d'un possible conflit ? Ou celui qui se dit : il ne m'a sans doute pas vu, ou peut-être est-il préoccupé ? Le premier est affecté. Il est déconcentré, il tergiverse et il dépense une énergie folle en conjectures... pour rien. Le second est serein.

Ne rien prendre personnellement et ne rien supposer compte pour deux des *Accords toltèques*, ce livre de développement personnel de Miguel Ruiz, qui a fait un best-seller.

Voir le mal partout et nous monter la tête est une source d'épuisement assez évidente, qui peut s'assécher aussi sec si nous nous rappelons une chose simple : nous ne sommes pas le centre du monde. Tout ne tourne pas autour de nous. Nous ne sommes pas au cœur des préoccupations de toutes les personnes qui nous entourent, nous fréquentent ou nous croisent. Croyez-moi, c'est libérateur ! Parmi les bénéfices, je compte :

- libérer de l'espace mental pour nous concentrer sur ce qui importe ;
- nous détacher du regard des autres ;
- donner moins d'importance aux on-dit ;
- sortir de la crainte de la honte (qui peut nous empêcher d'agir) ;
- alléger nos relations avec notre entourage (la susceptibilité, quel poison !).

En voyez-vous d'autres ?

CELA N'ENGAGE QUE MOI, MAIS...

JE CHOISIS DE PRENDRE BIEN TOUT CE QU'ON ME DIT

Quand j'observe une attitude ou une parole à mon égard que je ne sais pas comment interpréter : bien ou mal, je ne cherche pas longtemps. Je choisis de la prendre bien : dans 90 % des cas, j'aurai raison. Et dans les 10 % restants, quoi de mieux pour moucher mon interlocuteur que de ne pas tomber dans son piège ?

LE CAS DU MESSAGER OU DE LA CONFUSION ENTRE LE MESSAGE ET SON PORTEUR

« Ne tirez pas sur le messager », dit-on. Et pourtant, qui n'a jamais essuyé de tirs en délivrant une mauvaise nouvelle ? Qui n'a jamais pris personnellement un mot d'humeur après avoir transmis une information contrariante pour son interlocuteur ? Que nous soyons d'un côté ou de l'autre du message, rappelons-le : le messager n'est pas en cause.

Ne pas tirer sur le messager est un indice de notre force

Votre collègue, votre partenaire, votre conjoint (peu importe) vient de vous annoncer une mauvaise nouvelle : untel est malade, tel événement est retardé, il y a une fuite d'eau quelque part, la voiture a été rayée sur le parking... Lui répondre : « Tu fais suer ! Comme si on avait besoin de ça ! » est tout sauf productif. Déjà, parce qu'il ou elle est aussi contrarié que vous, et que vous ajoutez de l'énervement à l'énervement au lieu de passer en mode Action/Réaction. Ensuite, parce qu'avec un comportement négatif, vous nuisez à votre relation : la personne risque de craindre de vous parler de problèmes, et ça peut nuire à la communication indispensable au bon fonctionnement de l'entreprise ou du couple. Enfin, grogner sur un problème ne l'a jamais fait disparaître. La contrariété, si elle ne s'exprime pas, disparaît.

Si vous avez tendance à vous emporter, voici deux méthodes pour mieux réagir.

1. Prendre un temps mort. Fermer les yeux, puis respirer profondément pendant 10 à 15 secondes, pour faire baisser la tension.
2. Faire la part des choses et l'exprimer : « Je sais que ce n'est pas de ton fait, je sais que tu n'es pas responsable, mais il faut que je le dise : ça fait suer ! Maintenant, agissons. Que pouvons-nous faire ? »

Et si vous avez tiré à vue sur le messager et qu'il est trop tard, ce n'est pas un drame. La personne peut comprendre (elle a sans doute déjà tiré à vue sur des messagers elle-même), l'important étant de rétablir une situation sereine.

Ne pas nous sentir visées quand nous sommes messagères est une force

Quand nous sommes les messagères et que nous prenons une salve de tirs, détachons-nous : c'est le message qui provoque cette colère ou cet agacement, pas nous. Pour les personnes très sensibles ou quand le message risque de bouleverser l'interlocuteur, cette rationalisation peut ne pas suffire. Choisir un moment propice peut être une première réponse. Délivrer le message en présence de témoins ou sans témoins, selon les cas, pourra aussi changer la donne. Faisons preuve de tact et de psychologie.

Enfin, une petite astuce du quotidien : vous êtes rentrée chez vous, vous avez récupéré le courrier et vous découvrez que votre conjoint a reçu une amende. Vous le savez : le temps qu'il le digère et que sa mauvaise humeur passe, ça va vous gâcher la soirée. Comme vous êtes sensible, cette humeur négative va vous peser. Envoyez-lui un message : il aura tout le temps de grommeler loin de vous. Il pourra même rentrer plus tard, après s'être défoulé à la salle de sport. Et vous, il ne vous aura pas vampirisée !

LES IDÉES QUE NOUS NOUS FAISONS SUR CE QUE PENSENT LES AUTRES

Ce que pensent les autres de nous est un grand sujet de tergiversations, de craintes et de doutes. Non seulement nous prenons en compte ce qu'ils pensent, mais en plus, nous leur prêtons bien souvent des pensées qu'ils n'ont pas.

CELA N'ENGAGE QUE MOI, MAIS...
JE PRÉFÈRE LES CLUBS DE SPORT MIXTES OÙ L'ON EST LIBRE DE MONTRER SON VENTRE

Je vais vous donner un exemple qui, personnellement, me choque : les salles de sport non mixtes réservées aux femmes. L'argument principal donné est que les femmes se sentent plus libres et moins complexées quand il n'y a pas d'hommes dans les parages. Elles ne se sentent ni jugées ni épiées. Sans le regard des hommes, elles sont plus à l'aise. Je fréquente des clubs de sport mixtes depuis plusieurs décennies, et cela me choque. Pour moi, c'est prêter à la gent masculine des regards déplacés ou des jugements quand, dans la très grande majorité des cas, ils n'en ont absolument rien à faire qu'on ait le ventre à l'air ou qu'on fasse un squat profond. Ces messieurs sont concentrés sur leurs mouvements ou sur leur smartphone : le reste, ils s'en fichent totalement. Je ne dis pas que ça ne peut pas attirer un regard, mais pas de quoi fouetter un chat (ou le propriétaire du regard). Votre regard sera aussi certainement attiré par une belle musculature, et c'est OK. Et pour les personnes mal dans leur corps et bourrées de complexes, sachez que les addicts des clubs de fitness sont des personnes qui ont traversé les mêmes doutes existentiels et qui ont opéré une transformation. Des anciens gros. Des anciens gringalets. Peu importe. Je n'ai jamais entendu, ô grand jamais, un ou des hommes parler entre eux pour critiquer des femmes qui prenaient soin de leur silhouette. En revanche, des femmes se critiquer entre elles, ça... !

Beaucoup de personnes n'osent pas ouvrir la porte d'un nouveau lieu par peur de ce que les gens sur place vont penser et par crainte du ridicule. Faites le test : demandez de l'aide. Dites : « Je suis nouvelle, je ne sais pas comment faire/je ne sais pas comment ça se passe. » Vous serez accueillie à bras ouverts, conseillée, chouchoutée.

Nous avons déjà beaucoup à faire avec les avis des autres quand ils sont exprimés, avec les absences de soutien ou les sabotages de nos entourages, avec les injonctions avérées de la société pour ne pas en rajouter. Libérons-nous de nos imaginaires nocifs !

Différer notre plaisir et notre satisfaction : un ressort clé de la force

Avoir la force, c'est savoir faire les bons choix, c'est-à-dire ce qui est bon pour nous sur le long terme et selon nos ambitions *versus* un plaisir immédiat. Cela consistera à préférer un dessert sain à une pâtisserie débordante de beurre et de sucre. Ou à avancer sur notre projet plutôt que de passer la soirée devant la TV.

Plus facile à dire qu'à faire ! Je suis bien d'accord. Pourtant, réussir sur le long terme, quel que soit le projet, demande de la détermination. Cela demande même de faire l'inverse de ce que certains préceptes de développement personnel nous invitent à faire. Le plus fameux ? Celui des épicuriens. « *Carpe diem* », ça vous dit quelque chose. Évidemment. Le vers entier, « *Carpe diem, quam minimum credula postero* » (Cueille le jour présent sans te soucier du lendemain), du poète latin Horace, nous enjoint à profiter de la vie et de ses plaisirs ici et maintenant.

CELA N'ENGAGE QUE MOI, MAIS…
JE DIS NON À L'EXPRESSION *CARPE DIEM*

La phrase « *Carpe diem, quam minimum credula postero* » est issue d'un poème composé pour une femme que le poète veut séduire. Pour faire simple, il veut avoir un rapport sexuel avec elle et pour y parvenir, il lui dit qu'ils perdent du temps à discuter, qu'elle vieillit, et que personne ne sait combien de temps il a à vivre. Ouch, le romantisme et les belles idées en prennent un coup ! « *Carpe diem* » est l'argument d'un homme sans doute peu séduisant et âgé pour mettre une jeune femme dans son lit. Regardez Ronsard, parangon du romantisme, son argumentaire repose sur le même ressort : « Cueillez dès aujourd'hui les roses de la vie » fonctionne sur cette idée d'accepter des avances avant de finir vieille et moche. Donc non, ne tombons pas dans ce piège !

Si j'en reviens à la formule telle qu'elle est utilisée et revendiquée de nos jours, elle peut nous inciter à craquer constamment sur des aliments trop gras, trop salés ou trop sucrés, à mener une vie débridée, à n'avoir aucune règle ni aucune attente quant à l'avenir. Oui, c'est extrême, d'où la nécessité de rééquilibrer la balance et d'apprendre à, parfois, renoncer au plaisir immédiat.

Pour nous aider, nous avons besoin d'objectifs clairs, qui nous apporteront une satisfaction supérieure à celle de la récompense instantanée. La force nous permet de résister à la tentation. La force nous permet de garder le cap. Et bonne nouvelle, cette force, cette détermination, est un état d'esprit qui, comme un muscle, s'entraîne. Quand nous cédons à une impulsion immédiate, nous consolidons des cheminements dans notre cerveau qui appellent une gratification directe. Cela devient une habitude. Inversement, si nous faisons l'effort de ne pas céder, si nous retardons le plaisir et donc la gratification, nous allons établir des connexions vertueuses entre la retenue, la discipline et la récompense.

Voici quelques questions à nous poser sérieusement quand nous hésitons entre plaisir immédiat et maintien de l'objectif :

- Est-ce que ça vaut le coup ?
- Qu'est-ce que me dirait mon « moi » de demain ?

– Est-ce que, si j'étais ma coach, je me l'autoriserais ?

Enfin, gardons en tête que nous avons aussi le droit de craquer. Personne n'est jamais parfait. Nous ne pouvons jamais être 100 % sur un objectif : nous avons besoin d'échappatoires, de zones de liberté et de bouffées d'oxygène pour ne pas craquer. Le 80 % de perfection et 20 % de délicieuses imperfections est le bon *deal*.

FORCE ET ENTOURAGE : NOTRE MEILLEUR SOUTIEN, C'EST NOUS !

Nous les aimons, mais, pourtant, ils nous sabotent

La force est une ressource que nous avons en nous, et qu'il nous appartient de cultiver… et de protéger ! Trop souvent, hélas, nous devons affronter des vampires de force, appelés aussi destructeurs de motivation. Le problème ? C'est que, souvent, ces trolls de notre succès sont les personnes les plus proches de nous. Cela est assez flagrant quand nous décidons de prendre de bonnes résolutions pour notre santé, qu'il s'agisse d'un rééquilibrage alimentaire, d'une perte de poids, d'une remise en forme ou d'un objectif physique à atteindre. Cela fonctionne aussi pour des objectifs de carrière : reprise d'études, passage de concours, changement de situation professionnelle… Dès qu'il y a un effort à fournir !

Ces saboteurs qui nous entourent ne sont pas des mauvaises personnes. Ils font sans doute rarement les choses consciemment, mais cela n'empêche qu'ils nous vampirisent. Oui, rien que ça.

Je nous donne ici les situations que, de par mon activité de coach, je rencontre le plus souvent. Dans la famille des saboteurs de force, je voudrais…

1. LE MARI SABOTEUR OU L'ÉPOUSE SABOTEUSE

Notre partenaire de vie peut, hélas, être notre premier saboteur de force. Souvent, c'est parce qu'ils veulent que leur conjoint ou conjointe ne change pas. Il y a une peur derrière cela : peur de la concurrence quand la personne gagne en potentiel de séduction, peur de ne plus suivre physiquement quand la personne reprend une activité physique, peur d'un écart de salaire ou de statut social quand la personne change de métier, peur de perdre son aura quand la personne brille par elle-même...

Exemples : Vous avez prévu de faire un entraînement de sport, mais il/elle vous propose de rester dans le canapé à regarder un film. Vous voulez manger une salade, mais il/elle commande des pizzas. Vous voulez travailler votre concours ou refaire votre CV, mais il/elle a invité des amis à l'improviste.

Comment gérer? La solution est simple. Il suffit d'un mot : « Non ». Un mot... et de la fermeté. Alors bien sûr, cela créera des moments où nous serons moins sympathiques, mais préserver notre discipline et notre motivation est plus important. Une option complémentaire est de motiver le saboteur à rejoindre notre équipe et, plutôt que de relever notre défi seule, de le relever à deux.

2. PAPA ET MAMAN SABOTEURS

C'est dans le cas des « régimes » que les parents saboteurs sont les plus actifs. Vous voyez la mama nourricière qui vous force à finir votre assiette – « Mange, ma fille ! » – et n'est pas loin du chantage au suicide si vous ne reprenez pas du gâteau qu'elle a fait pour vous ? Elle vous culpabilise pour que vous lui prouviez votre amour inconditionnel en ingurgitant ses plats faits maison. Les parents peuvent aussi être saboteurs pour d'autres raisons : conserver ces vieux modèles où il ne faut pas se faire remarquer, peur pour vous que vous preniez des risques alors que votre situation est stable, schémas ancestraux de la place de l'homme ou de la femme...

Comment gérer? Là encore, fermeté et « non » sans appel sont nécessaires. Nous ajouterons un peu de psychologie en rassurant ceux qui nous aiment : « Je sais ce que je fais », « Je suis adulte, je peux décider pour moi »...

3. FAMILLE SABOTEUSE

Ici, ce peut être pêle-mêle les enfants, les cousins, les parents, le partenaire, etc. Si j'en reviens au poids, ce sont ceux qui se moquent quand on est en surpoids, et ceux qui se moquent encore quand on agit, mais que l'on craque. Ce sont ces remarques perfides : « Tu as pris un bout de chocolat ? Ah ah, tes résolutions ne tiennent pas la route ! » Ils vous culpabilisent et vous démotivent.

Comment gérer? On ne peut pas (et on ne veut pas) couper les ponts avec sa famille, mais on peut tout de même se faire entendre. Remettre les pendules à l'heure et les points sur les i est salvateur : « Ça suffit ! Je ne suis pas un être faible ! Je gère mon poids (ma vie) comme je l'entends, si je veux manger, je mange, et il n'y a rien à commenter ! »

4. LES AMIS ET COLLÈGUES SABOTEURS

Il y a une expression qui dit que nous sommes la moyenne des personnes que nous fréquentons. Nous sommes influencés par les personnes qui nous entourent, et leurs habitudes et modes de vie déteignent sur nous, comme les nôtres déteignent sur eux. Sans nous en rendre compte, nous répliquons le modèle du groupe que nous fréquentons. Vouloir changer dans une entité sociale structurée où nous avons notre place génère plus de frictions que ce que nous aurions imaginé. Nous nous confrontons à ceux qui ne supportent pas que nous sortions de la case où ils nous avaient placées, ceux qui jalousent nos objectifs et nos résultats, ceux qui ne veulent pas que nous soyons plus heureuses ou épanouies qu'eux. Là encore, ce n'est pas toujours conscient, mais votre rôle n'est pas de psychanalyser votre entourage, nous avons assez à faire à gravir notre montagne personnelle.

Pour approfondir le sujet de l'entourage qui nous empêche de sortir de notre case, rendez-vous à la page dédiée au syndrome du grand coquelicot : page 191.

Comment gérer? Refusons de nous laisser distraire ou détourner de notre objectif. Le « non » est toujours la clé, plus facile à prononcer ici, car l'affect est moins fort. Le refus ou l'affirmation nourriront notre force et notre sentiment de fierté.

La clé de la force pour s'affirmer face à notre entourage tient en trois lettres : « NON ». C'est aussi nous replacer en position n° 1 dans notre famille, dans notre couple et plus largement dans notre vie. La phrase « Charité bien ordonnée commence par soi-même » ne dit pas autre chose.

Vous vous demandez quelle est la place de l'entourage dans une réussite et s'il vous faut mieux choisir vos fréquentations pour atteindre vos objectifs ? Rendez-vous au chapitre 5.

Les « autres » : ce bruit ambiant qui nous freine

« L'enfer, c'est les autres », écrivait Jean-Paul Sartre, dans *Huis clos*. Cette phrase exprime le fait que, quoi que nous fassions, nous sommes toujours exposées au regard d'autrui, toujours jugées. « Les autres » nous jugent constamment. Qui sont ces autres ? Parfois, c'est la famille, parfois les amis, les collègues, les voisins, les passants... « Les autres », c'est aussi la société tout entière, à travers ses injonctions. La voix des « autres », c'est ce brouillard sonore où se mêlent découragements, mises en garde, inquiétudes, critiques, sentences... C'est ce poids sur nos épaules dès que nous entreprenons quelque chose d'un peu différent, dès que nous voulons sortir du lot.

Quand j'ai décidé, après l'épisode Khonas, d'escalader les 7 plus hauts sommets du monde, « les autres » me sont tombés dessus, avec une énergie telle que j'aurais pu y laisser toutes mes forces. Et pourtant...

Anecdote de vie :
Devenir alpiniste quand on est coach fitness et nutrition

Ma première résolution après la disparition miraculeuse de Khonas ? Acheter un billet pour la Russie afin de m'attaquer à mon deuxième sommet, l'Elbrouz, le plus haut d'Europe. Il culmine à 5 642 m. C'est le début d'une aventure alpine qui va me mener sur les plus hautes montagnes, moi qui ne suis pas alpiniste de métier.

Pour y arriver, je vais devoir m'attaquer à plus difficile que la montagne (c'est dire !) : les avis des autres.

Je suis trop ceci ou trop cela pour ça.

Je ne suis pas alpiniste.

« C'est une honte, Madame, de désacraliser la montagne comme ça ! » « Quand on n'est pas une professionnelle, on se contente de la gymnastique ! » Et je vous en passe...

Les « autres » adorent vous mettre dans des cases. Quand on est coach de fitness, on s'occupe de ses fesses, de son ventre, de son poids, mais on ne marche pas sur les platebandes des « vrais » sportifs.

Qu'à cela ne tienne, j'ai décidé il y a bien longtemps de me foutre du regard du passant qui passe et de l'avis des âmes noires et chagrines.

> Ma décision est prise. Je ne dévierai pas de ma course !
> **J'ai gravi des montagnes… et plus encore !**
> Ces ascensions auront été l'objet de découvertes sur moi-même, sur les autres, sur la montagne, sur mes capacités, sur mes autolimites, sur mes peurs, sur mes douleurs, sur la notion d'indispensable, sur ce qui me fait avancer, et sur cette force qui vit en nous et que nous avons tendance à étouffer.

Ce que je voulais faire, je l'ai fait, pour moi, et pas pour les « autres ». Ou alors, pas pour ces « autres » qui décident de ce qui se fait ou ne se fait pas, mais pour ces « autres » que je souhaite inspirer, qui veulent sortir, aussi, de la case où ils ont été rangés malgré eux.

Les avis non sollicités sont des poisons

Nous vivons toutes ce genre de situation quand nous allons faire un pas de côté dans notre vie, ou même lorsque nous suivons une ligne. « Les autres » nous donnent leur avis. Parfois, nous le demandons, mais la plupart du temps, nous n'avons rien sollicité. C'est bien simple, c'est comme si une initiative appelait un découragement.

Quelques exemples ?

Je vais me mettre au footing ! > Tu ne devrais pas, c'est mauvais pour les articulations.

Je vais changer de métier > Fais attention, on sait ce qu'on perd, pas ce qu'on retrouve.

Je pars en vacances en Écosse > Tu ne devrais pas, il pleut tout le temps.

Je fais un rééquilibrage alimentaire > Arrête, t'as pas besoin de ça !

J'ai décidé d'arrêter l'alcool > Oh non, tu vas devenir chiante.

Je n'aurais pas d'enfants > Hein, mais c'est égoïste !

On va avoir un troisième enfant > Vous vous arrêtez après, hein ? Parce qu'après, ça fait un peu colonie de vacances…

Je vais écrire un livre > L'édition, c'est bouché.

Je vais me mettre à la danse classique > T'es trop vieille pour ça.

Je veux un tatouage > J'aime pas les tatouages, je trouve ça vulgaire.

Je suis végétarien > Tu as déjà entendu le cri de la carotte ?

Ces avis peuvent nous agacer, et c'est un moindre mal, mais ils peuvent aussi et surtout nous faire douter de notre choix et de notre envie. Rappelons-nous que :

1. L'autre n'a pas plus raison que nous. Certainement moins, puisqu'il n'est pas concerné.
2. C'est de votre vie qu'il s'agit.
3. Ce que l'autre exprime ici, à travers son jugement, c'est quelque chose qui le regarde lui, pas vous.

Et si nous décryptions ensemble ce qui se cache peut-être (ceci n'a pas valeur de vérité absolue) derrière ces remarques...

Footing : Et si l'autre enviait votre volonté et votre capacité à vous lancer un défi sportif ? Et si votre engagement dans un sport le mettait face à sa paresse ou à son incapacité d'action ?

Métier : Et si l'autre, lui aussi, était malheureux dans son métier et qu'il n'osait pas changer ? Et si c'était sa peur qui parlait ?

Les jugements des autres ne parlent pas de nous. Ils parlent d'eux : de leurs peurs, de leurs regrets et... de leurs paresses. Alors, ne les laissons pas bouffer notre force !

Une piqûre de rappel sur ce sujet ? Rendez-vous page 116.

Et si « les autres » bénéficiaient de notre force ?

Nous avons parlé des « autres » détracteurs, et si nous parlions des « autres », ceux que nous pourrions inspirer. Et si, ceux-là, nous donnaient de la force ? Et si nous devenions un rôle modèle ? Oui, rien que ça !

Quand nous sommes fortes, nous incarnons de nouvelles possibilités. Et je dis cela en pesant mes mots. Nous n'imaginons pas le pouvoir positif de notre force. Nous n'imaginons pas ce qu'elle peut déclencher de vertueux et de libérateur.

Quand nous sommes fortes et que nous réussissons, nous ouvrons le champ des possibles : pour nous, comme pour les autres. Nous défrichons une voie. Nous élargissons les horizons. Nous montrons qu'il est possible de sortir des cases, de nous libérer des carcans, d'aller là où personne ne nous attendait.

En devenant ce que nous aspirions à être, nous montrons que c'est un chemin que chacun peut emprunter.

Nous devenons, à notre petite échelle, des rôles modèles : pour nos enfants, pour nos amis, pour nos collègues, pour nos voisins.

Notre force tire les autres vers le haut et inspire.

« Tu m'as inspirée et j'ai osé me lancer. » Existe-t-il plus beau compliment ?

5
CES PRÉREQUIS DE LA FORCE QUE JE CONTESTE

La quête d'une force intérieure m'anime depuis de nombreuses années. Depuis aussi loin que je m'en souvienne. Je l'ai cherchée en moi, en autodidacte.

Je vous l'ai déjà dit : avec mon passif médical, rien ne me prédestinait à des exploits physiques. Pour ce qui était de la force physique, j'étais mal partie. Je me suis rendu compte que pour la force mentale, c'était pareil. Cela vous fait sans doute sourire après tout ce que vous avez lu, mais si je me fie à des qualités indispensables pour avoir de la force, je comprends que j'étais bien mal barrée.

La force se cultive dans la persévérance, la ténacité et la concentration. Oups ! Il n'y a pas plus dispersée que moi. J'ai une capacité d'attention sur un dossier de 30 minutes maximum.

Il faut des modèles ? Je n'en ai pas. Non par orgueil, mais à l'inverse, par complexe. Et puis aussi parce que je trouve que ça me limite.

En me documentant sur la force et la manière de la cultiver, j'ai observé un fossé entre les conseils et la réalité, toujours plus complexe. J'ai compris que, bien souvent, une même recommandation pouvait être pertinente ou catastrophique selon la personne à qui elle était faite. Il m'est donc venu cette idée : détailler avec vous ces prérequis de la force que je conteste.

FORCE ET ENTOURAGE : ÊTRE SOUTENUES OU PAS ?

Quelle est la place du soutien des proches dans la réussite d'un champion ? Comment une personne en quête de succès et de dépassement est-elle entourée ? Eh bien... Il n'y a pas de règles, et c'est tant mieux.

Je lis souvent que le soutien de l'entourage est une clé de la réussite. J'ai envie de dire : absolument pas, et bienheureusement ! Si vous avez la chance de bénéficier d'un soutien indéfectible, permanent, bienveillant, nombreux : tant mieux. Ne changez rien. Vous êtes bien entouré, et vous pouvez vous en réjouir. Mais si, au contraire, vous évoluez sans aucun soutien (ou avec un soutien en service minimum), seule, sans aide ni reconnaissance, et même si les vents vous semblent contraires, eh bien, pas de panique : vous êtes aussi dans une bonne configuration.

La citation qui inspire :
« Lorsque tout semble aller contre vous, rappelez-vous qu'un avion décolle dans le sens contraire du vent. » (Henry Ford)

Être bien entourée aide, évidemment

Avoir été encouragée depuis toute petite à déployer vos ailes est un avantage indéniable. Être soutenue par un partenaire qui s'affirme comme votre plus grand admirateur aussi. Évoluer avec des amis et une famille qui se réjouissent pour vous et constituent votre fan-club, c'est sans aucun doute génial. Si nous avons la possibilité d'offrir cet appui à une personne que nous aimons – enfant, conjoint, ami –, faisons-le : c'est du plus. Surtout, allons-y.

En revanche, si vous n'avez pas ce soutien, rien n'est perdu. Tant mieux, non ?

Non, je ne vous demanderai pas de congédier vos proches

Sans doute avez-vous déjà vu ce conseil : vous entourer de personnes qui vous tirent vers le haut pour être, à votre tour, tirée vers le haut. L'idée est de faire le point des personnes de votre entourage qui sont bénéfiques à votre projet, qui vous font vous élever, et des personnes qui ne vous encouragent pas ou ne vous suivront pas dans vos aspirations. Cela peut être compliqué. Vous pouvez vous détendre : ce n'est pas ce que je vais vous préconiser. Je ne vais pas faire le vide autour de vous. Ce ne sera pas à cause de mes conseils si vous quittez votre mari, si vous coupez les ponts avec votre frère ou si vous tournez le dos à votre cercle d'amis. Vous n'avez pas besoin de moi pour ça. Tant que ces personnes ne sont pas toxiques dans votre vie, tant qu'elles ne vous empêchent pas d'une manière insurmontable, elles peuvent même nourrir votre force. Oui, je vais y revenir. Toutefois, si nous parlons d'une relation vraiment toxique, c'est-à-dire qui nuit à votre santé mentale, qui vous harcèle ou qui vous maltraite d'une quelconque manière, là, je ne peux que vous conseiller de prendre des mesures.

Pour vous débarrasser de vos « vampires d'énergie », voici un mode d'emploi qui, en plus, aura l'avantage de vous faire faire du sport :

1. Creusez un grand trou dans votre jardin

Non, je plaisante ! Nous ne sommes pas dans *Le Parrain*.

Plus sérieusement, si vous êtes dans une impasse, que la relation vous pourrit la vie et que les tentatives de conciliation ont échoué :

– blocage du numéro de téléphone et des diverses messageries ;

– programmation des e-mails pour qu'ils arrivent dans un dossier à part, non visible, mais consultable si besoin ;

– changement des horaires d'activités et des routines de sorties ;

– désabonnement des pages sur les réseaux sociaux, blocage complet.

Et si vous aviez commencé à creuser ce trou, ou si vous avez un sac-poubelle à portée de main (ce qui est plus probable), faites le vide des objets que vous a offerts cette personne ou qui vous la rappellent. Ne conservez pas, sur votre bureau ou dans votre salon, à votre vue à chaque heure de la journée, quelque chose qui la ramène à votre esprit. Évacuez-la de votre espace physique et mental !

Dans les cas extrêmes, la situation peut imposer un déménagement, un changement de travail. Cela peut paraître intense et d'autant plus injuste si vous subissez la situation, mais c'est le mot : vous subissez.

Saisissez ce qui reste en votre pouvoir et agissez. Vous éloigner de certaines personnes exige des mesures radicales. Vous méritez de retrouver votre sérénité, de recharger vos batteries et de déployer vos forces pour vous à nouveau, et non plus en mode survie.

Vous n'êtes pas soutenue ? Ce n'est pas grave !

Le meilleur exemple pour montrer que le soutien est un non-sujet est le sport. J'aime les activités physiques, mais je suis loin d'être une grande fan des sports collectifs. Ça ne m'a jamais intéressée. Cependant, quand une amie est venue me rendre visite et qu'elle m'a demandé de faire des activités typiquement américaines, je lui ai proposé d'assister à un match de basket. Nous sommes allées voir les Warriors de San Francisco jouer. Ce soir-là, hélas, ils ont perdu. Nous y sommes donc retournées une deuxième fois pour les voir gagner, et ils l'ont emporté avec brio. Moi qui travaillais sur la force (pour ce livre), une évidence m'a sauté aux yeux. Si l'équipe adverse (qui avait gagné) avait des soutiens, ils ne devaient pas être très nombreux, car nous ne les avons pas entendus. Le stade entier vibrait pour les Warriors. Chaque lancer franc attribué aux visiteurs faisait l'objet de huées, visant à déconcentrer le joueur. Je vous ai donné le résultat d'entrée, vous savez donc que ça n'a pas fonctionné. Si les soutiens étaient aussi déterminants, les uns auraient gagné ou, pour le dire autrement, les Warriors n'auraient pas dû perdre. Si les soutiens étaient aussi déterminants, aucune équipe hors de son stade ne gagnerait.

L'absence de soutien, la volonté des autres de nous voir échouer, peut éveiller chez nous une envie furieuse de nous dépasser. Que l'on ne croie pas en nous, et nous voilà plus motivées que jamais : « You think I can't do it ? Watch and learn », dis-je parfois, en mode enragée. « Tu crois que je ne peux pas le faire ? Regarde et apprends. »

Ne pas être soutenue, avoir des choses à prouver peut être la source d'une force incroyable : celle de briser des chaînes, de déplacer (ou de gravir) des montagnes, de toucher les étoiles.

S'il y a seulement une personne qui doit croire en vous, c'est vous, et vous seule.

La force est un voyage en solitaire

Quelle que soit la quête de notre force, peu importe dans quel domaine nous souhaitons qu'elle s'exprime, nous affronterons cette constante : la force est un voyage en solitaire. Entourées de soutiens ou motivées par la revanche, même quand nous entreprenons à plusieurs, nous sommes toujours seules dans notre tête et dans notre corps.

Anecdote de vie : Une attaque de panique suspendue dans le vide

C'était en 2019. Je m'étais donné un objectif : atteindre le plus haut sommet de chaque continent. Je suis sportive, certes, mais je n'étais, jusque-là, ni trekkeuse ni alpiniste. Loin de là ! J'ai le vertige... Mais j'ai posé très vite ce prérequis : ma phobie est hors sujet. Je suis forte, donc je la dépasserai. Ce n'est même pas du conditionnel ! Alors je m'entraîne et je grimpe. Il y a ce sommet, pas très loin d'où je vis : le mont Whitney. C'est le point culminant de la Californie : il s'élève à 4 421 m. Plusieurs tracés mènent en haut : du plus abordable au plus abominable. J'ai fait trois voies, jusqu'à me décider à affronter l'East Buttress, une voie à mains nues, c'est-à-dire de la varappe pure et dure, jusqu'au sommet. Je pars avec un guide bien sûr. Mais quand je glisse et tombe de la paroi rocheuse à pic, en pleine ascension, c'est comme si j'étais seule.

Suspendue dans le vide à mon harnais, je n'ai plus aucune prise. La fatigue est là, le choc de la peur aussi. Bien qu'attachée, je me suis vue tomber... et mourir. Les quelques secondes à peine de la chute ont été terrifiantes. De quoi être tétanisée.

Au bout de ma corde, j'ai un temps de désespoir, de peur, de craquage. Qu'on m'aide, tout de suite ! Qu'on vienne me chercher ! J'ai envie de pleurer. Je suis paniquée. Ma phobie est bien là, et je vis l'une de mes plus grandes peurs. Ce qu'il y a de plus terrifiant pour moi.

J'ai deux solutions : pleurer toute seule suspendue dans le vide, mais rien ne se passera, car mon accompagnateur ne peut venir me sortir de là, ou commencer à agir pour me rapprocher de la paroi. Retrouver des prises et poursuivre l'ascension jusqu'à d'abord un point sécurisé, puis mon but.

Si je suis toujours là et que je vous raconte cette histoire, c'est que je ne me suis pas laissée dépérir au bout de mon fil. J'ai respiré un grand coup, commencé à me balancer, prudemment d'abord, puis j'ai repris confiance. Je me suis balancée plus fort, jusqu'à toucher la roche et pouvoir m'accrocher.
Fermement agrippée à la paroi, je me suis focalisée à nouveau sur mon objectif. Je l'ai atteint, quelques longues et épuisantes minutes plus tard. Mission accomplie… et vie sauve !
Cette situation, appliquée au quotidien, que donne-t-elle ?
Quand je suis dans une situation galère, je me dis : OK, ça m'angoisse ; OK, je suis en panique totale.
Flip absolu.
Bon, à quoi ça sert, là, maintenant ?
À rien !
Est-ce que je m'autoriserais à rester comme ça en situation d'extrême urgence ?
Non.
Bon.
Je prends 2 secondes, ou pour être précise, 14 secondes : j'inspire par le nez, je bloque, et j'expire par la bouche.
Je me demande : s'il n'y avait personne, que ferais-je ?
Ou, si j'étais avec quelqu'un de plus faible ou si j'étais la personne la plus forte dans le groupe, la guide ou la sauveuse, comment agirais-je pour tous nous secourir ?
C'est comme ça que je me formate quand je dois mettre mes forces à contribution, même celles que je n'avais jamais sollicitées jusqu'à présent.
Je suis mon propre roc. Je ne peux compter que sur moi-même.

Quand je m'entraîne et que je sens la douleur tétaniser mes muscles, je peux avoir une amie qui me motive et me dit que je suis la meilleure, c'est bien moi et moi seule qui sens cette douleur. Même si elle fait l'exercice avec moi, ça ne me décharge pas. Si j'affronte une crise entrepreneuriale ou un harcèlement sur les réseaux sociaux, que je bénéficie d'oreilles attentives ou non, je suis seule dans ma tête (normalement).

Dans les grandes épreuves, que ce soit moi en montagne, une personne en entretien d'embauche, une autre qui passe une épreuve sportive ou une troisième qui se concentre pour dire non au serveur qui lui propose un dessert, nous restons seules à décider et à vivre les choses. Je pourrais enchaîner sur un laïus sur la tragédie de la solitude chez l'humain, mais je ne voudrais pas plomber l'ambiance.

Au lieu de ça, je vous propose le récit d'une belle aventure, collective, qui plus est. Une aventure que j'ai commencée seule contre tous !

Épisode de vie : Comment j'ai créé ma marque de vêtements LiliWarrior

Si vous voulez que je fasse quelque chose, c'est simple : dites-moi que vous ne m'en pensez pas capable. Que ça va être trop compliqué ou trop complexe pour moi. C'est un peu ce qu'on m'a dit quand j'ai évoqué pour la première fois mon envie de créer une marque.

« Tu ne sais pas dessiner, tu ne peux pas créer des vêtements ! »

Ah bon, tu vas voir…

« Tu ne connais pas la mode. Tu vas te faire avoir. » Qu'ils essaient !

« Il faut connaître du monde dans le milieu. Tu n'as pas les bons contacts. » Je vais les trouver !

« Tu n'as pas les fonds. Ça coûte cher. » Quand on veut…

À cela se sont ajoutés des défis de taille. Je voulais une marque à responsabilité sociale et environnementale forte. C'est dire si, pour le commun des *businessmen*, je me mettais des bâtons dans les roues. Je ne vais pas faire de ce témoignage un plaidoyer pour ma marque, mais simplement vous donner quelques éléments, afin que vous compreniez à quel point on m'a regardée avec de grands yeux écarquillés. Je voulais, pour mes équipes, faire travailler des femmes éloignées de l'emploi, à qui personne ne donnait leur chance. Je voulais qu'elles soient payées au-dessus du prix du marché. Je voulais un impact carbone neutre. Je voulais des textiles issus de matériaux recyclés. Et, pour couronner le tout, j'ai lancé ma marque en 2020, au moment de la pandémie, de ses confinements et de ses problèmes d'approvisionnement.

Rien n'allait dans mon sens, et pourtant ! *Watch and learn…*

« Nul n'est prophète en son pays »

« Nul n'est prophète en son pays » ou, dit autrement : il est bien plus facile d'être considéré par des personnes extérieures que par ses proches. Qui repointe son nez après avoir lu ces mots ? Le complexe de l'imposteur, bien sûr ! Si je ne suis pas considérée par les personnes qui me connaissent, c'est parce qu'elles ont cerné la vraie moi, qu'elles savent que... STOP ! Cette sentence, extraite de la Bible[54], a été largement reprise à travers les âges pour montrer que les soutiens et l'admiration sont moins évidents dans un premier cercle. Ou il peut venir beaucoup plus tard, une fois une reconnaissance avérée.

Combien d'entrepreneurs, d'artistes, de sportifs racontent cette même histoire ? « J'ai décidé de réaliser mon rêve. Tout le monde a essayé de m'en dissuader. Mes amis et ma famille me prenaient pour un fou. Ils pensaient que ça allait me passer. Puis, quand ils ont vu ce que ça devenait, ils ont changé de discours. Ils ont commencé à me dire qu'ils avaient toujours su que je réussirais, que j'étais fait pour ça... »

Pensez-y la prochaine fois que vous attendrez en vain un témoignage de confiance et de soutien !

CELA N'ENGAGE QUE MOI, MAIS...
JE SUIS PERSUADÉE QUE LES « GRANDES » FEMMES SE CONSTRUISENT SEULES

La phrase « Derrière chaque grand homme se cache une femme » revient souvent quand il s'agit de valoriser le rôle des femmes. Je préférerai qu'on nous valorise dans des rôles de premier plan, mais ce n'est pas le sujet que je vais aborder ici. Est-ce, derrière chaque grande femme, il y a un homme ?

Eh bien, voyez-vous, je n'en suis pas si sûre. Nous avons pléthore d'exemples où des épouses ou maîtresses dévouées ont œuvré dans l'ombre. Dans de nombreux foyers, les femmes veillent au confort de

54. Pour les curieuses, cette phrase telle quelle est tirée de l'Évangile selon saint Luc (4, 24). On retrouve la même idée dans l'Évangile selon saint Matthieu (13, 57), qui nous dit que Jésus aurait prononcé ces mots : « Un prophète n'est méprisé que dans son pays et dans sa propre maison. »

tous, ce qui leur occasionne une charge mentale importante. Elles sont des facilitatrices de force pour ces grands hommes. L'inverse est-il courant ? Je n'en suis pas convaincue. Derrière chaque grande femme, il y a souvent... Pas de mari. Des amies. Rarement un grand homme.

Être entourée de personnes qui ne vous valorisent pas n'est pas grave en soi. Quand nous cultivons notre force, cela ne nous arrête pas. Au contraire, c'est un défi de plus : convaincre. Rappelons-nous toutefois que tout ce que nous faisons, nous le faisons avant tout pour nous, et pas pour impressionner les autres. Ça, c'est un bénéfice collatéral agréable, mais pas une fin en soi.

LA DISPERSION EST-ELLE L'ENNEMIE DE LA FORCE ?

La force nécessite de la concentration et de la persévérance. Il faut être « focus » sur un objectif et ne pas le lâcher des yeux. Réussir nécessite d'être cohérent et consistant.

Heureusement que je ne me suis jamais laissée démoraliser par ce type de propos ! Je suis tout le contraire. Vous ferez difficilement plus dispersée que moi. J'ai 100 projets en cours. Je passe de l'un à l'autre. Je ne reste pas concentrée longtemps. Je ne suis pas patiente. Et pourtant...

Plutôt que d'essayer de me changer (à vrai dire, je n'y ai même pas pensé), j'en ai fait une force :

– la force de voir les sujets de manière transversale ;
– la force de mener plusieurs barques en même temps (sans qu'aucune ne coule) ;
– la force de m'intéresser à des domaines et secteurs différents ;
– la force de mener plusieurs activités de front ;
– la force d'avoir un rythme où l'ennui n'a pas sa place...

La variété crée le plaisir

Comment tenir dans la durée ? En intégrant le plaisir dans ses stratégies et routines, nous l'avons déjà évoqué (voir page 145). Et comment intégrer le plaisir ? Par la variété. Dans le sport, varier les entraînements et les exercices est une excellente manière de surprendre le corps et de le renforcer. C'est aussi une clé pour maintenir un bon mental. C'est notamment pour cette raison que les circuits training, CrossFit, HIIT et Tabata ont autant de succès : des exercices courts, variés, sur un rythme soutenu. On ne s'ennuie pas !

Vous voulez faire du cardio, mais vous vous ennuyez mortellement pendant une heure sur une machine ? Variez : 15 minutes de vélo de course, 15 minutes de running sur tapis, 15 minutes de rameur, 15 minutes d'elliptique. Courir une heure autour d'un stade ou d'un étang vous décourage d'avance ? Faites un tour en courant, puis des séries de squats, un autre tour, puis des abdos, avancez et reculez en pas chassés... Amusez-vous ! Vous pouvez aussi changer de paysages, de parcours, tenter le fractionné...

Connaissez-vous la sérendipité ?

Le terme de sérendipité est récemment devenu populaire. Il est beaucoup utilisé en management pour désigner la tendance des nouvelles générations (*Millenials*, X, Y, Z) à ne pas être consistantes sur un sujet, et à papillonner d'un sujet à un autre. Il désigne la capacité à faire une découverte inattendue en explorant d'autres sujets que celui sur lequel on se concentrait, et l'aptitude de la personne à saisir l'intérêt de l'approfondir. C'est une souplesse d'esprit dans laquelle la déconcentration et la curiosité deviennent des forces. On découvre quelque chose par hasard et on fait le lien avec le sujet qui nous intéressait pour ouvrir un point de vue nouveau et une opportunité d'innovation, d'amélioration... On fait des liens entre des sujets et domaines différents, qui apportent de nouveaux éclairages.

Je vous citais, juste avant, l'exemple du basket-ball. Ce que je ne vous disais pas, c'est que ça s'est passé pendant l'écriture de ce livre, et que ce jour-là, j'avais planché sur des recherches et décidé de m'accorder cette sortie avec cette amie.

Si ce n'est pas une force, ça, je ne sais pas ce que c'est...

Et elle n'est pas donnée à ceux qui avancent tête baissée sans rien voir du paysage autour d'eux, focus sur un seul objectif. À chacun ses avantages !

La prochaine fois qu'on vous dira que vous n'êtes pas assez concentrée et que vous ne devriez pas vous disperser, pensez-y.

FAUT-IL RENFORCER NOS POINTS FAIBLES ?

Le versant de la force serait la faiblesse. D'un côté, les points forts, de l'autre les points faibles. Et si ça n'était pas si simple ?

C'est quoi, au juste, un point faible ?

Quand on me demande quels sont mes points faibles, j'ai beaucoup de mal à répondre à cette question. Je peux vous dire ce qui est vu comme tel, mais sans grande conviction. En effet, je pense que nos points faibles, quels qu'ils soient, sont contrebalancés. C'est d'autant plus chevillé à mon corps et à mon esprit que c'est ce que je veux incarner au quotidien. En combattant mes points faibles physiques, j'ai développé ma force mentale autant que ma force technique ou intellectuelle. Chaque problème, chaque pathologie et même chaque complexe a été pour moi l'occasion de me documenter et d'investiguer jusqu'à trouver des réponses et leviers activables pour moi, comme pour les autres. Je n'aurais sans doute jamais été la même sans les faiblesses de mon corps.

Je suis convaincue que toute faiblesse a son revers positif. Cela ne signifie pas un *statu quo* si la situation ne nous convient pas ou nous est reprochée, mais au moins de tenter un autre regard.

Une confiance en soi défaillante peut être compensée par une grande rigueur et humilité, ce qui sera apprécié dans tous les contextes.

L'incapacité à dire non va pomper du temps et de l'énergie, mais elle peut aussi nous avoir ouvert des rencontres ou des mondes très intéressants.

Un caractère rêveur, taxé de non réaliste, est une porte vers la créativité et la pensée *out-of-the-box*.

Certaines formes de paresse génèrent l'inventivité ou une organisation ultra-rigoureuse.

Anecdote de vie : L'atout séduction de l'accent français

Je vis à San Francisco. Quand je suis arrivée, il y a vingt ans, j'ai pris des cours d'anglais et de prononciation pour être au top. J'avais perçu mon accent français comme un point faible potentiel, sur lequel j'ai donc travaillé. J'aurais pu toutefois adopter un autre point de vue. Revenons à un temps plus récent. Il y a quelques mois, je dînais chez des amis. La discussion réunissait, ce soir-là, quelques amis américains, dont le créateur d'une très belle entreprise de Tech, et une amie française présente chez moi. Elle se confie sur le fait qu'elle se sent en difficulté de parler, gênée notamment par son accent français. Mon ami et entrepreneur cite alors l'exemple de son chargé d'affaires, français, qui, chaque fois, obtient l'attention de l'assemblée entière. Il explique que son accent est un atout sympathie et séduction incroyable, qui rend même jaloux les autres hommes. Quand il s'exprime en public, il obtient l'attention et la sympathie de tous. Mieux, ses supérieurs hiérarchiques ont même tendance à lui laisser les présentations, tant sa manière de parler capte l'audience (très féminine).
En France, nous avons appris les langues en étant moquées et montrées du doigt. Nous avons peur de parler une langue étrangère. Nous ne sommes pas à l'aise. Nos fautes nous paraissent des erreurs impardonnables et stigmatisantes, notre accent une calamité totale. Elle est là, vraiment, la faiblesse : dans notre fausse croyance, et dans la croyance corrélée que nos interlocuteurs vont se moquer de nous. Nous pouvons décider de faire de notre accent un non-sujet, ou une force, ou encore décider de nous améliorer, mais il n'est pas une faiblesse.

Points faibles *versus* points forts

Faut-il renforcer nos points faibles ? Si je pose la question, c'est que la réponse n'est pas 100 % tranchée en faveur du oui. *A priori*, renforcer nos faiblesses est une bonne chose. Rassurez-vous, je ne vais pas dire le contraire. Toutefois, nous focaliser dessus est excessif. Pourquoi ? Parce qu'à ne regarder que là où nous pêchons, nous en oublions de performer là où nous avons une longueur d'avance. Nous pouvons même en oublier que nous avons des zones d'excellence et omettre de les développer. Dommage, non ?

Pense-malin : nous pouvons nous débarrasser d'un point faible en travaillant, nous pouvons faire de cette expérience une force, mais nous pouvons faire d'un point fort un point d'excellence. Les trois ensemble, et nous serons au top.

Qui plus est, nos points faibles sont-ils réellement des points faibles ? C'est aussi une question qui peut se poser.

Enfin, certaines personnes diront aussi que notre plus grande faiblesse peut devenir notre plus grande force. Et c'est très vrai ! Des personnes introverties ou timides, par exemple, vont développer un grand sens de l'observation et de l'empathie. Elles seront à même de distinguer les signaux faibles d'intérêt ou de désintérêt d'une personne, là où elle est à son aise ou non. Elles s'exprimeront mieux, peut-être, en petits comités, par écrit ou derrière un micro, lors d'un *podcast*. Faut-il pour autant qu'elles se fassent violence pour prendre la parole en public ? Si elles le veulent, oui : elles pourraient même se surprendre. En revanche, si elles n'en voient pas l'intérêt et que cela n'est pas en rapport avec la force qu'elles veulent développer, alors autant qu'elles mettent leur énergie ailleurs. Comme je le fais quand je ne me bats pas contre ma peur panique des escargots...

IL N'Y A PAS DE MAUVAIS OU DE PIRE MOMENT

Quand nous aspirons à la réussite d'un projet, nous mettons tout en œuvre pour bénéficier des meilleures conditions possibles. Nous voulons que tout soit parfait. Que ce soit pour une présentation importante de projet, pour une rencontre clé, pour un défi physique, nous allons nous préparer en amont. Nous allons notamment adopter une bonne hygiène de vie : faire en sorte de bien dormir, d'être bien échauffées, que nos notes ou documents soient bien rangés et parfaitement prêts, de ne pas être ballonnées, etc. Hélas, le jour J, c'est la cata : insomnie, mal au ventre, clé USB perdue ou fichier compromis, blessure idiote quelques minutes après le départ... Nous étions à fond, mais là, nous ne sommes plus dans le *mood*. Rassurons-nous : c'est beaucoup plus fréquent que nous ne l'imaginons. Ce pourrait presque être la règle. Il y a bien souvent plus de couacs en série que de plans qui se déroulent au millimètre. D'où la capacité à gérer l'imprévu que j'ai déjà évoquée.

Faiblesses passagères : blessures et journées sans

Nous avons tous et toutes nos « jours sans ». Cependant, ce que nous ignorons, c'est que nos « jours sans » sont parfois les jours de nos meilleures performances et de nos plus belles réussites. Notre force s'exprime souvent au-delà de nos attentes, pour nous surprendre. Quand l'esprit tient, le corps peut endurer des contraintes et des efforts que nous ne soupçonnions pas. Nous pouvons nous épater, vraiment !

Si vous êtes amateur de sport et que vous consultez les médias sportifs, vous pouvez sans doute me citer de nombreux exemples de champions, d'athlètes, de joueurs qui ont gagné ou accompli des exploits alors qu'ils étaient blessés ou malades. Alors qu'ils traversaient un « jour sans ». Certains ont même observé qu'ils avaient réalisé leurs meilleures performances les pires jours. J'ai d'ailleurs réalisé quelques-unes de mes expéditions lors de « jours sans ».

Anecdotes de vie : Je n'étais pas au mieux de ma forme, et pourtant…

Je vous ai raconté que j'avais gravi 18 des 20 sommets alpins de plus de 4 000 m d'altitude avec un os cassé dans le pied. Ces jours-là, cette faiblesse et ce handicap passager ne m'ont pas poussée à renoncer. Où ai-je mis le curseur ? Je me suis posé la question : est-ce que je risque quelque chose de pire si je continue ? Est-ce que je guérirai moins ou plus vite en continuant pendant quelques jours ? Est-ce que je veux le faire ?

Non. Ça ne changera rien. Oui. Ma décision était prise. Résultat ? J'ai établi un record.

J'ai aussi réalisé mon expédition en Antarctique sur quelques « jours sans », avec mes règles. Comme beaucoup de femmes, celles-ci ne m'épargnent pas. Si vous avez lu les éléments que je donne dans la partie 1 sur le cycle féminin et la force, vous comprenez aussi que ce n'était pas la période optimale. Ma partenaire sur l'expédition a été dans la même situation que moi, avec des crampes insoutenables. Là encore, nous avons compris que l'alternative était en faveur de l'action : rester dans le froid au camp de base sans bouger, en nous tenant le ventre et à attendre que ça passe, ou avancer, parce que nous savions que ça allait finir par passer. Nous avons choisi la seconde option, bien sûr.

Transcender la galère : ce que ça nous fait

Quand nous nous lançons, malgré un « jour sans », malgré des courbatures, malgré un état fébrile, quand nous décidons qu'une blessure ou une douleur est sans gravité, nous convoquons et déployons notre force. Nous décidons de nous décentrer de notre point de faiblesse, de ce caillou dans notre chaussure, et de ne pas lui donner le pouvoir de décider pour nous. Nous dépassons le doute ou la déception de ne pas être en forme. Nous refusons l'obstacle, et nous faisons fi de la brindille dans le rouage.

Cette capacité est une force que nous avons travaillée quand nous sommes allés nous entraîner des « jours sans », une force qui va s'étendre plus encore après cette épreuve. Pourquoi ? Parce que nous allons au-delà de la peur d'avoir mal ou de la douleur. Nous comprenons qu'elle est supportable et que nous pouvons composer avec. Quelle révélation libératoire et *empouvoirante*, non ?

Quand nous acceptons que les douleurs et la fatigue font partie du jeu, plus largement de notre vie, nous pouvons nous décentrer de cette problématique. Nos « jours sans » sont là pour ça : pour nous montrer que nous pouvons et savons être au top, en toutes circonstances, et que nous avons les ressources en nous.

La citation qui inspire :
« Il faut apprendre à jouer avec la douleur, l'intégrer comme une contrainte supplémentaire. » Rafael Nadal (*L'Équipe*, 24/09/2012)

Pas de bon moment pour les mauvaises nouvelles

Attendre le bon moment ou la situation idéale, comme nous l'avons vu, est une manière de ne pas agir. Le moment parfait, celui où tout est aligné, se présente rarement. C'est pour cela que nous cultivons notre force sous toutes ses facettes. Ce n'est pas pour des exploits de l'extrême, mais pour la vie de tous les jours. **Notre quotidien, en lui-même, ne touche-t-il pas souvent à l'extrême?**

Face à un ennui ou à un problème grave, on dit souvent : « Ce n'est pas le moment. » Comme s'il y avait un bon moment pour une mauvaise nouvelle.

Notre force sera dans notre capacité à faire face. Attendre le « jour avec », nous plaindre du « jour sans », n'a jamais été d'aucune aide. C'est simplement une excuse ou un apitoiement inutile.

Nos « jours sans » sont autant d'occasions de convoquer notre force plein pot. Ils sont les moments parfaits pour appliquer l'esprit #TeamNoExcuse. Ils sont aussi les moments où nous nous surprenons, ceux où nous mesurons à quel point le mental peut prendre le relais sur notre corps, et le transcender.

LA CHANCE A UN RÔLE, QUOI QU'ON EN DISE

La chance existe-t-elle ? Oui, assurément. Beaucoup de discours sur la force et le succès tendent à dire que la chance n'existe pas. Ou qu'elle est minime. Que les personnes qui ont réussi l'ont fait uniquement grâce à leurs efforts, leur ténacité, etc.

Je ne vais certainement pas nier leur ténacité, mais je pense sincèrement que la chance est un facteur important, et qu'il peut faire la différence. Elle a une part, même minime.

Différentes modalités de la chance

Il y a les chances de départ : celles du lieu où nous sommes nées, du contexte, etc. Elle ne condamne pas, mais elle peut faciliter ou compliquer la tâche.

Il y a les chances qui nous tombent dessus. Certaines personnes font leurs débuts dans une petite entreprise, celle-ci explose et leurs parts valent de l'or. Certaines jouent au loto et gagnent. Certaines encore font du tourisme et croisent leur star préférée. D'autres, pendant ce temps-là, seront embauchées et licenciées de start-ups plus prometteuses qui auront fini par couler. D'autres auront dépensé des centaines d'euros en tickets de loterie. D'autres encore manqueront leur idole à 5 minutes près parce que, lorsqu'elle est passée, ils géraient une envie pressante. Le facteur chance existe bel et bien, et il serait hypocrite de le nier.

Enfin, il y a les chances que l'on se crée et que l'on saisit. Ces chances que l'on voit passer, que l'on flaire et pour lesquelles on lâche tout en se disant : « Le train ne passera pas deux fois. » Là, on prend le pouvoir.

Ces chances qui sont à notre portée

Nous pouvons provoquer notre chance (sans garantie que cela fonctionne, certes), nous pouvons aussi nous y préparer pour être prêts à la repérer et à la saisir. Nous pouvons nous mettre en conditions mentales.

La force dans tout ça ? Elle va être à la source de tout ce que nous allons mettre en place pour saisir les opportunités qui passeront à notre portée, et elle va nous aider à tendre le bras le plus loin possible quand elle n'est qu'à vue.

C'est dans cet esprit que, dès que l'on me propose une rencontre d'entrepreneur, d'expert, un dîner avec de nouvelles personnes, je réponds présente.

Attendre des signes ou croire au destin

Certaines personnes affirment ne pas croire à la chance, mais au destin, à l'univers, au karma ou à la bienveillance d'un dieu. Quand votre croyance vous tire vers le haut, vous donne confiance et vous incite à l'action, je suis 100 % OK. Toutefois, quand elle vous transforme en personne passive, qui attend le train qui, si elle y croit suffisamment, finira par passer, je ne suis pas convaincue. Oui, c'est un euphémisme. J'approfondis ce point, page 82.

En ce qui me concerne, je ne crois pas aux signes du destin, mais je crois aux opportunités. Je crois au fait de croire en soi et d'être fermement convaincue que l'on mérite le meilleur. Pas un meilleur tombé du ciel, mais un meilleur qu'on sera allé décrocher.

Croire en notre chance, croire en une entité omnipotente bienveillante est une force, tant que cela n'impacte ni notre libre arbitre ni notre énergie pour agir. Le proverbe « Aide-toi, le Ciel t'aidera » ne dit pas moins. Nous le pensons, à tort, issu d'un verset de la Bible, alors qu'il est en réalité la morale d'une fable peu connue de Jean de La Fontaine : *Le Chartier embourbé*. Je ne résiste pas au plaisir de vous la livrer dans son intégralité. Elle parle d'elle-même.

Le Chartier embourbé
Le Phaëton d'une voiture à foin
vit son Char embourbé. Le pauvre homme était loin
De tout humain secours. C'était à la campagne
Près d'un certain canton de la basse Bretagne
Appellé Quimpercorentin.
On sait assez que le destin
Adresse là les gens quand il veut qu'on enrage.
Dieu nous préserve du voyage.
Pour venir au Chartier embourbé dans ces lieux ;
Le voilà qui déteste et jure de son mieux.
Pestant en sa fureur extrême
Tantôt contre les trous, puis contre ses chevaux,
Contre son char, contre lui-même.
Il invoque à la fin le Dieu dont les travaux
Sont si célèbres dans le monde.
Hercule, lui dit-il, aide-moi ; si ton dos
A porté la machine ronde,
Ton bras peut me tirer d'ici.
Sa prière étant faite, il entend dans la nuit
Une voix qui lui parle ainsi :
Hercule veut qu'on se remue,
Puis il aide les gens. Regarde d'où provient
L'achoppement qui te retient.
Ôte d'autour de chaque roue
Ce malheureux mortier, cette maudite boue,
Qui jusqu'à l'essieu les enduit.

Prend ton pic, et rompt-moi ce caillou qui te nuit.
Comble-moi cette ornière. L'as-tu fait ? Oui, dit l'homme.
Or bien je vais t'aider, dit la voix ; prends ton fouet.
Je l'ai pris. Qu'est-ce ceci ? mon char marche à souhait.
Hercule en soit loué. Lors la voix : Tu vois comme
Tes chevaux aisément se sont tirés de là.
Aide-toi, le Ciel t'aidera.

Avant d'espérer de l'aide d'une instance supérieure, nous devons tout mettre en œuvre pour réaliser nos objectifs.

Des citations qui inspirent :
« Je crois que la chance est la rencontre de la préparation et de l'opportunité. » (Oprah Winfrey)

« La chance n'existe pas ; ce que vous appelez la chance, c'est l'attention aux détails. » (Winston Churchill)

« Nul n'est plus chanceux que celui qui croit à sa chance. » (Goethe)

Et pour vous faire sourire :
« Je crois à la chance ; sans cela, comment expliquer le succès des gens que nous n'aimons pas ? » (Jean Cocteau)

La chance et le bon moment, vus par les Grecs anciens

Dans l'Antiquité, les Grecs avaient un mot, et un Dieu, pour désigner et représenter la chance, ou, plus précisément, le moment opportun de l'action : Kaïros. Cette divinité masculine avait pour particularité de ne porter qu'une touffe de cheveux sur la tête, et aucun vêtement. Il se balade parmi nous ou pas. En fait, nous ne pouvons pas savoir s'il est présent. Cependant, quand il est dans les parages, trois situations deviennent possibles :
– On ne le voit pas. (Manqué !)
– On le voit et on ne fait rien. (Dommage !)

– Quand il passe, on tend la main (par hasard ou non), et on l'attrape par les cheveux.[55]
C'est ce qui a fait dire à Stendhal : « La chance s'attrape par les cheveux, mais elle est chauve. »

En conclusion, pour réaliser nos ambitions, comptons plus sur la force que sur la chance, mais soyons prêtes à la saisir !

L'ASPECT NÉFASTE DE LA COMPARAISON ET DE LA COMPÉTITION

Je ne me compare jamais. Je m'y refuse tout net. Parfois, c'est parce que je n'ai simplement pas envie que la comparaison soit en ma défaveur, d'autres fois, c'est parce que je sais que le jeu est biaisé (photos retouchées sur les réseaux sociaux, par exemple), et d'autres fois encore, c'est parce que mon exploit est personnel et perd de son intérêt s'il est comparé. Je sais que je trouverai toujours plus forte et moins forte que moi, et que tout est relatif. La seule personne avec qui je me compare, c'est la « moi » d'hier. C'est par rapport à la Valérie d'hier que je veux être plus forte. Je ne me compare pas non plus à une hypothétique « moi » de demain ou à une « moi » idéale. Celle-là, je la laisse advenir, avec cette conviction enthousiasmante qu'elle me réserve de belles surprises.

Nous comparer est toujours une mauvaise idée

Nous comparer ne nous avance jamais à rien. Au contraire, ça nous « recule ». Là où nous pensions nous booster, nous nous retrouvons avec une chape de plomb sur la tête.

NOUS COMPARER À «MIEUX» QUE NOUS

Avoir des modèles et des idéaux est une chose. Ce peut être une inspiration qui nous tire vers le haut. Cependant, nous dire « S'il/elle l'a fait, je peux le faire » n'est pas le plus pertinent des *leitmotive*. Nous ne

55. https://fr.wikipedia.org/wiki/Kairos

prenons pas en compte nos différences, nos parcours et, souvent, nous rabaissons même leur mérite. Imaginez quelqu'un qui dirait : si [mettez votre prénom ici] l'a fait, alors je peux bien le faire. Vous le prendriez bien ? Cela dépend du contexte, mais sans doute pas.

Nous comparer à ceux et celles que nous estimons meilleurs ou plus enviables peut aussi être biaisé. Je pense aux images de personnes sublimes sur papier glacé ou sur grand écran, mais surtout aux réseaux sociaux. Ils ont créé un nouvel environnement où des rôles ou images modèles inaccessibles (car faux) sont partout. Le rythme de notre société s'est accéléré d'un coup. Tout va de plus en plus vite, et nous voulons du résultat à la seconde. Nous voyons des réussites toutes plus impressionnantes les unes que les autres, et nous pouvons nous sentir minables, à notre petite échelle. Stop !

Prenons du recul. Il y aura toujours plus forte ou moins forte, plus musclée ou moins musclée, plus belle ou moins belle, plus à l'aise ou moins à l'aise, plus riche ou moins riche, des gens qui ont apparemment mieux réussi professionnellement et l'inverse. Faisons une pause réseaux sociaux pour nous concentrer sur nous-mêmes et sur nos réussites parce que, oui, nous sommes bien plus fortes que nous ne le pensons ! Il est urgent d'apprendre à ne pas admirer béatement les autres, mais à nous admirer aussi.

NOUS COMPARER À «MOINS BIEN» OU «PIRE» QUE NOUS

Cette comparaison nous tire définitivement vers le bas. Non seulement, c'est désobligeant vis-à-vis des personnes concernées, mais en plus, à part nous conforter dans un *statu quo*, je ne vois pas. Il y a des gens qui courent moins vite, donc je ne me donne pas la peine d'améliorer mes performances. Il y a des gens qui écrivent moins bien que moi, donc je n'ai pas besoin de travailler davantage. Vous voyez bien que ça ne tient pas la route.

Comparer à pire que soi peut aussi se faire dans une autre démarche : celle de relativiser un malheur. Cela peut nous aider à rééquilibrer notre ressenti et l'aspect de notre contrariété peut être anecdotique. Ne nous interdisons pas pour autant la colère ou la peine : nos émotions ont le droit de s'exprimer, même s'il y a plus malheureux que nous.

DES PROJECTIONS QUI NOUS DÉCONNECTENT DE NOUS-MÊMES

Nous avons évoqué, dans les parties précédentes, la problématique des objectifs. S'ils sont nécessaires pour nous motiver, ils doivent se situer dans un juste milieu : assez précis pour être concrets, assez clairs pour être inspirants, avec une finalité ouverte aux améliorations. Un bon objectif n'a pas de point final. Il doit être puissant au présent, et pas seulement au futur.

Je vais apporter ici une dimension supplémentaire.

Identifier comment nous voulons naviguer plus qu'où nous voulons aller

Imaginons la vie comme une traversée en mer sur un bateau. J'ai une idée de la direction à prendre, mais elle reste floue, tout comme l'avenir, qui n'est jamais certain. Je peux décider fermement d'où je veux aller, et faire en sorte de le tenir contre vents et marées. Ou bien je peux décider de comment je veux naviguer.

Si je reviens à la vie réelle, je peux décider d'avoir pour guides mes passions. En ce qui me concerne, je suis plus guidée par l'amour de mon travail que par une volonté de croissance à deux chiffres. Si je l'obtiens, je m'en réjouis bien sûr, mais j'aurais veillé à ne pas me perdre en route. Je suis plus guidée par l'envie de partager mes expériences et ma conception de la force que par l'objectif de faire un best-seller. De même, si cela arrive, je trouverai ça génial, parce que cela signifiera que j'aurais accompli mon but : le partage. Je continuerai sans aucun doute dans cette lancée.

De l'importance de vivre au temps présent

La motivation peut passer par l'identification d'un « moi idéal », autre expression pour devenir la meilleure version de soi-même. Avoir en tête ce que nous aspirons à devenir est une excellente chose, à condition d'éviter une dérive : en oublier le temps présent.

Pour ma part, le moi idéal n'est pas celui d'un objectif, mais celui d'un temps présent. Ce n'est pas celle qui sera capable de faire quelque chose, mais celle qui entreprend maintenant. Celle qui agit. Celle qui construit ce qu'elle va faire.

Imaginer un moi idéal peut être une porte ouverte au délai. Nous risquons de ne plus agir au présent, mais de reporter l'action : quand je serai plus forte, je ferai ça ; quand je serai meilleure là-dedans, je ferai ça. Non. Faisons maintenant. N'attendons pas une version imaginaire de nous-mêmes pour vivre pleinement ou pour nous donner une chance de réaliser nos rêves.

LE DOUBLE TRANCHANT DE LA PRESSION ET DES ENJEUX

Faut-il se mettre la pression ? Les enjeux nous font-ils avancer plus vite ? Là encore, cela dépend des personnes. Les enjeux peuvent être un accélérateur quand ils ne nous donnent plus le choix d'agir. Cependant, en tant que coach, je préfère que la motivation à entreprendre et à tout donner vienne des tripes de la personne, et non pas d'une échéance extérieure. Parfois, pourtant, cette échéance, cette obligation, est le déclic. L'enjeu vient donner corps à l'objectif, le concrétiser.

La pression comme la compétition sont bénéfiques à certaines personnes et totalement toxiques pour d'autres. Et vous, dans quelle équipe êtes-vous ?

La *team* des accros à la compet'

Les accros de la compétition et de la pression ont besoin d'être face au mur. S'il n'y a rien à gagner, s'il n'y a personne à battre, alors ils ne voient pas l'intérêt de se dépasser. Ce sont ceux qui courent en compétition avec cet esprit : « Je viens pour gagner. Si je n'arrive pas avec la volonté farouche de gagner, alors ce n'est même pas la peine que je vienne. »

Ce sont ces personnes qui ne vont se donner que lorsque l'échéance est quasi arrivée, et passer une nuit blanche à travailler, aiguillonnées par la pression. Ce sont aussi ces personnes qui aiment passer des concours et excellent quand il en va de leur vie.

Inversement, s'il n'y a pas d'urgence ou rien à gagner, ces personnes n'agissent pas et ne font pas d'effort, considérant que ça n'en vaut pas la peine.

Si vous vous reconnaissez dans ce portrait, vous avez besoin d'objectifs audacieux, précis, sans ambiguïté. S'ils vous manquent, créez-les. Par exemple, annoncez ce que vous ambitionnez de faire pour créer cette émulation puissante dont vous avez besoin. Une fois que vous aurez annoncé : tel jour, dans un an, j'aurai couru mon premier marathon, vous avez lancé le compte à rebours.

La *team* des flippés de la pression

Les flippés de la pression sont ceux qui sont constants et consciencieux pour s'améliorer et être au top, mais qui perdent tous leurs moyens dans une dynamique de compétition ou sous la pression. Ils détestent ça. Vous leur dites que c'est pour le fun et sans enjeu ? Ils vous sortent un super projet. Vous leur dites qu'un gagnant sera désigné, et ils doutent, se découragent, voire se désintéressent.

Si vous vous reconnaissez dans ce portrait, vous avez besoin d'objectifs ouverts, sécurisants, et d'avancer étape après étape, sans vous effrayer. Vous mettre la pression est contreproductif, puisque cela vous paralyse. Alors zéro pression. Avec comme guides le plaisir et les bonnes habitudes, vous savez que vous êtes capable d'aller loin. Gardez cette confiance et continuez votre belle et prometteuse course de fond.

CONCLUSION

Que faisons-nous, maintenant ? Nous passons à l'action. Construisons, pierre après pierre, notre force. Observons-nous résolument et agissons.

Nos fausses croyances, nos croyances limitantes et bloquantes ? Scrutons-les quand elles affleurent notre pensée et tordons-leur le cou. Faisons-le à chaque fois : elles sont coriaces.

Nos manques de confiance en nous-mêmes et nos complexes ? Analysons-les, pesons-les. Ont-ils seulement une réalité ?

Notre entourage ? Qu'il nous soutienne ouvertement ou qu'il ne soit pas aidant, transformons-le en notre meilleur allié. Avec ou sans supporters, nous sommes capables d'atteindre nos objectifs et nos idéaux.

Nos peurs ? Nos émotions ? Nous savons désormais qu'elles sont avec nous pour le meilleur, et pour nous éviter le pire. Nous savons rétablir un dialogue constructif entre la part de nous timorée et inquiète, et celle qui a de grandes ambitions.

Outils, connaissances, phrases inspirantes sont autant de guides pour nous accompagner dans une progression que nous seules, en nous-mêmes, pouvons faire : celle d'être plus fortes.

6
EXERCICES POUR RESSENTIR ET AUGMENTER NOTRE FORCE

J'ai disséminé des techniques dans ce livre, au fil des sujets et problématiques abordés. Je vous propose, pour finir, des exercices complémentaires, à pratiquer dès que vous en aurez besoin, en cas d'urgence et régulièrement.

POUR LA CONFIANCE EN SOI

Rappelez-vous que vous avez raison de croire en vous

- Rédigez une liste de 10 situations où vous avez eu confiance en vous et où vous avez réussi.
- Rédigez une liste de 10 sujets sur lesquels vous pouvez avoir confiance en vous.

INCLUEZ LA FORCE DANS VOTRE PAYSAGE MENTAL

Regardez un film ou une série inspirante sur des personnes qui ont réalisé leurs rêves. Vous pouvez aussi écouter des *podcasts* ou lire des livres. Les témoignages de succès sont très nombreux. Entourez-vous de ce type de contenus pour vous en imprégner. Mettez-vous dans la peau des gagnants : vous êtes dans leur équipe !

EXERCICES QUOTIDIENS

Point quotidien

Chaque jour, faites le point sur ce que vous avez appris, une fierté, ce dont vous êtes reconnaissant, un progrès. Demandez-vous aussi ce que vous auriez pu améliorer et faire autrement.

Rendez votre voix intérieure positive

Au quotidien, nous nous parlons. Nous avons tous une petite voix intérieure qui émet des jugements sur ce que nous faisons, disons, etc. Eh bien, cette petite voix, rendons-la positive. Quand elle nous dit quelque chose de négatif, comme « T'es idiote d'avoir fait ça », arrêtons-nous. Accepterions-nous qu'une tierce personne nous parle ainsi ? Certainement pas. Alors, demandons à cette voix le même respect.

Nous pouvons, pour nous aider, imaginer un dialogue avec un ami, qui vous dit : « Telle personne m'a dit ça. » Que lui répondriez-vous ?

Vous pouvez aussi imaginer un coach, un sage ou une version plus âgée de vous-même, bienveillante, qui vous guide.

Activez votre « body language »

Ayez l'attitude corporelle des gagnants. Dans la rue, marchez tête haute, dos droit, épaules basses, en regardant droit devant vous et souriez. Regardez ce qui vous entoure comme si vous mesuriez toute votre chance et tout votre plaisir d'être là. Assis, tenez-vous droit, soyez avenant et souriant, comme le ferait une personne qui a pleinement confiance en elle et qui est à l'aise. Même si ça n'est pas le cas immédiatement, vous en donnerez l'impression, et cette impression vous contaminera aussi. Gardez votre sourire et votre attitude conquérante : elles insufflent la force en vous.

Pensez positif

Si, dans votre journée, un événement vous a fait pester, reprenez-le et décortiquez-le. L'idée est de voir comment vous auriez pu renverser votre perception et le transformer, *a minima*, en événement non contrariant, et mieux, en événement positif. Tout est une question de point de vue !

Pratiquez la gratitude

La gratitude réside dans le regard que l'on choisit de porter sur les choses. Et plus on est reconnaissant de ce que l'on possède déjà, positif avec tout ce qui nous entoure, plus on se rend compte de la vie extraordinaire que l'on a. Faire grandir votre gratitude un peu plus chaque jour vous aidera à trouver ce qui fait que votre verre est plein de sources de joie. Cela nourrira aussi votre force.

Trouvez un moment de la journée où penser à tout ce pour quoi vous avez éprouvé, la veille ou le jour même, de la gratitude : le matin en allant travailler, sous la douche, le soir au coucher...

Vous pouvez utiliser ces phrases à compléter :

Je suis heureuse que...

Je suis reconnaissante que...

Merci pour...

Je me sens chanceuse de...

Tenez un *bullet journal*

Le *bullet journal* vous permet de faire une promesse avec vous-même : celle de vous accorder au moins 15 à 30 minutes par jour pour vous asseoir confortablement et faire le point sur votre journée, les choses à faire pour libérer votre charge mentale, votre projet, vos moments sympas, votre organisation... Bref de faire une pause qui soit à la fois constructive, efficace et permettant de relâcher la pression.

Pourquoi ça vous rend plus fort ?

Écrire dans un *bullet journa*l permet de coucher sur le papier vos émotions (donc de les extérioriser) et de ne pas les intérioriser, ce qui risquerait de vous ronger de l'intérieur. Évitez toutefois quand c'est possible de le faire juste avant d'aller vous coucher pour ne pas ruminer et empiéter sur votre précieux temps de sommeil.

Votre stress a toujours une source : le fait de noter précisément les faits vous permet d'en retenir une certaine chronologie. Notre esprit sous le coup des émotions a tendance à déformer les situations complexes qu'il rencontre pour nous rendre la vérité plus douce, ou plus amère selon notre état d'esprit du moment. Au moins, le *bullet journal* nous permet d'être lucide.

EXERCICES HEBDOMADAIRES

Des défis

Chaque semaine : une activité nouvelle, quelque chose de nouveau.
Chaque semaine : affronter une peur, un stress.

Citations, maximes et mantras

Chaque semaine, recherchez et appropriez-vous une citation, une maxime ou un mantra qui vous inspire et qui a un effet positif sur vous. Pour le mantra, vous pouvez même le créer. Mettez-le en vue, affichez-le, répétez-le. L'idée est de vous en imprégner.

VISUALISEZ VOTRE RÉUSSITE

Un objet d'ancrage

Identifiez un objet symbolique de l'objectif que vous visez. Idéalement, cet objet pourrait vous suivre partout : photo, pièce, grigri, carte, bracelet... Cet objet vous accompagnera pour vous rappeler votre objectif. Chaque fois que votre force vacillera, prenez-le et rappelez-vous votre objectif. Visualisez-le pour vous en imprégner et retrouvez votre force intérieure.

Transformer les si en quand

Quand vous parlez de votre projet, arrêtez les « si ». Enlevez tous les « si » de vos habitudes de langage et de vos présentations. À la place, dites « quand » : « quand je publierai mon livre », « quand je courrai un marathon », « quand je voyagerai », « quand j'aurai mon entreprise ». Cela change tout : pour vous, comme pour votre entourage.

EN CAS DE CRISE

La pensée qui motive

Parfois, vous vous demanderez si un effort vaut le coup. Quand c'est le cas, pensez à vos réussites passées et aux efforts que vous avez fournis pour accomplir votre objectif : ils valaient le coup, n'est-ce pas ? Pensez aux champions olympiques qui ont passé des milliers d'heures à s'entraîner, les imaginez-vous déclarer que leurs efforts et leurs entraînements ne valaient pas le coup ? Évidemment, non. Eh bien c'est la même chose aujourd'hui pour vous.

Les bonnes questions au bon moment

Vous êtes face à un craquage imminent. Arrêtez-vous et demandez-vous : est-ce que ça va m'aider ? Est-ce que ça va dans le sens de ce à quoi j'aspire ? Est-ce que ça correspond à ce que j'attends de moi ? Un non, deux non, trois non. Passez votre chemin !

Rappel de l'objectif ou du « pourquoi »

Il peut arriver que nous voulions arrêter nos efforts, abandonner ou faire une pause. Dans ce cas, je me reconnecte à mon objectif pour me rappeler ce que je veux atteindre. Simplement y repenser et se replonger dedans peut donner l'impulsion à poursuivre.

La méthode « Souris dans un labyrinthe »

Je m'imagine être une petite souris dans un labyrinthe, la vie est le labyrinthe. À chaque porte qui se ferme, à chaque porte qui se claque sur mon museau, je me visualise en train de partir dans une autre direction, plus belle, et je me visualise en train d'ouvrir (ou de fabriquer) de nouvelles portes. Cet exercice de visualisation extrêmement simpliste fonctionne très bien en cas de stress ou de baisse de régime face à une difficulté, mais aussi au quotidien. Pratiqué le soir dans mon lit, il peut même m'aider à dormir.

Le *flashback* motivant

Quand ce que je traverse me paraît difficile, je pense à ce que j'ai déjà traversé. Je me remémore des situations complexes et pénibles desquelles je suis sortie. Non seulement, j'en suis venue à bout, mais en plus, elles m'ont apporté et permis de progresser. Je me rappelle que je l'ai déjà fait et que je peux le refaire.

Le yoga respiratoire

Pratiquer 2 minutes de ce yoga respiratoire (aussi appelé respiration alternée ou *nadi shodhana*) pour relâcher son diaphragme, se changer l'esprit, s'oxygéner et réduire immédiatement son niveau de stress.

Le *nadi shodhana* (du sanskrit *nadi*, « canaux » et *shodhana*, purification) entraîne un regain d'énergie positive tout en clarifiant vos idées et réduisant le stress général. À ne pas pratiquer avant de se coucher, mais plutôt dans une situation de stress dans la journée ou le matin pour bien se préparer à la journée qui démarre.

La séquence est la suivante :

1. Installez-vous bien confortablement en tailleur si possible ou bien à votre bureau, bien assise au fond de votre siège. Si vous pouvez réduire l'intensité lumineuse, c'est encore mieux.

2. Posez votre majeur et votre index juste au-dessus de la base de votre nez.

3. Fermez la narine droite avec votre pouce droit.

4. Inspirez de la narine gauche.

5. À la fin de l'inspiration, soulevez votre pouce droit pour libérer la narine droite.

6. Fermez la narine gauche avec l'annulaire.

7. Expirez de la narine droite.

8. Inspirez par la narine droite.

9. Expirez par la narine gauche après avoir fermé la narine droite avec le pouce et libérez la narine gauche en soulevant l'annulaire.

10. Répétez pendant environ 2 minutes.

Ne forcez jamais les respirations. Tout doit se faire calmement.

Point important : inspirez et expirez uniquement par le nez afin d'apporter une légère résistance à l'expiration et donc de faciliter le relâchement du diaphragme.

Le « tunnel vision »

Apprenez à pratiquer le *tunnel vision* ou l'effet tunnel. En psychologie, ce terme définit une restriction des champs visuels et auditifs lors d'événements particulièrement marquants. En bref, votre esprit se focalise sur une situation et dès lors vous êtes incapable de vous en défaire et d'échapper à la crise. C'est notamment le cas quand certaines personnes se retrouvent ainsi tétanisées par la peur. C'est aussi le cas quand vous avez (littéralement) un caillou coincé dans la chaussure en randonnée et que vous ne profitez plus du paysage.

S'il n'est pas souhaitable lorsque nous sommes en situation de danger, utilisez l'effet tunnel à votre avantage lorsque vous croulez sous les choses à faire, aussi bien dans votre quotidien qu'au travail. Là où vous ne voyez que des milliers de problèmes ou de choses à faire dans tous les sens, établissez une file d'attente pour ne vous focaliser que sur une seule problématique à la fois.

Mode d'emploi

Commencez par lister tous les en-cours. Notez à côté de chacun d'entre eux le temps nécessaire à leur réalisation. Puis, inscrivez également à côté la date limite pour les effectuer.

Certaines tâches sont-elles essentielles ? N'est-il pas intéressant de redéfinir vos objectifs ?

Commencez par inscrire les tâches les plus rapides et qui peuvent être faites immédiatement. Mettez plus bas dans la liste celles dont la *deadline* est la plus éloignée. Réalisez en premier les tâches qui ont des temps de pause ou d'attente, pendant lesquels vous pourrez effectuer de petites tâches faciles et rapides. Cassez les grosses tâches en plus petites, elles vous paraîtront tout d'un coup beaucoup moins imposantes et passeront d'irréalisables à gérables.

En seulement 5 à 10 minutes, vous venez d'obtenir votre plan d'action pour résoudre cette crise. Il ne vous reste plus qu'à faire les choses les unes après les autres

7
BONUS[56]

En plus de mes #Mantras favoris, voici plus de 50 citations et phrases inspirantes à vous approprier pour réveiller et entretenir votre force.

#NoExcuse
#NeverGiveUp
#StrongerThanYouThink

BIBLIOTHÈQUE DE CITATIONS

1. « Qui triomphe de lui-même possède la force. » (Lao Tseu, philosophe)

2. « La force qui est en chacun de nous est notre plus grand médecin. » (Hippocrate, médecin)

3. « Imposer sa volonté aux autres, c'est force. Se l'imposer à soi-même, c'est force supérieure. » (Lao Tseu, philosophe)

4. « La force réside dans l'absence de crainte, et non dans la quantité de chair et de muscle que nous avons dans notre corps. » (Gandhi, philosophe, homme politique, révolutionnaire)

5. « J'aime la force, et la force que j'aime, une fourmi peut en montrer autant qu'un éléphant. » (Stendhal)

56. Ou, pour les puristes, « boni », puisqu'il y en a plusieurs.

6. « Lorsque tout semble aller contre vous, rappelez-vous qu'un avion décolle dans le sens contraire du vent. » (Henry Ford)

7. « L'homme ordinaire est exigeant avec les autres. L'homme exceptionnel est exigeant avec lui-même. » (Marc Aurèle)

8. « Je ne perds jamais. Soit je gagne, soit j'apprends. » (Nelson Mandela)

9. « La puissance remporte des batailles, la force morale remporte des guerres. » (Général Georges Marshall, 1880-1959)

10. « On n'a rien sans rien. Si on ne se met pas la misère à l'entraînement, si on ne se force pas à repousser les limites, on ne va nulle part. » (Teddy Riner, judoka)

11. « La force est construite par les échecs, pas par les réussites. » (Coco Chanel, artiste)

12. « À l'intérieur de la force est le rire. À l'intérieur de la force est le jeu. À l'intérieur de la force est la liberté. Celui qui connaît sa force connaît le paradis. » (Henry de Montherlant)

13. « Agissez toujours comme s'il était impossible d'échouer. » (Winston Churchill)

14. « On peut toujours plus que ce qu'on croit pouvoir. » (Joseph Kessel)

15. « Le meilleur investissement que vous puissiez faire est d'investir sur vous-même. Plus vous apprenez, plus vous gagnez. » (Warren Buffet)

16. « Le plus grand danger qui nous guette n'est pas de viser un but trop élevé et de le manquer, mais plutôt de choisir une cible trop modeste et de l'atteindre. » (Michel-Ange)

17. « Un pessimiste voit la difficulté dans chaque opportunité, un optimiste voit l'opportunité dans chaque difficulté. » (Winston Churchill)

18. « L'esprit est tout. Vous devenez ce que vous pensez. » (Bouddha)

19. « Les gagnants trouvent des moyens, les perdants des excuses. » (F. D. Roosevelt)

20. « Plus tard, il sera trop tard. Notre vie, c'est maintenant. » (Jacques Prévert)

21. « Croyez en vos rêves et ils se réaliseront peut-être. Croyez en vous et ils se réaliseront sûrement. » (Martin Luther King)

22. « La sagesse suprême est d'avoir des rêves assez grands pour ne pas les perdre du regard tandis qu'on les poursuit. » (William Faulkner)

23. « Le commencement est la moitié de tout. » (Pythagore)

24. « Si tu peux le rêver, tu peux le faire. » (Walt Disney)

25. « Si nous faisions tout ce que nous sommes capables de faire nous en serions abasourdis. » (Thomas Edison)

BIBLIOTHÈQUE DE PETITES PHRASES COUP DE BOOST ET PIQÛRES DE RAPPEL

1. Ton âge ne détermine ni ta force ni ta valeur.

2. Si tu penses que vouloir devenir plus fort est dangereux, essaye d'être faible. Être faible est dangereux.

3. Investir en soi est le meilleur investissement de sa vie.

4. Si tu veux changer le résultat de tes efforts, change ta façon de faire. Répéter les mêmes actions entraîne toujours les mêmes résultats.

5. L'âge n'est pas un obstacle, c'est une limite que tu imposes à ton esprit.

6. La vie ne s'améliore pas par le hasard, elle s'améliore par le changement.

7. Arrête d'espérer et mets-toi au travail !

8. Il n'est jamais trop tard pour changer de vie.

9. La plus grande erreur que nous puissions faire dans notre vie est d'avoir peur de faire des erreurs ou d'échouer.

10. L'un des plus grands plaisirs dans la vie est de réussir alors que les autres vous en pensaient incapables.

11. Si tu veux quelque chose que tu n'as pas, tu dois avoir la volonté de faire quelque chose que tu n'as jamais faite.

12. Les excuses n'ont jamais fait avancer personne. Lève-toi et bouge !

13. Chaque jour nous donne une nouvelle chance d'y arriver.

14. Ce qui compte, ce n'est pas le nombre de fois où l'on tombe, mais le nombre de fois où l'on se relève.

15. Un esprit négatif ne donnera jamais une vie positive.

16. Je refuse qu'un obstacle m'empêche d'atteindre mes objectifs.

17. Nous pouvons vouloir que ça arrive, souhaiter que ça arrive, mais il nous appartient de faire que ça arrive.

18. Un désir ne change rien, une décision change tout.

19. « Discipline will take you places, motivation can't » : La discipline t'amènera là où la motivation seule ne peut pas.

20. « Opportunities don't happen. You create them » : Les opportunités n'arrivent pas par hasard. Tu les crées.

21. « Don't let other people write your script » : Ne laisse personne écrire ton histoire.

22. « Obstacles are what you see when you take your eyes off the goal » : Les obstacles sont ce que tu vois quand tu perds de vue ton objectif.

23. « Be the change you want to see » : Sois le changement que tu veux voir.

24. « New goals require new habits » : Les nouveaux objectifs requièrent de nouvelles habitudes.

25. « When life puts you in tough situations, don't say "why me", say "try me" » : Quand la vie te met dans des situations difficiles, ne dis pas « pourquoi moi », dis « défie-moi ».

26. « Never beg for a seat when you can build your own table » : Ne supplie pas pour un siège quand tu peux fabriquer ta propre table.

27. « Energy ans persistence conquer all things » : L'énergie et la persévérance arrivent à bout de tout.

28. « If there is really a will, there is really a way » : Si la volonté est vraiment là, il y a vraiment un chemin.

29. « You are the most important person in your life » : Tu es la personne la plus importante de ta vie.

30. « If it doesn't challenge you, il doesn't change you » : Si ça ne te challenge pas, ça ne te change pas.

31. « Don't expect others to support your dreams. Be your own rock » : N'attends pas des autres qu'ils soutiennent tes rêves. Sois ton propre roc.

32. « Too many of us are not living our dreams because we are living our fears » : Trop d'entre nous ne vivent pas leurs rêves parce qu'ils vivent leurs peurs.

33. « You become what you believe » : Tu deviens ce en quoi tu crois.

34. « It does not matter how slowly you go as long as you do not stop » : Peu importe que tu y ailles lentement tant que tu ne t'arrêtes pas.

35. « 80 % of success is showing up » : 80 % du succès, c'est de l'action.

36. « You miss all of the shots you don't take » : Tu manques 100 % des tirs que tu ne tentes pas.

37. « The best way to predict the future is to create it » : Le meilleur moyen de prédire l'avenir, c'est de le construire.

38. « Don't limit your challenges, challenges your limits » : Ne limite pas tes défis, défie tes limites.

39. « Motivation is the fuel, discipline is the fire » : La motivation est le carburant, la discipline est le feu.

40. « Be in love with yourself » : Sois amoureuse de toi-même.

41. « You can wake up every day and make today better than the last » : Tu peux te lever chaque jour et rendre aujourd'hui meilleur qu'hier.

42. « Don't give up what you want most for what you wan't now » : N'abandonne pas ce que tu veux le plus pour ce que tu veux maintenant.

43. « Don't be a lady, be a legend » : Ne sois pas une dame, sois une légende.

44. « My dreams are stronger than my excuses » : Mes rêves sont plus forts que mes excuses.

45. « Perfection is not attainable, but if we chase perfection we can catch excellence » : La perfection n'est pas atteignable, mais si nous poursuivons la perfection, nous atteignons l'excellence.

46. « Make peace with your past so it won't disturb your future » : Fais la paix avec ton passé pour qu'il ne dérange pas ton futur.

47. « Success is your decision » : Le succès est ta décision.

48. « Don't be afraid to start over. This time, you're not starting from scratch, you're starting from experience » : N'aie pas peur de repartir. Cette fois, tu ne pars pas de rien, tu pars avec ton expérience.

49. « The best competition is the one you have with yourself » : La meilleure compétition est celle que tu entretiens avec toi-même.

50. « You never fail. You learn and grow » : Tu n'échoues jamais. Tu apprends et tu grandis.

MAÎTRISER LES MANTRAS

Comment créer votre mantra ?

Créer un mantra est très simple : c'est une affirmation courte et positive, sans restriction. On évite donc les « si » et les modalités comme « essayer » ou « tenter ».

Par exemple : « Je m'aime » et non « J'essaie de m'aimer ».

Pour qu'un mantra soit efficace et qu'il n'entre pas en dissonance avec vos ressentis, il faut qu'il soit ajusté. Répéter des mots qui sonnent faux ou qu'on ne parvient pas à intégrer peut être contreproductif et nous faire nous sentir coupables, en échec, etc.

Si je reprends mon exemple : « Je m'aime », celui-ci peut sonner faux pour une personne qui voudrait s'aimer, mais n'y arrive pas pour le moment. Un mantra plus pertinent et adapté serait : « Je veux m'aimer ».

Votre mantra doit être en accord avec votre croyance et votre désir d'être plus forte. Si la phrase est creuse pour vous, si elle ne vous convainc pas, alors ne cherchez pas à la répéter.

Vous pouvez exprimer votre mantra en français, mais aussi en anglais, en espagnol, en allemand... selon les sonorités et les expressions qui vous inspirent. Tout est possible !

Exemples de mantras simples :

Tiens bon. Garde le cap.
Je peux le faire.
Je suis capable.
J'écris mon histoire.
Je mène ma vie comme je l'entends.
I can do it! (Je peux le faire !)
Mind over matter! (L'esprit sur la matière !)

MODE D'EMPLOI POUR MIEUX DORMIR

À partir d'aujourd'hui, appliquez ces 10 techniques pour améliorer votre repos indispensable pour une meilleure gestion du stress.

1. Couchez-vous plus tôt que minuit. Idéalement, 21 h 30 avec un bon livre.

2. Ne travaillez jamais de votre lit et n'amenez aucun écran lumineux (livre électronique sans lumière accepté) : pas d'ipad, d'ordinateur, de téléphone ou de console de jeux. Encore moins de TV.

3. Éteignez complètement tous vos appareils électroniques et rangez-les dans une autre pièce et si possible, à un autre étage.

4. Mangez léger au moins 2 heures avant le coucher (mais ne vous couchez pas affamé au risque de gâcher votre sommeil).

5. Lisez ou faites l'amour dans votre lit, ce sont les deux seules activités qui n'impactent pas le sommeil de manière négative.

6. Ne regardez pas de film violent ou traumatisant le soir.

7. Réglez vos différends avant de vous coucher pour éviter de ruminer dans votre lit.

8. Faites une liste des belles choses qui vous sont arrivées dans la journée.

9. Si trop d'idées et d'inspirations vous passent par la tête, notez-les sur un petit bloc-notes posé sur votre table de nuit ou votre *bullet journal*. Tout ce qui est noté peut sortir de notre esprit déjà encombré.

10. Le bruit nuit à la qualité du sommeil. Des bouchons d'oreille peuvent être un outil efficace pour dormir mieux, plus profondément et plus longtemps.

MODE D'EMPLOI POUR MÉDITER

La méditation consiste donc à focaliser votre attention sur votre respiration, vos sensations, et éliminer les pensées parasites pendant 5, 10, 20 minutes ou plus.

Voici 3 exercices pour bien démarrer.

Premier exercice : les yeux fermés, visualisez un endroit idyllique et projetez-vous-y, empêchant toute idée parasite de s'infiltrer dans vos pensées. Si jamais elle s'incruste, parlez-lui : « J'ai noté que tu étais là. Je te traiterai à tel moment [demain matin, dans une heure... et s'y tenir]. » Le faire au moins 2 minutes, plus vous faites durer, mieux c'est.

Deuxième exercice : commencez par choisir un mantra personnel « je veux aller bien », « tout va bien », « la vie est belle », etc. Les yeux fermés et si possible en écoutant une musique type « yoga », répétez ce mantra non-stop, en empêchant toute idée parasite de se faufiler dans votre esprit. 2 minutes.

Troisième exercice : focalisation et visualisation de votre respiration et du trajet de l'air dans votre corps. Toujours les yeux fermés. Permet de relaxer le diaphragme et donc de réduire votre niveau de stress immédiatement. 2 minutes au moins.

MODE D'EMPLOI POUR UN YOGA DE 5-10 MIN TOUS LES MATINS

Les premières fois, vous aurez besoin de vos notes, mais rassurez-vous, après quelques répétitions, vous pourrez les laisser de côté.

1. Déroulez votre matelas de yoga ou de gym. Si vous n'en avez pas, une serviette de bain moelleuse fera l'affaire.
2. Commencez à quatre pattes, le dos plat.
3. Cambrez votre dos (la position de la vache). Relevez votre tête et votre coccyx, attention à ne pas tirer trop fort sur votre nuque. Respirez lentement en inspirant par le nez et en expirant par la bouche (pas l'inverse).
4. Maintenant, restez à quatre pattes puis bombez votre dos en sentant bien chaque vertèbre lombaire se détacher (position du chat). Respirez lentement sans bloquer votre respiration.
5. Retournez en position de la vache puis du chat environ 5 fois de suite.
6. Sur votre dernière position du chat, tendez vos jambes, gardez la tête en bas pour vous retrouver en chien tête en bas).
7. Maintenez cette position durant 5 respirations.
8. Retournez en position de départ, à quatre pattes.

9. Mettez-vous en position de l'enfant, assise sur vos genoux, la tête touchant le sol. Relaxez-vous et respirez calmement.

10. Relevez-vous et restez assise sur vos genoux, mais le dos droit.

11. Faites quelques cercles avec vos bras, vers l'avant puis vers l'arrière.

12. Sur le dernier cercle vers l'arrière, allez le plus loin que vous pouvez et posez vos bras derrière votre dos, arquant doucement celui-ci pour l'étirer un peu plus. Mais ne forcez pas trop, arquer trop fort n'est pas bon.

13. Revenez vous asseoir sur vos genoux et étirez vos bras vers le ciel (les doigts entrelacés et les paumes tournées vers le haut).

14. Posez la main droite à plat du côté droit, étirez votre bras gauche en vous dirigeant vers la droite de façon à, de nouveau, étirer votre dos, puis, faites de même de l'autre côté.

PRÉSENTATION DES AUTRICES

VALÉRIE ORSONI

Valérie Orsoni est la Fit Activist® qui fait bouger le monde ! Elle est fondatrice du premier site de coaching minceur & bien-être en ligne en 2003 : LeBootCamp.com (2 millions de membres à travers le monde). Ancienne obèse, elle a écrit plus de 50 ouvrages en nutrition, fitness, et minceur, traduits en 5 langues et best-sellers en France, Italie, États-Unis, Royaume-Uni, Serbie et Portugal.

Elle a lancé sa marque de vêtements LiliWarrior, une société écoresponsable à but non lucratif dont l'objectif est de créer des emplois pour les femmes « oubliées » du marché du travail traditionnel, celles qui souffrent d'exclusion sociale, raciale, religieuse, ou culturelle. Sa raison d'être au quotidien est d'aider les femmes à se réaliser, à gravir leur Everest, à se réinventer, à découvrir qu'elles sont bien plus fortes qu'elles ne le pensent... d'où ce livre !

Valérie est aussi une femme de défis sportifs, puisqu'elle gravit les plus hauts sommets du monde. Alpiniste amatrice, elle a réalisé des exploits et records : elle est notamment la première Française (et première Corse) amatrice à relever le défi de gravir 20 sommets de plus de 4 000 m dans les Alpes en 12 jours. Elle a également rejoint le pôle Sud à ski, gravi 4 des plus hautes montagnes du monde... Fin octobre 2023, elle ose (encore !) un nouveau challenge : un trek au Népal pour 10 femmes, avec ce leitmotiv : révéler et déployer la force qui sommeille en soi !

MAUD POUPA

Maud Poupa est autrice et rédactrice indépendante. Elle écrit pour la presse professionnelle et généraliste, pour des entreprises, pour des particuliers sur tous les sujets. Sa curiosité et son envie constante d'étendre ses horizons la guident dans de nombreuses aventures littéraires et entrepreneuriales. Plume caméléon, elle aime se plonger dans des thématiques et univers nouveaux pour elle.

Elle accompagne régulièrement des auteurs dans leurs projets éditoriaux : écriture, réécriture ou correction-conseils. Elle a aussi publié des livres en son nom, notamment des albums jeunesse, et participé à plusieurs guides de voyage (Bretagne et Écosse).

Le coup de cœur professionnel entre Valérie et Maud a été immédiat. Maud est une accro au fitness et partage avec Valérie l'esprit d'aventure et de dépassement. Après de nombreuses séances d'interviews en ligne (entre la Californie et la Bretagne), beaucoup de livres dévorés et deux semaines intenses d'immersion dans la vie de Valérie à San Francisco, elle a écrit ce livre, avec la coach.

Un second ouvrage est déjà en préparation.

OUVRAGES DE VALÉRIE ORSONI

1. *Happy About Joint Venturing*, Happy About Publishing
2. *Tu sais ce qu'elle te dit la poire ?*, LBC Publishing
3. *Objectif Ventre Plat en 5 min par Jour*, Hugo New Life
4. *Fesses Bombées en 8 min par jour*, Hugo New Life
5. *Fesses Bombées en 8 min par jour V2*, LBC Publishing
6. *LeBootCamp Programme Minceur*, Marabout
7. *Sèche Bikini*, LBC Publishing
8. *Sèche Bikini V2, 100 % nouveau*, LBC Publishing
9. *La Dieta LeBootCamp*, SPERLING & KUPFER
10. *Sèche Rentrée*, LBC Publishing
11. *Sèche Rentrée V2, 100% nouveau*, LBC Publishing
12. *Un Corps de Rêve pour les Nuls*, First
13. *Keto Smart FR*, LBC Publishing
14. *Keto Smart EN*, LBC Publishing
15. *LeBootCamp Diet*, Quadrille, UK
16. *LeBootCamp Diet US version*, Penguin, US
17. *LeBootCamp Dijeta* (Vulkan izdavastvo)
18. *Bikini Express*, Hugo New Life
19. *101 Recettes Minceur*, LBC Publishing
20. *Le sarrasin, tous les secrets de la graine miracle*, LBC Publishing
21. *En forme avec Valérie Orsoni*, Hugo
22. *Un corps de rêve sans (trop) d'efforts*, J'ai Lu
23. *LeBootCamp 200 Recettes*, Marabout
24. *Je mange du sarrasin et ça me fait du bien*, Marabout
25. *La Méthode Orsoni*, Reader's Digest
26. *Les Recettes Orsoni*, Reader's Digest
27. *LeBodyChallenge*, Marabout

28. *LeBodyChallenge V2*, Poche Marabout
29. *LeBootCamp, 30 jours pour retrouver son poids idéal*, Éditions Robin
30. *Le Bikini Challenge, programme 28 jours*, LBC Publishing
31. *Secrets de Coach*, Reader's Digest
32. *7 semaines pour rajeunir*, Télémaque
33. *La Méthode Orsoni V2*, Reader's Digest
34. *Dimagrire per sempre con le ricette de della dieta LeBootCamp*, SPERLING & KUPFER
35. *Mon programme BootCamp*, Poche Marabout
36. *Secrets de Coach*, France Loisirs
37. *Ventre Plat en 5 min par jour V2*, LBC Publishing
38. *Détox Sucre 30 Jours*, LBC Publishing
39. *Bikini Body*, LBC Publishing
40. *25 Recettes Low Carb*, LBC Publishing
41. *25 Soupes d'Hiver*, (LBC Publishing)
42. *50 Recettes Keto vegan & végé*, LBC Publishing
43. *25 Recettes gourmandes d'été*, LBC Publishing
44. *Boostez votre immunité en 12 étapes*, LBC Publishing

45. *La dieta LeBootCamp, boa forma, boa vida*, Clube do Autor
46. *28 Recettes pour booster mes résultats fitness*, LBC Publishing
47. *40 Recettes de produits de beauté maison*, LBC Publishing
48. *49 Recettes de fêtes gourmandes et saines*, LBC Publishing
49. *28 Recettes de smoothies protéinés*, LBC Publishing
50. *Système Feel Good, 30 jours pour tout changer*, LBC Publishing
51. *Le Personal Coach*, Reader's Digest, US
52. *30-day BootCamp, your ultimate weight loss plan*, LBC Publishing
53. *30-day BootCamp*, Indian Edition, LBC Publishing
54. *Strong(H)er*, Hugo New Life

Composition et mise en page
Nord Compo à Villeneuve-d'Ascq

Imprimé en France par
CPI Bussière
en septembre 2023
N° d'impression : 2072293